自序

錦繡前程，一直是人們對美好前途的一種嚮往。而我實是三生有幸，一路走來，錦繡相伴。

我的家鄉是浙江海寧的長安鎮，長安雖小，卻是京杭大運河和滬杭鐵路線上出杭之後的第一處交通要道。杭州的上塘河通到這裡後，水面開始改變它的高低，於是有了長安堰和長安壩。據說這長安堰和長安壩的原理，竟然和都江堰及葛洲壩相似，由此還建起了上、中、下三閘。下閘旁邊，就是浙江曾經最大的繅絲廠——當年被稱爲「浙江製絲一廠」。絲廠是這個小鎮的重心，鎮上幾乎所有的人都和這個絲廠有關。我媽媽是這個廠裡的繅絲女工，由於技術比較好，後來成爲講授繅絲技術的老師。爸爸則是廠裡的機械工人，經常爲廠裡的機器折騰些小革新、小發明。我在廠裡的衛生總站出生，三歲開始在廠裡的托兒所過夜，六歲開始在絲廠的子弟學校上學，放學回來就在媽媽身後的凳子上做作業，有時也會幫媽媽在繅絲車上索緒添緒。我們的學校是由一幢天主教的小教堂改建而成，十九世紀二〇年代由在絲廠女工中傳教的中國神父們集資建造。從這裡經過日占時期建成的巨大繭庫，穿過滬杭線的鐵路洋旗，就到了長安鎮上唯一一條窄窄的長街，整個小鎮就沿著運河邊的這條長街排布展開。我家從街的東橫頭又搬到西橫頭，整個童年和少年時期，我都不曾離開這個繅絲業興盛的小鎮，直到一九七七年高中畢業，我來到離絲廠北面不遠的七里亭下鄉插隊。這也是海寧的一個桑麻之鄉。半年之後，我通過了「文革」後的第一屆高考，進入了位於省會杭州的浙江絲綢工學院。本科畢業後又師從蠶桑絲綢界的老前輩朱新予和蔣猷龍學習絲綢歷史，直到今天，我仍以絲綢之路沿途出土的絲綢作爲我的主要研究方向。近年來，我一直在鼓吹被稱爲「絲路之綢」（Silk Road Textiles）的研

究合作專案。所以，我所走過來的路，確是一條絲綢之路。

　　絲綢之路，錦繡之程，這足以令我迷戀一生。由於絲織品這種有機物對保存環境有特殊要求，古代絲綢總是在中國的大西北地區出土，因此我這輩子的研究都與西出陽關的沿途結緣。記得第一次去西北是在一九八五年的夏天，那是一次背包旅行。第一次接受寫作《中國絲綢史》魏唐部分的重任，我隻身一人登車西行。近兩個月的行程，到西安，出開遠門，經蘭州，又去西寧，再沿河西走廊赴嘉峪關，直到敦煌。參觀莫高窟之後便是新疆，三山夾兩盆的新疆實在過於遼闊，我無法一次完成所有的考察，只能在烏魯木齊和吐魯番逗留之後就踏上歸途。歸途上又一次前去西寧，尋找研究青海都蘭絲織品的機會，雖然我的停留因遇竊賊而被迫中止，但我和考古所的隔年之約已經啟動。後一次重要的新疆之行，是一九八九年為籌建中的絲綢博物館徵集文物，足跡到達和田和喀什。再後一次更為重要的新疆之行是二○○六年作為副隊長，與東華大學、新疆文物考古研究所一起進行的環塔克拉瑪干絲綢之路服飾文化考察。持劍出天山，劍繞大漠還。風雪過焉耆，明月宿樓蘭。于闐觀錦繡，龜茲訪伽藍。一月三千里，聖誕猶未返。從頭算來，一九八五年以來我赴新疆平均不下每年一次，直到二○一一年，我們在新疆博物館建成紡織品保護國家文物局重點科研基地的新疆工作站，我又算是在絲綢之路沿途有了自己真正的據點。

　　這二十多年幾乎就是我的整個學術生涯。期間我還去過塞北內蒙古的草原絲綢之路十多次，去過跨越歐亞大陸的一些絲綢之路的重點國家和地區，如俄羅斯、日本、韓國、烏茲別克斯坦、印度等，去過收藏或展示大量絲路之綢的博物館和研究機構。從紐約大都會藝術博物館的《絲如金時》和《走向盛唐》展覽，到瑞士阿貝格基金會的中亞絲綢之路的世紀學術年會，從大英博物館、維多利亞和阿爾伯特博物館、吉美博物館、聖彼德堡愛米塔什博物館等地觀摩敦煌織物直到主編《敦煌絲綢藝術全集》。最令人難忘的還是二○○六年和二○○八年在烏茲別克斯坦費爾干納的兩次旅行以及在亞美尼亞葉里溫的

意外逗留。在昭武九姓的故地，在布哈拉和撒瑪爾罕之間，我懷揣
James Elroy Flecker 的小詩 *The Golden Journey to Samarkand*，一路走
來，風餐露宿。

欲從未知求眞知，故縱金旅下康城。

For lust of knowing what should not be known
We make the Golden Journey to Samarkand.

　　我於是一直在絲綢之路上行走，在錦繡之程中徘徊，直到今天形
成了這本集子。書名既是對我的學術旅程的概括，也是對我的學術領
域的描述：錦程，一路絲綢，遍地錦繡。

　　在整理書稿的過程中，我的博士生蔡欣根據我的幻燈片和錄音資
料，爲我初步錄入了十二講的文字稿，爲我編輯此書提供了極大的方
便。後來在文物照片和圖片的資料整理中，還得到了所有收藏單位的
大力支持，特別是來自絲綢之路沿途的新疆、甘肅、青海、陝西、內
蒙古等地的文博單位，以及國外收藏絲綢之路沿途絲綢文物的大英博
物館、吉美博物館、愛米塔什博物館、紐約大都會藝術博物館、阿貝
格基金會等，一些私人藏家也慷慨地同意我使用他們的藏品。本人所
就職的中國絲綢博物館更是提供了大量的相關資料。我的同事們以及
學生們包括薛雁、徐錚等也提供了各種幫助，在此一併感謝！

趙豐

2012年3月29日於杭州凍綠齋

CONTENTS

第一章　絲綢起源的文化契機：中國絲綢在古代文化中的地位

　　說到絲綢，馬上就會令人聯想到中國。中國是世界上最早發明蠶桑絲織的國家。早在五千多年前，中國人已成功馴化野生的桑蠶，使其成為家蠶，並利用蠶吐出的蠶絲作為原料，織造絲綢織物。此後約三千年，中國絲綢開始通過又稱「絲綢之路」的海陸貿易通道向外傳播，先東傳至朝鮮、日本，後西傳至中亞、西亞，直至歐洲。

　　絲綢是中國文明的重要組成部分。漆、玉、絲、稻都是中國早期物質文明的代表；在唐宋之後中國主要的出口商品 —— 絲、茶、瓷中，絲的出口也占極大比重；直至二十世紀，絲綢仍是中國建立對外貿易和創造外匯的主要商品。

　　此外，絲綢還與中國的禮儀制度、文化藝術、科技等範疇有極大聯繫。因此，中國是蠶桑絲綢的故鄉，蠶桑絲綢是中國文明的特徵之一，對人類文明做出了巨大貢獻。

　　在衣、食、住、行這四大日常生活的基本需要中，「衣」排行第一；絲綢是中國古代製作衣的主要材料之一，所以絲綢的地位很高。男耕女織中的「織」也是指生產絲綢。但中國的絲綢起源於何時？中國為什麼要發明絲綢？絲綢又是如何被發明的？

一、絲綢的起源

　　關於絲綢起源的傳說，可分成官方和民間兩種。

1. 黃帝和嫘祖

官方傳說中，最著名的說法是黃帝的元妃嫘祖發明了養蠶和產絲，就是所謂的「嫘祖始蠶」之說。筆者的導師蔣猷龍先生專門考證過這些傳說，說它初見於宋代學者羅泌的《路史》：黃帝「元妃西陵氏，曰嫘祖。以其始蠶，故祀先蠶」。到了元代，張履祥《通鑒綱目前編・外紀》也出現了類似的說法：「西陵氏之女嫘祖為黃帝元妃，始教民育蠶，治絲繭以供衣服，而天下無皴瘃（cūn zhú）之患，後世祀為先蠶。」（見圖1）黃帝娶「西陵氏」之女為妻的事蹟，各類史書上都有記載，其中最重要的載於《史記・五帝本紀》：「黃帝居軒轅之丘，而娶於西陵之女，是為嫘祖。嫘祖為黃帝正妃。」這些記載說明，黃帝的元妃發明了養蠶，而她原來是西陵人。[1]

圖 1　王禎《農書》中的《先蠶圖》

對於西陵究竟在哪裡，目前還存有很多爭論。一種說法是在今四川一帶。長江三峽中有西陵峽，西陵人就是西陵峽人。四川綿陽市的鹽亭縣便自認是嫘祖的故里，那裡有西陵山、西陵埡、西陵岩、西陵村等地名，當地政府爲此特地新建了嫘祖宮和嫘祖陵。嫘祖宮建於鹽亭縣燈杆山上，據傳嫘祖發明栽桑養蠶時，因在野外常遭鼠害，於是用松脂照明，後來又在山上立杆掛了燈火驅鼠，漸漸成了民俗。每年農曆二月初十，當地人都會在新建的嫘祖陵舉辦嫘祖文化節。

另一更爲正統的說法是嫘祖出生的地方是西陵國，而不是西陵峽，位於今日河南省西平縣。理由是當時黃帝住的地方叫軒轅之丘，就是今天河南省的新鄭市，而西陵是個小國，在當時來說就是部落。黃帝軒轅氏當時爲部落聯盟的首領，統領著下面上萬個部落，西陵應當是他所統轄的部落之一，估計位於以黃帝所住地爲中心方圓一百至兩百公里內。今日的西平縣距離新鄭市一百二十公里，在西漢時被稱爲「西陵」，後來被稱爲「西平」，直到今天。這個地方建有很多嫘祖祠、嫘祖廟，一直盛傳是嫘祖的出生地，這說法似乎較四川的鹽亭來得可信。[2]

事實上，在嫘祖之前，黃帝可能被視爲養蠶的發明人。北齊的時候，皇宮外面建有蠶坊，蠶坊內有蠶宮，蠶宮內又有蠶室；路西面有皇后蠶壇，東面有先蠶壇。每歲季春穀雨後，人們便選定吉日，祀先蠶黃帝軒轅氏。但到北周，人們就開始把嫘祖西陵氏當作先蠶，祭祀先蠶西陵氏神，「養蠶發明人」的稱號從此被放到女性名下。[3]這樣看來，「嫘祖始蠶」可能並非自上古以來一直傳承的民間傳說，而是統治階級把文化的創造歸功於帝王后妃的正統思想的產物。從歷史上看，供奉嫘祖的先蠶壇，就是歷代皇朝舉行皇后親桑這種宮廷儀式的場所，而遍佈各地的先蠶廟，則是各級地方官府舉行祭典的地方，一般蠶農只能敬而遠之，把一些民間的蠶神當作祭祀的對象。

2. 蠶馬傳說

在眾多蠶桑起源的民間傳說中，最爲有名的應該是馬頭娘傳說

（見圖2），不少學者稱之爲「蠶馬故事」，最早見於晉代干寶的
《搜神記》：

圖2　四川廣元皇澤寺馬頭娘拓片

　　舊説，太古之時，有大人遠征，家無餘人，唯有一女。牡馬一
匹，女親養之。窮居幽處，思念其父，乃戲馬曰：「爾能爲我迎得父
還，吾將嫁汝。」馬既承此言，乃絕韁而去，徑至父所。父見馬驚
喜，因取而乘之。馬望所自來，悲鳴不已。父曰：「此馬無事如此，
我家得無有故乎？」亟乘以歸。爲畜生有非常之情，故厚加芻養。馬
不肯食，每見女出入，輒喜怒奮擊，如此非一。父怪之，密以問女，
女具以告父，必爲是故。父曰：「勿言，恐辱家門。且莫出入。」於
是伏弩射殺之，暴皮於庭。父行，女與鄰女於皮所戲，以足蹙之曰：
「汝是畜生，而欲取人爲婦耶？招此屠剝，如何自苦！」言未及竟，
馬皮蹶然而起，捲女以行。鄰女忙怕，不敢救之，走告其父。父還，
求索，已出失之。後經數日，得於大樹枝間，女及馬皮，盡化爲蠶，
而績於樹上。其繭綸理厚大，異於常蠶。鄰婦取而養之，其收數倍。

因名其樹曰桑。桑者，喪也。由斯百姓競種之，今世所養是也。[4]

　　中國的蠶馬故事經歷了漫長的變化發展過程，直到今天還在四川、江南等蠶桑地區流傳。不同地區流傳的故事內容大致相同，其中馬、女、蠶三個基本要素更沒有變化。事實上，馬、女、蠶三者之間的關係相信早已形成，戰國時期的思想家荀況（約前313─前238），在《蠶賦》一文中如此描寫蠶的形象：「有物於此，蠡蠡兮其狀，屢化如神，功被天下……臣愚而不識，請占之五泰。五泰占之曰：此夫身女好，而頭馬首者與？」他最後寫蠶的形象是「女身而馬首」。「馬首」指蠶的頭有時要昂起，很像馬頭；「女身」則指蠶的身體十分柔軟，像女性的身體。蠶、女、馬之間的聯繫，可能是因為它們的相似之處，而蠶馬故事，也可能源於此。

　　《搜神記》的年代雖然很早，但這個傳說一直流傳至今。浙江杭嘉湖平原是著名的蠶鄉，當地人唱的蠶歌都是關於蠶馬神話的，但已變得很像故事，可說是遠古蠶馬神話的新版。在這些新版本中，馬頭娘被稱為「馬鳴王菩薩」（見圖3）；關於這個「馬鳴王菩薩」，海鹽縣鄉間也流傳著一首同名的長篇敘事民歌《馬鳴王菩薩》，另一首長達兩百二十六行的民歌《蠶花書》[5]，則更具體地敘述了「馬鳴王菩薩」的由來。民歌的大意是這樣的：神爹鄭百萬，當年西番作亂，鄭百萬投軍保駕，被圍在西番國內。鄭有三個女兒，鄭妻施氏向天地禱告，誰救得夫君，就將三女兒許配給他。家中白馬來到西番，將番兵盡行踏殺，救回鄭百萬。回家後，白馬要求與三小姐成婚，鄭百萬不允，持銅棍打死白馬。馬皮掛在院中，三小姐出廳觀看，突然刮起狂風，馬皮囊住三小姐，飛到南莊，死在桑園，從此變成「花蠶」。觀者將此事奏知玉皇，玉皇封三小姐為「馬鳴蠶寶」，又稱「蠶皇老太」，並說從「天聖內二年」至今，「杭嘉湖二十三縣」都靠著這位蠶神的庇護。其中有一段是這樣唱的：

　　西番返復又興兵，點將開兵奪中原。

圖 3　海寧皮影戲鳴馬王菩薩

先出現在黃河流域，而錢山漾出土的絹片則出自長江流域，令學者頗感意外。但是，二十世紀八〇年代鄭州市文物工作隊在滎陽市青台村新石器時代遺址進行了較大規模的發掘，其中從第七層及其相關地層中，就出土了距今約五千五百年的絲麻織物殘片，化解了這一疑團。據考古學的帶隊人張松林和中國紡織史研究權威專家高漢玉的觀察，在W164和W486兩個甕棺內發現的絲織物殘片，絲纖維上的單繭絲面積為三十六至三十八平方微米，切面呈三角形，絲線無撚度，是典型的桑蠶絲。從織物結構來看，青台村織物有平紋織製的紗和以兩根經絲組成的絞紗織物，張松林等稱之為「羅織物」。而且，出土的羅織物還帶有一種淺絳色，他們認為它是先經練染再染色的，所用的染料可能是赭鐵礦一類。[12]

　　近年，中國絲綢博物館周暘團隊又在青台村附近的汪溝遺址甕棺葬中，用酶聯免疫的方法檢測到了蠶絲蛋白信號。這些發現可將絲綢的起源時間定於距今約六千年，同時說明西陰村的半顆繭子基本上可信。

　　除了前面談及的三個絲綢或蠶繭的實例，在新石器時期還有不少刻畫和雕刻表現蠶或蛹的形象，這些實物對研究中國絲綢的起源均有很大幫助。其中最重要的要數浙江餘姚河姆渡遺址出土的一件牙雕，牙雕上刻有四對蟲形形象，有不少學者將其認作蠶紋，說這是目前所知最早的蠶形刻畫，結合同一遺址出土的蛾形器（或稱「蝶形器」）來看，這在一定程度上反映了距今約七千年前，河姆渡人對蠶生態的關注。[13] 此外，在距今約五千年的南北各新石器文化遺址中，類似的發現更加頻繁。如一九二一年，安特生（Johan Gunnar Andersson）在遼寧省後來被確認為紅山文化的砂鍋屯遺址中，發掘到長數釐米的大理石製作的蠶形飾物。一九六〇年，中國科學院考古所在山西芮城西王村仰韶文化晚期遺址中，發現了陶製蠶蛹形裝飾。與此同時，河北正定縣南楊莊仰韶文化遺址也出土了陶製蠶蛹。河南鄭州雙槐樹遺址出土了栩栩如生的蠶形骨雕（見圖6）。一九六三年，江蘇梅堰新石器時代遺址出土的黑陶上刻有蠶紋。安徽蚌埠市郊吳郢新石器時代遺址中發現的一件陶器，底部形象被認為是蠶在營繭。遠在甘肅的

臨洮馮家坪齊家文化遺址（距今約四千兩百年）中，發現了一件刻畫有很多蠶形昆蟲的雙聯陶罐，這些或許是邊疆地區早期蠶桑活動的見證。

圖 6　河南鄭州雙槐樹遺址出土的蠶形骨雕

三、蠶的一生

養蠶織綢業在中國得以漸漸興起，有賴於許多基本條件。首先是充足的資源，由於中國大陸廣大地區都有野生桑樹和野蠶，因而能結出各種野生的蠶繭，給人們提供馴化的物件。其次要有發達的古文化及文化了的人，在距今一萬至五千年前，生活在新石器時代的各地先民，在衣、食、住、行、生產、宗教、藝術、戰爭等方面，都已形成了較完整的文化，這為絲綢的產生提供了土壤。還有一個條件就是機會。現代人推測，先民或許為了吃蠶蛹才把繭扯開，從而發現了蠶

絲的纖維性能，又或是野生的繭子在風吹雨打之中自動解體，露出了纖維，從而被先民發現。但從考古學、民族學和人類學的大量資料來看，養蠶織綢業在中國的起源，實在是基於中國獨特的文化背景。[14] 從先民對桑、蠶、繭、絲等各個步驟、各種形態和各個中間產物的認識，可看出蠶桑在中國文化中的重要地位。

桑蠶（也稱「家蠶」）是自然界最神奇的一種生物，自古至今都讓人驚歎不已。自然界的昆蟲可分為無變態、不完全變態和完全變態三大類，其中蝶、蛾、蚊、蠅等昆蟲具有卵、幼蟲、蛹、成蟲等四個不同生長時期（見圖7），因此被稱為「完全變態昆蟲」。在完全變態昆蟲中，只有蛾類在變蛹時會吐絲結繭來保護自己，因此，這類昆蟲又可以稱為「吐絲昆蟲」。蠶蛾科與天蠶蛾科昆蟲均有吐絲結繭的特性，因此都可被稱為「蠶」，但其中只有家蠶已為人工馴化，可以家養。雖然其他蠶的繭也可作紡織原料，但它們均在野外養殖，因此只能稱之為「野蠶」。

絲綢所用的主要蠶種是家蠶。它是以桑葉為食料、吐絲結繭的經濟昆蟲，又稱「桑蠶」，屬鱗翅目，蠶蛾科，學名為 *Bombyx mori*。家蠶是完全變態昆蟲，一生經過卵、幼蟲、蛹、成蟲等四個完全不同的發育階段。卵是胚胎，經過孵化成為幼蟲。幼蟲是蠶攝取食物營養的生長階段，一般稱為「蠶兒」或「蠶蟲」。幼蟲階段一般需經過四次蛻皮，蛻皮時不進食，所以稱為「眠」。四眠是家蠶的標準眠性，它將幼蟲階段分為五齡：一眠之前為一齡，由於此時其體色黑，體形如蟻，故又稱「蟻蠶」。一眠、二眠之間為二齡，二眠、三眠之間為三齡，依此類推，至五齡時，蠶體長約十釐米，變得成熟，通身透明，停止進食，開始吐絲作繭。吐絲後蠶在繭內蛻皮轉變為蛹，漸漸變硬，變成深褐色。整個過程大約需要一個月。蛹在七天之後變為成蟲，成蟲就是蛾，是交配產卵繁殖後代的生殖階段。蛹在化蛾時分泌一種酶，用以溶解繭層絲膠，化蛾之後立即萎縮。羽化後的雌蛾、雄蛾交配，一隻母蛾一般可以產卵五百粒左右。成蟲在交配產卵後馬上死去，而所產的卵則可以根據蠶的化性，在本年的下一季或來年春天

再進行孵化。

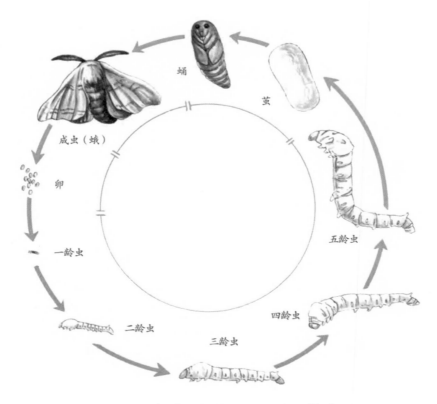

圖 7　家蠶一生變化的四種形態圖

　　蠶的一生經歷了卵、幼蟲、蛹、蛾四種狀態的變化，這種靜與動之間的轉化（包括眠與起），使人們聯想到「天地生死」這最為重大的問題。卵就是生命的源頭，孵化成幼蟲就如生命的誕生，幾眠幾起猶如人生的幾個階段。蛹可看成是原生命的死，或軀殼的死，而蛹的化蛾飛翔就是死後靈魂的去向。張華《博物志》上說「蛹，一名魂」，正是此意，蛹就是靈魂，是精神，是不死的。從「蛹」字我們還可以聯想到「俑」，中國古文字中有一右文說，指形聲字中，同聲不同形的字通常有著不同的形態，但有相關的意義。也就是說，「蛹」和「俑」之間形態雖有不同，一為蟲，一是人，但其意義

相通。「俑」是隨葬時埋下去的木俑、泥俑之類，其原義或許與蛹有關，都是死後的肉體。在黃河流域的仰紹文化墓葬中，有一半左右採用甕棺葬，埋於房基附近；甕棺葬中有很大部分在甕上留孔，估計是讓其靈魂自由升天之意。這種想法或許來自蛹經七日之後化蛾破繭而出的聯想，由於甕棺葬多用於兒童夭折，故需預先鑿孔。後來，人們又把得道升仙稱爲「羽化」，也是源於蠶蛹化蛾的聯想。

四、桑林和扶桑

　　蠶的變化尚且被看得如此神奇及重要，蠶賴以生存的桑比蠶的變化更顯得神聖。從古史傳說來看，桑林不但是蠶的棲息地，而且與民俗活動有密切關係。古人所有行爲和活動其實不外乎兩類：一、求本人生存，就是本人要活下來，要吃要穿，要糧食豐收；二、求本民族的生存，必須繁衍子孫。所以，桑林中的活動也只有兩類：一是在桑林進行祭天求雨活動，以求糧食豐收；二是在桑林中進行男女幽會，祭高禖神（即生育之神），以求子求孫，高禖神是求子的神，有點像後來的觀音菩薩。上古時期人類最重要的兩項活動都在桑林進行，說明了桑對先民的重要性。

　　不少史料可證明，桑林是上古時期男女幽會的地方，其中以《詩經》中的記載最爲豐富。如《小雅‧隰桑》云：「隰桑有阿，其葉有難。既見君子，其樂如何？」《魏風‧十畝之間》曰：「十畝之間兮，桑者閑閑兮，行與子還兮。」、「行與子還」就是把喜歡的女孩子帶回家去，這很像一些少數民族地區的三月初三，或是漢族的上巳節節日活動。最明顯的記載應該是《鄘風‧桑中》：「期我乎桑中，要我乎上宮，送我乎淇之上矣。」這種風俗在當時一些藝術作品中也有反映，大量戰國時期的青銅器上，都有採桑宴樂的圖像（見圖8），上面刻畫的就是桑林中男女相會並祭高禖的情景。這些故事似乎說明了一種情況：在桑林中，神特別容易與人溝通，故周代男女相會桑林時，通常還要祭祀高禖神。

至於以桑林作爲求雨場所，最爲著名的例子是「成湯桑林禱雨」。許多文獻中對此都有記載，如《呂氏春秋・順民》中說：「昔者湯克夏而正天下，天大旱五年不收，湯乃以身禱於桑林。」曾經有人認爲，「以身禱於桑林」是爲了求得蠶桑豐收，如果五年不收，大家更缺的是糧食，先要求的也是糧食，不會只去求絲綢。桑林只是「禱」的場所，不是目的。所以高誘在注釋《淮南子》時說：「桑林者，桑山之林，能興雲作雨也。」因爲桑林能夠通天，能夠求雨。

圖 8　戰國時期青銅器上的採桑圖
（見布目順郎《養蠶の起源と古代絹》，雄山閣出版，1979 年）

　　由於桑林十分重要，人們進而從桑樹中想像出一種神樹，稱之爲「扶桑」──太陽棲息的地方。「扶桑」又作「搏桑」、「空桑」，不少學者釋爲大桑之意。《山海經・海外東經》云：「湯谷上有扶桑，十日所浴。」神樹扶桑的概念，最遲在商王朝盤庚至武丁時期就

已形成，在四川廣漢三星堆商代遺址出土的銅樹中，就有兩枝被確定為扶桑樹。銅樹下為喇叭狀樹座，樹幹筆直，上出九枝，枝上及樹頂各棲一鳥，並有銅龍、鈴、花、葉等掛飾。後來，扶桑的形象常見於戰國秦漢藝術品中。湖北擂鼓墩曾侯乙墓出土的漆箱（見圖9），上面也有扶桑圖像。這棵扶桑是一巨木，枝葉對生，四枝末梢各有一個太陽，主幹正頂上也是一個太陽，但其中有一個太陽被樹下的后羿射中而化成了大鳥。圖上一共十個太陽。后羿射日形象的出現，更證明了這是當時人們想像中的扶桑形象。[15] 值得注意的是，大量漢畫石上亦有扶桑樹的形象，如山東武梁祠畫像石、江蘇沛縣古泗水畫像石和山東安丘畫像石上，均有馬車、鳥（即太陽）、后羿及扶桑的形象，扶桑樹上甚至還掛有一個採桑籃，樹下還有採桑婦的形象。

圖 9　湖北曾侯乙墓出土的漆箱
（見舒之梅、張緒球《楚文化：奇譎浪漫的南方大國》，
上海遠東出版社，1998 年）

五、事鬼神而用之

由此可見，我們的祖先不但從蠶的變化中對蠶感到驚奇，而且對桑樹產生了崇拜，認為桑林是一片容易與上天溝通的神聖之地，以至於求子、求雨等重大活動均在桑林進行，從而又產生了扶桑樹的概念，扶桑樹亦被看作溝通天地之間的途徑之一。[16] 而由此得到的絲綢也不會是普通的織物，穿著絲綢必然會利於人與上天的溝通。也就是說，我們平時所說的「作繭自縛」並不一定是壞事，在當時應該是靈魂升天的必經之路。人們在死後直接用絲織物或絲綿包裹屍體，等於用絲質的材料做成一個人為的繭子，有助於死者的靈魂升天。

所以，絲綢最初的用途是作屍服，即人死後穿的衣服。但這種衣服並無凶意，反而有吉意，它是讓靈魂升天的必需工具。目前所知，最早的絲織品實物，出自河南榮陽青台村和汪溝仰韶文化遺址的甕棺葬之中，為包裹兒童屍體之用。此後有關的葬俗記載也證明了這一點。《禮記·禮運》載：「治其麻、絲，以為布、帛，以養生、送死，以事鬼神上帝，皆從其朔。」治麻以得布，布以養生，治絲以得帛，帛以送死。這裡已把布與帛的功用區分開來，布用於生前服飾，而帛主要用於屍服。《禮記·喪大記》也指出，斂屍之制，先以衾覆，「君錦衾，大夫縞衾，士緇衾」，這裡的錦、縞、緇是三種不同等級的絲織物。衾覆之中，是為「冒」。冒是裹屍的兩個袋囊，上稱為「質」，下稱為「殺」。冒的三邊縫死，一邊不縫而用帶繫，一則可能是為了套屍方便，另一方面亦可能帶有留出空隙、任其靈魂飛出的含義。冒韜之中就是一般的袍或衣，「非列采不入，絺綌不入」。綌是苧麻或葛類纖維製成的紡織品，不能用於喪葬，也就是說一定要用絲綢來製屍衣。這與江陵馬山一號楚墓出土葬俗的情況基本一致。隨著絲綢生產的發展，養老亦逐漸多用絲衣。《孟子·梁惠王》的「五畝之宅，樹之以桑，五十者可以衣帛矣」，說的可能是一樣的意思。家宅附近多種些桑樹，養蠶所得的蠶絲就可以做成老人的衣服，這不僅是對老人表示尊敬，而且也是因為年紀大了，需要多與上天溝

通，慢慢習慣走上升天之路，意思類似蠶老作繭自縛。

　　除用作屍服外，早期絲綢的第二個主要用途是用作祭服。《禮記・月令》：「蠶事既登，分繭稱絲效功，以共郊廟之服。」說明躬桑親蠶所得之絲主要供郊廟祭祀之服。《禮記・祭義》中更詳細記載了養蠶獻繭的儀式以及作為衣服的目的：「歲既單矣，世婦卒蠶。奉繭以示於君，遂獻繭於夫人。夫人曰：『此所以為君服與。』遂副褘而受之，因少牢以禮之。古之獻繭者，率用此與？及良日，夫人繅，三盆手，遂布於三宮夫人、世婦之吉者使繅。遂朱綠之，玄黃之，以為黼黻文章。服既成，君服以祀先王先公，敬之至也。」用絲作服的目的就是為了在祀先王先公時穿用。《禮記・祭統》云：「王后蠶於北郊，以共純服……夫人蠶於北郊，以共冕服……王后、夫人，非莫蠶也。身致其誠信，誠信之謂盡，盡之謂敬，敬盡然後可以事神明，此祭之道也。」這裡說的共有兩層道理：第一層是事神明必須用蠶絲之服；第二層是為了表示敬之盡或敬之至，必須用親蠶、親繅所得之絲製成祭服。

　　絲綢的第三個用途是作祭祀時用的物品。這裡包括兩類：一類是帛書或帛畫，一類是與青銅、玉等禮器同等地位的絲織禮器。其用意應是把絲綢當作一種載體，把書畫於絲綢上的內容或是其中包裹的物品傳達到另一世界。最有名的帛書是湖南長沙子彈庫出土的帛書，中央書寫著文字，四周畫有神奇的圖像。另外，如兩湖地區出土的龍鳳婦女帛畫、御龍人物帛畫以及馬王堆一號、三號漢墓中出土的兩幅帛畫等，都是用於引導死者靈魂升天的，也用於事鬼神。帛書也用於書寫兩國之間的盟書，《左傳・哀公七年》曰「禹合諸侯於塗山，執玉帛者萬國」，中國成語又云「化干戈為玉帛」。這裡的玉和帛均是書寫國書的材料，寫後或埋在地下或是以火焚燒，表示可以上達於天。再看殷商時期的青銅禮器，經常可以發現青銅禮器由絲織品包裹後入葬的痕跡，這恐怕不是因為青銅器需要絲織物的保護，而是因為絲綢可以作為青銅器的載體，傳輸給上天。

　　因此，早期絲綢並非用作日常服飾，而主要是「事鬼神而用

之」，有著特殊含義。在這種情況下，育桑養蠶也要懷著一顆虔誠的心進行。因為蠶是一種非常嬌弱的生物，極易受到自然界惡劣環境的傷害，為了保證天地之路暢通，為了使人們所敬重的蠶蛾能生生不息，先民們開始建立蠶室，以精心飼養它們。因此，筆者認為，養蠶的最初目的，就是為了保護它們。為避免它們受酷暑、陰雨和飛鳥之類傷害的最佳保護，莫過於建立專門的蠶室。《禮記・祭義》：「古者天子諸侯必有公桑、蠶室。近川而為之，築宮仞有三尺，棘牆而外閉之。」公桑即為桑林，蠶室就是養蠶之處。它似乎不同於一般的蠶室，又稱為宮；宮仞高三尺，外周有圍牆閉之。《夏小正》曰：「妾子始蠶，執養宮事。」此宮即為蠶室，宮事亦為蠶事。

蠶桑絲綢早期「事鬼神而用之」的意思，在殷周時期仍普遍存在。但隨著春秋戰國時期絲綢生產力的提高、人們思想的解放以及等級觀念的鬆懈，絲綢的使用變得逐漸普及，進入了新的階段。

六、絲綢使用的三個階段

上文提到，絲綢最早是為人死後所用。這一方面是因為原始思維和原始宗教的存在，另一方面也因為早期絲綢的匱乏。到商周後期，特別是春秋戰國時期，一方面當時人思想活躍，百家爭鳴，早期的觀念有了很大改變；另一方面，絲綢漸漸豐富，人們開始把錦繡之類特別高級的絲綢作為互相饋贈的禮品。絲綢漸漸成為一種身份的象徵，不僅死後穿，生前也穿。特別是當禮制在中國社會中變得愈來愈重要的時候，這種穿著就成為禮儀制度的一部分。絲織品本身就是高貴與身份的標誌，而棉麻織品則是普通人的服飾。絲綢服飾由於色彩和圖案豐富，更可以作為標誌等級的符號。這是絲綢用途的第二階段，主要是在中國封建社會的各個時期。

最高等級是皇帝的服飾。《尚書・益稷》中已見對早期冕服十二章的記載：「予欲觀古人之象，日、月、星辰、山、龍、華蟲，作會，宗彝、藻、火、粉米、黼、黻，繡，以五采彰施於五色，作服，

汝明。」（見圖10）據後代解釋，這十二章（即十二種花紋）的含義是：日、月、星辰，取其照臨光明之意；龍，能變化而取其神之意；山，取其能雲雨或鎮重之意；華蟲，雉屬，取其有文章之德；宗彝，謂宗廟之尊，上有虎、蜼之形，取其勇猛智慧之意；藻，水草有文或取其潔；火，取其明；粉米，取其養；黼，作金斧形，取其能割斷之意；黻，兩己相背形，取臣民有背惡向善之意。[17]十二章可以根據不同的等級而使用不同的數量。東漢孝明皇帝永平二年（59），定天子用日、月、星辰十二章，三公、諸侯用山、龍九章，九卿以下用華蟲七章。早期的十二章紋飾並無圖像傳世，現在可以見到的最早的冕服十二章紋，是在敦煌壁畫上描繪的皇帝圖像，但並不完整。現存真正帶有十二章的實物，是於北京定陵出土的明神宗緙絲袞服。

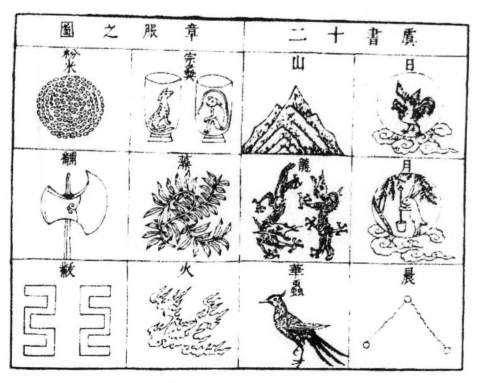

圖 10 《三才圖會・十二章服之圖》

龍紋是皇帝服飾的專用圖案。最早出現和最漂亮的龍袍也許就在四川廣漢三星堆遺址出土的、較真人還高的青銅人像身上，其「穿著」的服裝款式與圖案都刻得非常清晰。衣上的圖案主題是龍，後來黃能馥先生指導北京某公司專門復原「這件衣服」的式樣，並製成衣服，在人民大會堂舉行首發儀式。這件根據青銅器上的服裝復原的龍袍，也被一些專家和媒體稱為「中國第一件龍袍」。[18]

　　但是從考古或至今傳世的實物來看，最早的龍袍出現在遼代，而且已被用於皇親、國戚的服飾。到元代，龍袍更多，龍的形象也出現了五爪和三爪的區別。五爪大龍專用於皇帝的服飾，而較小的三爪龍可用於一般場合。明代起，龍的形象漸漸定型，一般有五爪龍和四爪蟒的分別，龍只限皇帝使用，蟒則大家都可用，但遠看起來，龍和蟒的區別不大。此外還有與龍十分相似的飛魚、鬥牛。除五爪龍之外，蟒、飛魚和鬥牛都用於賜服。[19]

　　色彩也是分辨等級的重要因素。史載秦朝的祭服尚黑，西漢尚黃，東漢則尚赤。但漢代的服色又根據時令而異。《後漢書·輿服志》載，五時色朝服為春青、夏朱、季夏黃、秋白、冬黑。紫色亦有貴者燕居之服，而綠色則為民所用的常服。《新唐書·車服志》和《舊唐書·輿服志》載，唐代高祖時天子用赭黃袍衫，遂禁臣民服飾使用赤黃之色，並規定親王及三品以上者的官服為羅紫色大科綾袍衫；五品以上的官服為朱色小科綾羅袍；六品以上的則以黃絲布交梭雙綾；六品七品的則用綠。至太宗時命七品官服用綠色，龜甲雙巨十花綾，九品官服用青絲布雜綾。大抵以紫、緋、綠、青四色定為官品之高卑，即始於隋唐。《宋史·輿服志》載，宋代官服色彩等級與唐相同，但時服（按季節賜發給官臣的衣物）中亦區分織錦圖案。第一等用天下樂暈錦，第二等用簇四盤雕細錦，第三等用黃獅子大錦，第四等用翠毛細錦，第五等用紅錦，其餘將校則賜窄錦袍，有翠毛、宜男、雲雁、獅子、練雀、寶照大錦和寶照中錦七等。

　　明清文武百官更多用胸背補子（織造或縫綴在官服前胸和後背上的圖案）表示品級。《明令典》記載，洪武二十四年（1391）規定

常服用的花樣品級如下：公侯伯、駙馬：麒麟、白澤；文官：一品仙鶴、二品錦雞、三品孔雀、四品雲雁、五品白鷳、六品鷺鷥、七品、八品黃鸝、九品鵪鶉；武官：一品二品獅子、三品四品虎豹、五品熊羆、六品七品彪、八品犀牛、九品海馬；雜職：練鵲；風憲官：獬豸。[20] 《大清令典》中亦規定了清代補子有圓、方之分，圓補主要為龍、蟒之類，用於王公貴族；方補用於百官，其中文官：一品鶴、二品三品孔雀、四品雁、五品白鷳、六品鷺鷥、七品八品鵪鶉、九品練鵲；武官：一品麒麟、二品獅、三品豹、四品虎、五品熊、六品彪、七品八品犀牛、九品海馬（見圖11）。

圖 11　穿著白鷳補服的明代官員

絲綢還大量用於宗教場合。無論是佛教的寺廟，還是道教的觀宇，總是佈滿了色彩絢麗的絲綢。《洛陽伽藍記》載：宋雲、惠生出使西域時見絲綢之路沿途的佛教場院總是「懸彩幡蓋，亦有萬計」。這類絲綢幡蓋中有佛像的幢幡，在當時就被稱爲「繡像」：「每講會法聚，輒羅列尊像，佈置幢幡。」這類繡像在藏傳佛教中被稱爲「唐卡」，直到今天，大量的唐卡仍然保存在西藏、青海的藏傳佛教寺廟中。

　　絲綢用途的第三階段是在民間和民俗。隨著絲綢生產的普及，絲綢已成爲人們的日常服飾，除官服需要用紡織品的花色來區別等級、制定禮儀之外，農工商、釋道儒等不同身份的人亦有自己特定的服飾。在這些服飾中，禮儀的目的漸漸淡化，而更著重吉祥如意。每個人都各有自己的喜好，但總結起來，大概不外乎是福、祿、壽、喜四個字。所以絲綢上出現了大量吉祥圖案，絲綢也用於各種吉慶的場合。

注釋

〔1〕蔣猷龍.家蠶的起源與分化.南京：江蘇科技出版社，1982.

〔2〕魏嵩山.西陵氏螺祖故里地望分析.鄭州：河南文化產業網，〔2010-01-11〕，http://wenhua.hn.henanci.com/Show_Xp.aspx?id=15324.

〔3〕隋書·禮儀志.

〔4〕（晉）干寶.搜神記卷十四.汪紹楹，校注.北京：中華書局，1979：172.

〔5〕中國民間文藝研究會浙江分會.騷子歌謠選.內部資料本，1981.

〔6〕李濟.西陰村史前的遺存.北京：清華學校研究院，1927.

〔7〕[日]布目順郎.養蠶の起源と古代絹.東京：雄山閣出版，1979：165.

〔8〕[日]池田憲司.一粒繭に魅せられて.倫敦：季刊中國，1987（10）.

〔9〕周匡明.錢山漾殘絹片出土的啟示.文物，1980（1）.

〔10〕徐輝，區秋明，等.對錢山漾出土絲織品的驗證.絲綢，1981（2）.

〔11〕周穎.絲之源——湖州錢山漾.絲綢，2006（6）.

〔12〕張松林，高漢玉.榮陽青台遺址出土絲麻織品觀察與研究.中原文物，1999（3）.

〔13〕浙江省文物考古研究所.河姆渡——新石器時代遺址考古發掘報告.北京：文物出版社，2003.

〔14〕趙豐.絲綢起源的文化契機.東南文化，1996（1）：67-74.

〔15〕趙豐.桑林與扶桑.浙江絲綢工學院學報，1993（3）.

〔16〕周錫保.中國古代服裝史.北京：中國戲劇出版社，1984：15.

〔17〕趙豐.中國絲綢藝術史.北京：文物出版社，2005.

〔18〕中國第一件原始龍袍復原圖.騎馬與砍殺中文站論壇.[2009-10-27].http://bbs.mountblade.com.cn/viewthread.php?tid=88647.

〔19〕同〔17〕.

〔20〕同〔17〕.

第二章　翻越阿勒泰：早期的草原絲綢之路

早期的草原絲綢之路在新疆北部的阿勒泰山北部地方，中國絲綢之路與草原絲綢之路的來往，就是通過阿勒泰山達成的。本章將詳細講述在新疆北部和西伯利亞地區文化交流中，與絲綢紡織品相關的部分。

一、東周錦繡

絲綢之路最先在東周時期（又稱春秋戰國）通向西方。這一時期在國內出土的絲織品主要集中在湖南和湖北一帶，出土的實物非常精美，且保存完好。其中最重要的發現出自湖北江陵馬山楚墓。[1]墓中有一件舞人動物紋織錦，上面的圖案是以鋸齒形構成的框架，框架裡有對稱的紋樣，如對龍、對麒麟、對鳳等，其中最神奇最珍貴的是有一對舞人，這個織錦因而被稱爲「舞人動物紋錦」（見圖1）。織錦的圖案從右到左先是人，後是鳳凰，再是龍，再是麒麟，然後又是像鳳凰一樣的鳥等，縱向的圖案卻是重複的。在這些重複的圖案中，還可以發現在織物的左邊緣處有一處錯誤，而這設計上的瑕疵也在不斷重複。這一珍貴的文物證明當時的中國人已經發明了提花織機，不僅能夠織出圖案，還能夠進行經向重複。除了動物紋樣和人的紋樣之外，當時大量出現的還有幾何紋樣。這類織錦除馬山楚墓出土外，還有湖南地區出土的，年代都在西元前三世紀至五世紀。

除了織錦之外，當時若要製作更精美的圖案，可利用刺繡。因爲織錦是在織機上織的，技術限制較大，而刺繡則很隨意，手拿著針引

圖 1　馬山一號楚墓出土的「舞人動物紋錦」圖案
（見湖北省荊州地區博物館編《江陵馬山一號楚墓》，文物出版社，1985 年）

著線，想繡什麼就繡什麼。馬山楚墓還出土了一件鳳鳥紋刺繡，圖案設計風格浪漫，形象誇張，鳥頭和鳥身呈正面，而翅尖上的弧線又像是鳥頭，翅膀飛舞著，在上方生出一個花冠，花冠向上蔓延，再從頂端掛下像柳樹一樣的枝葉。鳳鳥的設計在當時十分流行，除此之外，還有盤旋捲曲的虎、龍、鳳。特別具有代表性的是同墓出土的羅地龍鳳虎紋繡，上面的圖案是一隻巨大的鳳凰同一頭虎、兩條龍在搏鬥，它一隻爪子抓著一條龍，另一隻爪子則飛舞起來（見圖2）。

　　近年在南方的江西靖安也發現了一個大墓，同樣屬於東周時期。這個墓內有四十七具棺材，每具棺材都用一棵較完整的巨大樹幹做成。墓穴的入口處有一具很大的棺材，可惜保存得不太好，考古學者推測此棺內的男性可能就是墓主。其餘四十六具棺材內埋葬的都是非常年輕的女性，幾乎每人身邊都放有一套小小的紡織工具模型。墓中還出土了很多織物，例如用絲綢編成的繫帶、用色彩豔麗的朱砂染成之後再織的織錦和用苧麻做成的方孔紗。以往出土的文物基本上都是絲織物，但在江西靖安則出現了麻織物。到今天為止，這裡仍是苧麻的主要產地。〔2〕此外，浙江安吉的一處戰國墓中也出土了絲綢織物，有錦和羅。總的來說，在戰國時期，中國內地的長江流域和北方中原均生產了大量絲織品，這些絲織品也成為研究絲綢之路的必要元素。沒有中國的絲綢，也就沒有「絲綢之路」這一名稱。

二、冰封石塚

　　「絲綢之路」這一稱謂由德國的地理學家李希霍芬（Ferdinand von Richthofen, 1833—1905）於一八七七年在其《中國》第一卷中提出。〔3〕他不但進行理論研究，而且親自來到中國考察了七次。他通過對古希臘文獻的研究，並結合賽里斯的傳說，提出了「絲綢之路」的概念，這一研究在中國地理學和絲綢之路研究中具有非常重要的地位。後來，北京大學教授林梅村在《絲綢之路考古十五講》中，給「絲綢之路」下定義為「古代和中世紀從黃河流域和長江流域，經印

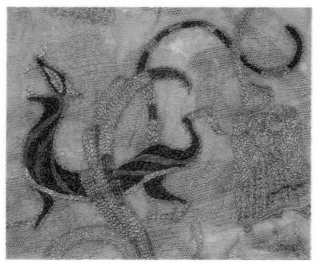

圖 2　湖北荊州馬山一號楚墓出土的羅地龍鳳虎紋繡

度、中亞、西亞連接北非和歐洲，以絲綢貿易爲主要媒介的文化交流之路」[4]，但他把絲綢之路的時間劃定到中世紀爲止。

在三條常被提到的絲綢之路中，最經典的就是李希霍芬所提出的一條，自東端的長安（今西安）和洛陽等地開始一直往西，通過甘肅的河西走廊再往西走，穿過新疆，然後到達中亞。第二條就是草原絲綢之路，這條絲路開拓得比較早，是由草原上的遊牧民族開通的。最後一條是海上絲綢之路，開通得較晚。著名中西交流史學者黃時鑒先生，在一九九一年爲中國絲綢博物館繪製了首幅集三條於一體的絲綢之路地圖（見圖3）。

所謂草原絲綢之路，主要指東起中國東北地區的大興安嶺，西至喀爾巴阡山脈，橫貫歐亞大陸的一條草原通道。這條通道在緯度上比較平直，北有森林，南爲耕地，在北緯40°～50°。在草原絲綢之路上，最重要的活動人群是遊牧民族，但由於早期交通不便，絲綢貿易不算頻繁。草原絲綢之路的關鍵時期爲西元前一千年至西元前三百年，有人專門針對這一時期提出了「庫爾干文化」。[5] 庫爾干（Kurgan）是指用石頭壘起來的特大墓葬。當時的草原牧民希望能看到這些墓葬的存在，以便在附近進行祭祀活動，於是在茫茫草原上用石頭壘在墓葬的邊緣，以標明墓葬的位置，因而形成了一種特殊的現象，被稱爲「庫爾干」。庫爾干是在考古學意義上的文化，雖然經歷了諸多變遷，但各種時期的草原文化都仍有這一現象。

中國新疆北部是庫爾干文化較興盛的重要區域，基本上位於四個國家的接壤處。南面是中國的新疆，北面是俄羅斯，東邊是蒙古國，西邊是哈薩克，阿爾泰山就是其中一條斜向東西的山脈。中國學者以往對俄羅斯、哈薩克以及蒙古國的考古學狀況不是特別瞭解，考古工作的重心並不在這片草原上。但是近年加強交流之後，發現其實阿爾泰山兩側的人民自古以來就來往頻繁，兩側之間的通道很早以前就已經存在。

早期切木爾切克文化裡有一種墓葬形式，也是用石頭壘起來的，有時候墓葬還會出現一個標誌，就是往往把一塊比較大的石頭雕刻

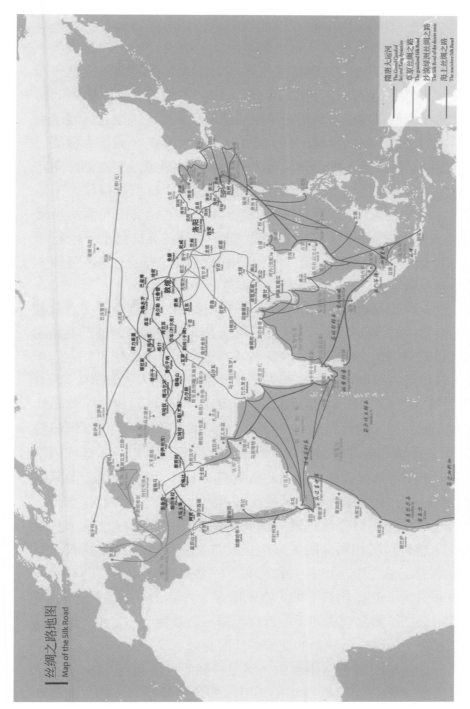

圖 3　絲綢之路示意圖（黃時鑒繪製，審圖號GS<2018>5193 號）

成人形，如一個武士的形象。現在到新疆喀納斯附近遊覽，途中還可以看到這樣的石人。這些石人在草原上一直流行，早的在幾千年前，晚的在唐代前後的突厥時代。這些石頭大部分較矮，但也有一定高度，有些是圓的，有些則呈方形。較切木爾切克晚一點的門海爾汗文化裡，同樣可以看到用石頭疊的遺址和墓葬。後來還發現了用不同顏色的石頭疊出的形狀，有大型的，也有小型的，就像太極圖一樣。至於圖案的意義，則仍有待考究。這種石頭疊遺址在這個時期非常盛行，在整個歐亞大陸都出現過，愈往西走，石頭疊得愈大，這可能跟當地的資源、文化和其他因素有關。在阿勒泰山西面的哈薩克境內，就有很多的巨石陣；最西的要算是遠在英倫島上的巨石陣（Stonehenge）；巨石陣也是一個祭祀用的建築，旁邊有很多墓葬，大部分考古學家把它的時間定在西元前兩千多年。

在整個歐亞大陸出現的庫爾干中，有兩個墓地特別重要。最有名的是阿爾贊（Arzhan）石塚，它位於阿勒泰北部俄羅斯的圖瓦共和國境內。這裡有個地方叫國王谷（又名「沙皇谷」），二十世紀七〇年代初，蘇聯考古學家格里雅茲諾夫在此發掘了一個巨大的石塚「阿爾贊1號」。二〇〇一年，考古隊員又發現了「阿爾贊2號」，其年代約在西元前六五〇至西元前六〇〇年。這兩個墓葬都很大，「阿爾贊1號」用石頭築起的丘墩直徑達一百二十米，覆蓋著以巨木建成的墓穴，墓穴由七十個呈放射狀排列的墓室構成。除了埋葬著國王及其他重要人物外，一些墓室亦疊放著從屬部落的代表的遺物以及來自友好部落的貢物，大部分都是馬匹。當時埋進去的馬匹有幾百匹，其中一百多匹是有馬鞍和馬具的，這些馬具被整套埋了進去；還有三百多匹馬是被吃掉之後再埋進去的，剩下一些馬骨頭。[6]「阿爾贊2號」也非常大，直徑約八十米，高約兩米。裡面出土的文物比1號更多，其中包括紡織品及約四千七百件金器，數量龐大。當中一些金器已經被修復，收藏在俄羅斯的艾米塔什博物館。[7]

另一個地點更靠近阿爾泰山。這是一個叫巴澤雷克（Pazyryk）的谷地，位於俄羅斯阿勒泰共和國境內的丘協什曼河及其支流巴什

考斯河之間。由於靠近阿爾泰山，這裡常年被冰雪覆蓋。一九二九至一九五〇年，格里雅茲諾夫和魯金科等人在這裡發掘了六座大墓，其中「巴澤雷克1號」最大，直徑四十七米。由於這些墓葬位於永久性的凍土層之中，所以木器、皮革、羊毛製品以及人體都保存得極好。墓中還有中國銅鏡、漆器和絲織品，與中國新疆境內的發現遙相呼應。[8]

巴澤雷克墓出土了大量馬具和完整的馬車。通過復原的示意圖可以知道，當時的馬鞍是用羊毛氈刺繡縫製的。還有用木頭雕刻的格列芬頭像，上面可能曾被黃金包著，墓裡曾出土大量金箔，都是曾經貼在木頭上面的，但由於金箔很容易脫落，所以掉了很多，現在已不知去向。特別有意思的是一張人皮在肩膀、手臂、胸前、腳等部位有大量刺青。刺青就是文身，在當時非常流行，到今天還有人繼續使用當時的圖案作刺青。墓室裡面非常大，有兩人多高，墓頂上還掛著氈製天鵝（見圖4）。天

圖4　俄羅斯巴澤雷克古墓出土的氈製天鵝

鵝是草原上的牧民每到春天的狩獵物件之一，墓頂掛著的天鵝，就像天鵝在空中飛翔一樣。在墓室牆壁的氈子上，繡出了大約四米高的壁飾。

這個墓葬提供了非常重要的研究資料。一般認為，它的主人是斯基泰人（Scythians），其概念最早見於希臘文獻，凡是草原上的居民，一般都被稱為塞克人（Sakas）或者斯基泰人。大流士一世時期的納克希‧魯斯坦姆銘文（Naqsh-e Rustam）中列舉了三種塞克人：飲豪麻酒的塞克人（Saka haumavarga），住在費爾干納；戴尖頂盔的塞克人（Saka Tigraxauda），居住在越過錫爾河的地方和謝米列契（Semirechye）；還有歐洲塞克人，即斯基泰人。[9]現在「塞克」一詞大多被「斯基泰」取代，且把斯基泰人看成是西元前九○○年到西元前三○○年在整個歐亞草原上面東來西往的遊牧民族。上文提到的幾個大的庫爾干——「阿爾贊1號」、「阿爾贊2號」以及六座大墓，其主人都是斯基泰人。

三、太陽塚及其他

巨石塚在阿爾泰山以南、天山以北也有大量發現。最有名的是新疆青河的三道海子巨石堆，高十五米，底座直徑六十二米。巨大石丘的周邊還有一個很大的用石片鋪成的石環，直徑兩百二十多米，環寬六米左右，與巨石堆成同心圓。石環與巨石堆之間有四條呈十字形的石道相連，每條石道長約七十米，寬三米。三道海子附近還有大量石塚，這些石塚的年代應該是在斯基泰時期（前700─前500）。

對於這個墓葬，有很多不同的說法。有人說是成吉思汗的墓，但近來林梅村教授等人在考察後認為，這就是斯基泰時期的庫爾干。根據庫爾干的特色，墓葬旁邊會有一些作為標誌的石頭，這樣的石頭在新疆草原上主要有兩種：一種是石人，一般是武士模樣；另一種是一塊石頭，一般被稱為「鹿石」，鹿石上往往刻有一些圖案，其中最常見的是鹿。以這兩個標誌為依據，新疆的庫爾干跟阿爾泰山北麓的庫

爾干應該是同一類墓葬。[10]

二〇一三年和二〇一四年，考古學家郭物博士對三道海子進行了正式發掘，初步證實這應該是早期遊牧王國的祭祀遺址，並與俄羅斯圖瓦烏尤克盆地阿爾贊「國王谷」王族墓地關係密切。據郭物介紹，這些巨型石堆遺址可能並不是墓葬，而是兩千五百至兩千八百年前遊牧部落的祭祀遺址。遺址有很多五邊形、盾形石板，這種石板可能是古代這個地區最高等級祭祀遺址通用的一種石質祭器，是模擬盾牌的一種法器，具備驅邪、避凶、防害的多重作用。巨型石堆中部又發現了許多碎骨頭，後經搜集分析，這是一個四十多歲的男性的頭骨，被人為敲碎後散落在地面上，頭骨的主人可能是其他被征服部落有身份的人，被俘獲殺死後，頭骨被敲碎用來祭祀。

與此同時，考古人員還發現，該遺址出土的鹿石外形及上面的動物圖案，均與俄羅斯圖瓦烏尤克盆地阿爾贊「國王谷」墓地出土的鹿石相似。所以他們推測，花海子巨型石堆可能就是埋葬在國王谷首領們建立的遊牧王國的中心祭祀遺址，而阿爾贊本身則是三道海子文化首領王族們的墓地。

整個新疆呈「三山隔兩盆」地形，北面有阿爾泰山，中間有天山山脈，最南邊是崑崙山。在天山以北和阿爾泰山以南是準噶爾盆地，在天山以南與崑崙山以北是塔里木盆地，即塔克拉瑪干大沙漠。再往北就到了天山附近，在塔克拉瑪干沙漠周圍，發現了一些青銅器時代的墓地，年代在西元前二〇〇〇年至西元前一〇〇〇年間，它們的形狀都比較奇特。其中有兩個比較重要的墓地，一個是古墓溝，位於通往樓蘭的孔雀河邊，所有的墓都用木樁在四周圍成放射狀的佈局，所以被稱為「太陽墓地」。按林梅村教授的看法，墓裡的人都是從北邊下來的遊牧民族，本來應該是用石頭來建墓的，但是由於沙漠附近石頭特別少，所以改用木頭。其圓形的佈局與早期的庫爾干有相近之處，林教授因此把它看成是北方遊牧民族南下之後的一種演變。另一個是小河墓地，它位於較古墓溝更南面、更深入的沙漠地帶。墓地上豎立著很多高大的木頭，下面就是墓。小河墓地跟北方的庫爾干相距

已經有點遠了，但林教授還是認為它們有關聯，因為此墓地的情況與其附近的墓葬都不一樣。

以上是兩個採用了與北方石塚形狀一樣，但材質不同的墓地。林教授認為，它們都是印歐語系的吐火羅人南下之後建立的文化，但是在天山東部，還有大量與斯基泰人同期的墓地出現，集中在吐魯番地區附近。其中最重要的有托克遜縣阿拉溝卵石墓葬、阿拉溝木槨墓葬、哈密的五堡墓地和焉不拉克墓地、鄯善的洋海和蘇貝希墓地，還有最近新發現的吐魯番勝金店墓地。這些墓地都集中在天山東部的吐魯番地區，其年代都在西元前八○○年至西元前二○○年之間。林教授認為，天山東部比較靠近甘肅一帶，在那裡生活的主要是蒙古人種，屬於從中原一帶遷徙過來的羌人墓葬。從這些墓葬形制可以看出兩種文化互相交流和抵觸的現象。所以，目前的結論是，整個歐亞草原部落主要在阿爾泰山北麓一帶活動，但其中有一支在西元前二○○○年到西元前一○○○年開始越過阿爾泰山南下，途中遇到來自東部的蒙古人，對抗了一段時間，所以出現了不同文化的交流和碰撞。再到西元前一○○○年左右，他們繼續南下，一直到崑崙山的北部、塔克拉瑪干沙漠的南部。在這裡發現了一些明顯受斯基泰影響的重要墓地，包括且末縣的紮滾魯克、民豐尼雅北部的青銅遺址以及洛浦的山普拉。[11]

四、阿爾泰山南北的紡織品

在阿爾泰山的北部和南部之間，有著很多非常接近的現象。首先，阿爾泰山南北兩面都發現了絲綢，其所屬年代都在戰國時期。在巴澤雷克發現的絲綢一共有五片，其中三片是較普通的平紋織物，另外有一片織錦（見圖5），一件蔓草鳥紋刺繡，其圖案反映了它的年代。[12] 當時只有中國才擁有織錦技術，經過技術分析，我們可以判斷這件織錦是由中國傳入的，它和馬山楚墓出土的織錦圖案風格非常接近。

圖5　俄羅斯巴澤雷克古墓出土的幾何紋織錦

　　蔓草鳥紋刺繡的圖案比織錦更加漂亮。這件刺繡（見圖6）長兩米多，平時被折成一半掛在展廳裡，應該是墊在馬鞍下的馬韀。從細部可以看出它是在絹上進行刺繡的，所用的是中國最傳統的針法——鎖繡，所繡的圖案是蔓草和飛鳥紋樣。飛鳥紋樣相當漂亮，整個圖案框架與馬山楚墓出土的鳳鳥紋刺繡非常接近，但是造型風格更加寫實。此外，在天山東側吐魯番地區的托克遜縣阿拉溝，接近阿爾泰山墓地的地方，也出土了一件鳳鳥紋刺繡（見圖7），其鳳鳥造型更接近湖北楚地的圖案。雖然當時的鳳鳥圖案，有時會因地區或年代不同而有所差別，但我們還是可以從技術、材質、主題和藝術風格上看出，它們跟戰國時期的絲綢是完全一致的。因此可以肯定的是，絲綢之路讓那裡的人與內陸地區有了交流。絲綢究竟是到了新疆再往阿爾泰山北部去，到了阿爾泰山北部再南下，抑或另有通道，現在還沒有定論。但更可能的是這一類絲織品先到新疆，然後翻越阿爾泰山去的北部。

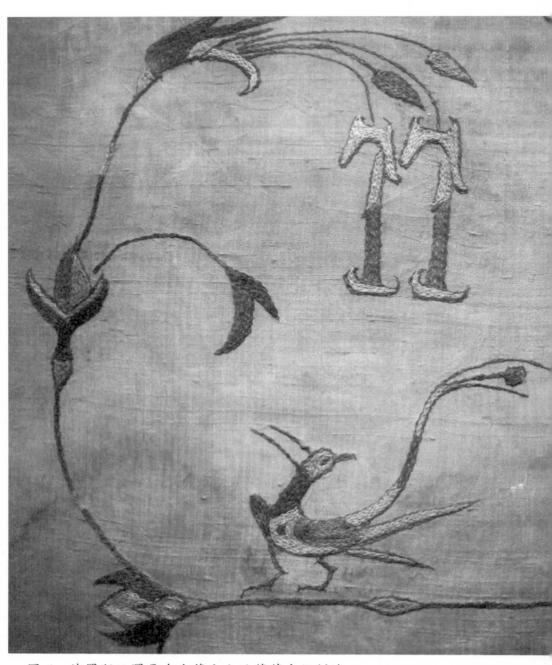

圖 6　俄羅斯巴澤雷克古墓出土的蔓草鳥紋刺繡

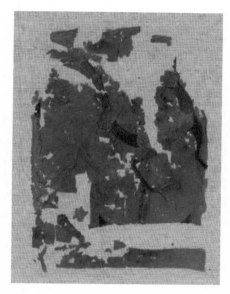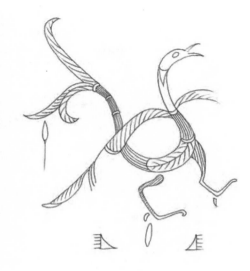

圖7　新疆阿拉溝出土的鳳鳥紋刺繡及圖案復原

　　除了絲綢，早期在絲綢之路流通的還有其他材質的織物，例如毛織品。一般認為，世界上最早、最完整的地毯是在巴澤雷克出土的。這塊地毯非常完整、漂亮，寬度約兩米。它是方方正正的，邊緣是幾何紋，外圈是騎馬人物，內圈還有行鹿紋樣，中間是幾何紋（見圖8）。地毯的絨是一個一個的結打出來的，所以每一個圖案都有細微差別，如鹿的紋樣，鹿、馬之間以及地毯中心區域的幾何紋樣。地毯上還有一些騎士，他們都戴了帽子，裹得嚴嚴實實。馬鞍的變化也特別多，每一個都有不同的裝飾。[13] 每當國外學者提到地毯的起源，都說最早的一塊地毯就在巴澤雷克。但新疆考古學家最近在吐魯番的洋海墓地也發現了地毯，年代與巴澤雷克的基本相同，雖然該地毯沒有像巴澤雷克那件保存得那麼好，但其圖案數量更多，共有三種：斑紋圖案、三角形圖案及鋸齒形圖案（見圖9）。即使只是發現了一些殘片，但還是非常令人震驚。起初，新疆的考古學家把該地毯的年代定為西元前一〇〇〇年，但隨著研究的深入，他們逐漸改變了看法，認為可能高估了它的歷史。總的來說，洋海墓地的地毯與巴澤雷克的

圖 8　俄羅斯巴澤雷克古墓出土的地毯局部

年代相近，這證明了地毯織造技術在阿爾泰山兩側的交流。[14]

另一可以證明阿爾泰山兩側有技術交流的織物就是高帽子。它採用了一種專門用於編帽子的罕見編織技法。當時生活在阿爾泰山兩側的人特別喜歡做高帽子，大流士一世納克希·魯斯坦姆的銘文提到，斯基泰人喜歡戴尖帽子，波斯波利斯（Persepolis）的浮雕上，也

圖9　新疆吐魯番洋海出土的三角紋地毯

出現過尖帽子的圖像。巴澤雷克出土的帽子又高又尖，有時會把一個帽子直接做在頭髮上面，把頭髮和辮子綁起來，做成一條往上梳的直辮子（見圖10）。這裡的尖帽子一般可以用氈來做，也可以用編織的方法來做。這種編織的效果有點像今天的織毛衣，都是用一根線，從頭至尾慢慢盤起來編上去。每根線之間都通過一個環來連接，放棄一個環就會形成一點空隙，不放棄就會編得很緊，所以可以編出不同的圖案。這樣的編法在巴澤雷克和吐魯番附近的鄯善蘇貝希出土的帽子上都可以看到。[15] 筆者參觀艾米塔什博物館時，一位俄羅斯的考古學家展示了一件「阿爾贊2號墓」出土的編織物，它的編織方法與新疆的織物完全一樣。這說明當時兩地的技術交流是確實存在的。

編織物中還有一類是斜編織物，兩組紗線像編辮子似的交叉編織，編成三至十釐米寬的帶子。這類織物最常見的是紅色，在巴澤雷克、阿爾贊、吐魯番洋海出土的織物以及塔克拉瑪干沙漠南側的克里雅和新疆洛浦縣山普拉遺址中都可以看到。巴澤雷克出土的服裝領口、袖子等縫合處，就用了這種紅色編帶作為鑲邊，而鑲邊的編法就是斜編。[16] 在克里雅出土的文物中，也可以看到同樣的編法。這種

圖 10　戴著高帽的巴澤雷克人

編法在山普拉出土的文物中也非常普遍，而且顏色相同，如果進行染料測定的話，估計測出來的染料成分也會是相同的。

此外，斜紋的毛織物——特別是以人字形斜紋織成的織物，也大量出現。例如，在洋海、山普拉和巴澤雷克均可以看到以大塊橫幅形式製成的裙子。洋海出土的裙子用了斜紋的織法，上面一段紅，中間一段黃，下面再是一段紅（見圖11）。[17]巴澤雷克出土的裙子中，織法幾乎完全一樣，都是用一根編織好的帶子繫起來作為腰帶。這兩地的裙子，連用來繫縛的帶子都非常相似。除此之外，考古學家曾在克里雅找到一根帶子的頭，筆者曾經拿它到中國絲綢博物館展覽，但當時並不知道它的具體用途。[18]後來筆者看到巴澤雷克的腰帶之後，便可以肯定這就是編織腰帶的流蘇，甚至連流蘇的根數都差不多。

另一種技術是阿爾泰山兩側都用的緙毛工藝。緙毛（Tapestry）是用毛的原料和緙絲的技術織成織物。在巴澤雷克出土的大量文物中，只有一小部分緙毛，但在洋海和山普拉地區，這種技術就被大量使用，它們在圖案技術方面都非常接近。在山普拉的緙毛中，最常見的圖案是鳥和獸的結合，獸頭上有像鹿茸一樣大的角，身上長著奇怪

圖 11　吐魯番洋海出土的毛裙

的翅膀。[19]造型類似的動物在巴澤雷克墓內貼壁的氈繡上面也可以看到（見圖12）。在阿爾泰山兩側的緯毛中，有的技法相同，有的圖案接近，從中可見兩者之間的關係。當然，巴澤雷克最重要的兩件出土緯毛，很可能是從地中海傳入的。其中一件有人物的形象，另外一件用了來自地中海的貝殼染成的貝紫。由此可見，緯毛技術很可能是由西方慢慢傳過來的。中國唐代開始出現的緯絲，靈感最初應該來自新疆的緯毛。新疆緯毛由當地的回鶻人製作，他們製作的緯絲質素良好，後來在唐代和遼代間傳入內地，到宋代前後，中原的緯絲品質也變得非常好了。

圖12　俄羅斯巴澤雷克古墓出土的毛繡壁掛紋樣

五、草原母題

　　草原上的人非常崇拜黃金，一直到成吉思汗年代都是如此。即使是現今的蒙古人，也特別偏好以眞絲和黃金製成的服裝，所以在蒙元時期，納石失便成爲最有名的絲織物。納石失，又名「織金錦」，是加了金的絲織品，足見蒙古人對金的重視程度。近代考古學重視西伯利亞和草原考古，其實跟金器有關。最初大家對草原考古和藝術史並不特別重視，因爲草原人煙稀少，牧民長年遷徙，很難留下文化和歷史的物證。但後來在當地發現了大量黃金製品，大家便開始關注斯基泰人和庫爾干文化。大約在十八世紀，俄國人在開發遠東時找到一些金器，當時的西伯利亞總督加加林公爵，選擇了其中一對透雕雙龍紋的黃金帶，獻給沙皇彼得大帝。彼得大帝稱之爲「西伯利亞寶藏」，把它藏入愛米塔什博物館，並進一步要求搜集這類金器，因此人們也著手進行大量的研究。[20]

　　西伯利亞寶藏的題材往往是動物形象，被稱爲「草原母題」。這些動物可分爲禽和獸兩大類，也可分爲食肉動物和食草動物。食草動物中最常見的是鹿，可用作裝飾，也可以刻在石頭上，即上文提到的鹿石。從原始宗教的角度來看，石頭上所刻的動物，往往是人們希望捕獲的動物。其時器物上大部分都有鹿，在巴澤雷克的墓葬裡面，更發現了一種非常奇特和罕見的藝術品，就是用獸皮雕刻出非常漂亮的圖案，像剪紙一樣靈活生動。在當時的青銅鏡等銅器上面，也有大鹿的形狀。在吐魯番洋海出土的大量木器和陶器上面，也有很多鹿的圖案。比較珍貴的是，吐魯番的洋海還出土了一件緯毛，這件緯毛上的圖案也是一隻隻分開的鹿。除鹿之外，出土的藝術品上還有各種各樣的動物，如大角羊、牛、馬、駱駝等。

　　食肉動物除了豹子、獅子這類兇猛的動物之外，還有鷹，更有一種想像出來的、鷹喙獅身的格列芬（Griffin）。其造型往往反映動物之間的搏鬥場景，如：在洋海出土的一件木器上面，就有豹或虎在追逐其他弱小動物；在巴澤雷克的獸皮雕刻藝術中，則以彩皮剪出一隻

豹在捕食鹿的情形。這種搏鬥場面在當時尤其常見。巴澤雷克還有一種在氈上刺繡的藝術，先把羊毛染色，然後按圖案要求剪成一片片，再把它們繡縫在一起，製成毯子，其題材就是格列芬在捕山羊（見圖13）。格列芬是中亞地區傳說中專門守衛黃金寶藏的一種兇猛的動物，如獅子般強壯，鷹喙鷹爪，再加翅膀。即使有些圖案沒有出現格列芬的身子，但只要出現若干關鍵元素，人們還是會認為它就是格列芬。巴澤雷克出土的木雕和彩氈上的格列芬形象便是其中一例。

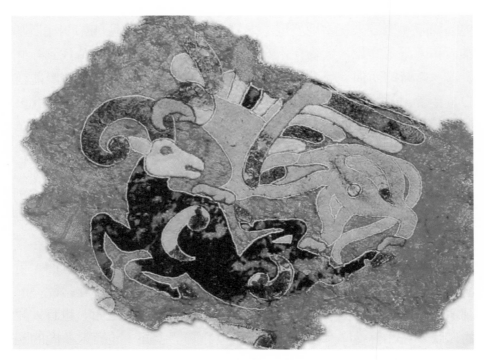

圖 13　俄羅斯巴澤雷克古墓出土的草原題材毛繡

比較有趣的是，到了漢代，少量漢式織錦也出現以草原動物為題材的圖案。在新疆尼雅出土的一件「吳牢」織錦小枕上，出現了漢代特別流行的雲氣動物紋，其中更出現了一個草原母題，有一隻猛獸正在捕食另一種動物。這隻猛獸很有可能是虎，而被捕食的很可能是羊或牛。草原母題在巴澤雷克出土的早期刻皮藝術品上出現，或許說明

了早期草原藝術對內陸地方藝術的影響以及對絲綢之路的影響。[21]

六、歐洲的絲綢傳說

最後要強調的是，當早期的絲綢之路還未真正開通時，東方和西方之間已經有交流，絲綢的往來已經存在。眾多傳說中，都可以看到當時的交流。

其中一個傳說，就是周穆王的西遊記。周穆王是周朝的第五代王，名姬滿，傳說他高壽一百零五歲，在位時間約五十五年（前976—前922）。根據《穆天子傳》記載，周穆王在位的第十三年至第十八年間，周穆王駕了八駿，去西部巡遊，到了崑崙之丘，又設宴於瑤池，與西王母唱和。很多人說現在烏魯木齊附近的天池，就是當時西王母居住的瑤池，而周穆王當時可能就是到了天池。也有人考證說他到了新疆更西邊的地方，更說他在裡海和黑海之間的曠原上開拓了絲綢之路。據俄羅斯考古學家報導，約在西元前一〇〇〇年，中亞地區已有絲織品出土。如果情況屬實，這些絲織品的年代便跟周穆王西遊的年代差不多，也許他真的到過中亞。

絲綢之路的其他傳說，還可以在希臘文獻上看到。[22]希臘的文獻記載，東方的一個國家被稱為賽里斯（Seres），那裡的人專門養了一種小昆蟲叫「蠶」（Ser），所以，養蠶的國家就叫「賽里斯」，養蠶的人就叫「賽里斯人」。現在一般的研究考證都認為，賽里斯國指的應該就是中國。但事實上，它指的應該是一種專門的蠶絲，因為希臘當時也在生產野蠶絲，在當地的小島上，還有用野蠶絲織成絲綢的工藝。在印度一帶，也有用野蠶絲來做絲綢的記載。但這些地區沒有發展出真正的養蠶業和絲綢業，只有中國才有。不少早期希臘的拉丁文作家也寫了很多有關東方賽里斯的傳說。從這些傳說中，可以看到中國的絲綢已經出現在當地，也使當地人漸漸明白絲綢的概念。

西方傳說對中國絲綢的瞭解，可以分為幾個階段。大約西元前七

○年，他們把中國絲綢理解為一棵羊毛樹，維吉爾（Vigile，前70—前19）在《田園詩》中寫道：「賽里斯人從他們那裡的樹葉上採集了非常纖細的羊毛。」斯特拉波（Strabon，約前58—前21）在《地理書》中寫道：「也是出於同一原因（氣候的酷熱），在某些樹枝上生長出了羊毛。尼亞格說，人們可以利用這種羊毛紡成漂亮而纖細的織物，馬其頓人便用來製造坐墊和馬鞍。」後來有學者對此作出更詳細的描述，但仍然存有「羊毛樹」這一概念。老普林尼（Pline L'Ancien，23—79）便是其中一位。他在其著作《自然史》上生動地描述了賽里斯人和他們的織物：「人們在那裡所遇到的第一批人就是賽里斯人，這一民族憑藉他們在森林裡所產的羊毛而名震遐邇。他們向樹木噴水，以沖刷樹葉上的白色絨毛，再由他們的妻室來完成紡線和織造這兩個工序。由於在遙遠的地區有人完成了如此複雜的勞動，羅馬的貴婦才能夠穿上透明的衣衫出現於大庭廣眾之中。」當時，羅馬人花了很多金錢購買絲綢，羅馬的女人卻穿著非常透明的衣服，老普林尼覺得很不划算。

後來的記載開始慢慢糾正以前的說法，包撒尼雅斯（Pausanias，二世紀人）在《希臘志》中非常詳盡地描寫蠶的由來：「至於賽里斯人用作製作衣裝的那些絲線，它並不是從樹皮中提取的，而是另有其他來源。他們國內有一種小動物，希臘人稱之為賽兒，而賽里斯人則以別的名字相稱。這種微小動物較最大的金甲蟲還要大兩倍。在其他方面，則與樹上織網的蜘蛛相似，完全如同蜘蛛一樣有八隻足。賽里斯人製造了一個小籠來飼養這些動物。這些動物吐出一種纏繞在它們足上的細絲。在第四年之前，賽里斯人一直用黍作飼料來餵養。但到了第五年，他們知道這些笨蟲活不了多久，就改用綠蘆葦來飼養。對於這種動物來說，這是它們各種飼料中最好的。它們貪婪地吃著這種蘆葦，一直到脹破了肚子。大部分絲線就在屍體內部找到。」這說明早期的絲綢當時已經傳到西方，但絲綢到底是怎麼來的，西方人還是不清楚。

直到拜占庭時期，有一個波斯僧人專門把中國的蠶種藏在手杖

裡，然後從波斯帶過去，西方人才明白絲綢的由來。絲綢之路雖在漢代之後開通了，但是中國到歐洲還隔著西亞。當時波斯人特別不希望中國跟歐洲的民族直接聯繫，拼命加以阻攔，因為一旦有了直接的聯繫，雙方就可以自由買賣，波斯人便無法作為中間人牟利。有一段時間，為了繞開波斯帝國，絲綢之路就往北走，經過早期的歐亞草原。也就是在這個時候，一些著作比較準確地寫出了有關蠶和絲綢的知識。當時的查斯丁尼大帝（Justinian the Great）向突厥人講述了蠶的誕生到織綢的工序，把蠶歸入蛾類昆蟲。此時，塞維利亞的伊希多爾（Isidore，560—636）在其著作《辭源學》裡提出了兩種說法：一是賽里斯人收集樹葉上的絲，出售後作裁製衣服之用，這種絲可能是一種野蠶絲。另一個說法是，賽里斯國內有一些小蟲子，它們以自己的絲纏樹，而這些蟲子在希臘文中應該稱為Bombyx（現時家蠶的學名為Bombyx mori L）。

總的來說，中國絲綢的起源約在六千年前。到了秦漢時期，中國的絲綢技術已經非常發達。特別是織錦、織繡和刺繡技藝，均發展到非常高超的水準，圖案也非常精美。中國的絲綢大約就在這個時候開始向外輸出。最早的輸出主要是在草原絲綢之路這一段。在整個歐亞大陸，向東西方流動的民族，其實就是草原上的遊牧民族，他們有著一些共同特點，例如，他們都喜歡在死後使用庫爾干這種墓葬形式，喜歡在裝飾品上用大量黃金裝飾草原上的動物題材，又用皮來做衣服，並進行大量紡織工作。到目前為止，在新疆地區和巴澤雷克一帶，還有保存得比較好的古代紡織品。再往西去，就很難尋找了。從現存的古代紡織品來看，不論是服裝款式、編織技法還是裝飾題材，阿爾泰山南北兩地的織品都非常相似。早期的絲綢之路在這一時期已經形成，它直接導致歐洲大量使用絲綢，而且令西方人對絲綢的來歷產生了各種各樣的猜想。

注釋

〔1〕湖北省荊州地區博物館.江陵馬山一號楚墓.北京：文物出版社，1985.

〔2〕中國絲綢博物館等在國家「指南針」專案「東周紡織織造技術研究——以出土文物爲例」中對江西靖安出土的紡織品及其紡織技術進行了深入的研究，該專案獲2009年國家文化遺產保護科技創新獎。

〔3〕Ferdinand Freiherr von Richthofen. *China. Ergebnisse eigener Reisen und daraufgegruendeter Studien.Vol.I.Berlin, 1877.*

〔4〕林梅村.絲綢之路考古十五講.北京：北京大學出版社，2006.

〔5〕約從西元前二〇〇〇年起，歐亞草原一帶都流行建石塚和石人，稱之爲「庫爾干」（Kurgan）。這種石塚在阿爾泰山周圍特別流行，根據俄羅斯聖彼德堡大學的科瓦列夫（Kovalev）教授總結，主要包括阿凡納羨沃文化（Afanasievo,前2800—前2500）、切木爾切克或克爾木齊文化（Chemuchek,前2500—前1800）、門海爾汗文化（Muck-Hairkhan,前1800—前1500）、北塔文化（Baitag,前1600—前1300）、特布希文化（Tevsh,前1400—前1100）、帶有鹿石的克萊克蘇文化（Khereksures）（前1000—前700）、早期斯基泰類型（Early Scythian Type,前900—前700）、斯基泰晚期（Late Scythian Time,前600—前300）。

〔6〕阿貝特科夫，優素波夫.中亞西部的古代伊朗族遊牧民//M.S.阿西莫夫，C.E.博斯沃思，主編.中亞文明史.北京：中國對外翻譯出版公司，巴黎：聯合國教科文組織，2002.

〔7〕Sisse Brimberg.*Laborers level a football-field-size Scythian kurgan at Arzhan-*2.National Geographic Stock.http://www.nationalgeographicstock.com/ngsimages/explore/explorecomp.jsf?xsys=SE&id=724328.

〔8〕S. I. Rudenko.*Der Zweite Kurgan von Pasyryk.Verlag Kultur und Fortschritt.*Berlin, 1951.

〔9〕同〔6〕.

〔10〕林梅村.阿爾泰山和天山的大石塚//絲綢之路散記.北京：人民美術出版社，2004.

〔11〕 同〔4〕.

〔12〕 E. Lubo-Lesnichenko.*Ancient Chinese Silk Textiles and Embroideries, 5th to 3rd Century AD in the State Hermitage Museum (in Russia)*. Leningrad, 1961.

〔13〕 同〔8〕.

〔14〕 洋海的地毯在吐魯番地區博物館展廳中展出.

〔15〕 吐魯番地區文管所.鄯善蘇巴什古墓葬發掘報告.考古.1984 （1）：41~50；萬芳.新疆出土史前至魏晉時期的帽子//大漠聯珠——環塔克拉瑪干絲綢之路服飾文化考察報告.上海：東華大學出版社，2007：123~129.

〔16〕 Polosmak and Barkova.*Costume and textile:Pazyryk Altar (4th~3th century BC)*.Novosbursk: Infolio, 2005：62~65.

〔17〕 李蕭，主編.吐魯番文物精粹.上海：上海辭書出版社，2006：32.

〔18〕 趙豐，主編.紡織品考古新發現.香港：藝紗堂/服飾出版，2002：9頁.

〔19〕 新疆維吾爾自治區博物館，新疆文物考古研究所.中國新疆山普拉——古代于闐文明的揭示與研究.烏魯木齊：新疆人民出版社，2001：204.

〔20〕 Thomas Hoving et al.*From The Land of the Scythians: Ancient Treasures from the Museums of the U.S.S.R., 3000 BC~100 BC. Metropolitan Museum of Art Bulletin.Volume XXXII.Number 5*, 1975.

〔21〕 中國絲綢博物館.絲國之路——5000 年中國絲綢精品展.中國博物館，2009（3）.

〔22〕 ［法］戈岱司.希臘拉丁作家遠東古文獻輯錄.耿升，譯.北京：中華書局，1987.

第三章 漢錦出陽關：漢晉時期中國絲綢的西傳

　　早在商周時期，內地的絲綢生產已經非常發達，但主要產地還是在中原一帶，南方產量不多。到漢代，不少官營織造機構成立，絲綢生產得以蓬勃發展。在後來被發掘的墓葬中，亦有不少珍貴的絲織品。它們在圖案及文字上別具特色，同時也證實了絲綢在漢晉時期西傳的歷史。

一、官營織造

　　除了一般的民間織造之外，漢代還有極具代表性的官營織造，由於官方的織造特別受到重視，所以技術發展迅速。當時官營織造的主要產地有長安（今西安）、臨淄（今山東淄博）和成都三個中心。

1. 長安東西織室

　　當時長安有著非常發達的官營織造機構。官營織造機構當時又叫「織室」，在漢高祖劉邦打下天下、進入關中之後的第三年（前204）已經存在，後來發展到東、西兩個織室。考古學家近年在西安發掘了一個陵墓——漢陽陵，那是西漢早期漢景帝劉啓（前157－前141年在位）和皇后王氏同塋異穴的合葬陵園。考古學家在這個墓發掘了一枚印章，上面刻著「東織令印」。「東織」就是東織室，「令」就是管理東織室的官員，「印」就是他的印章。在漢代，東織室是真實存在的，之所以出現在陽陵裡面，是因為陽陵陪葬坑中埋了模擬東織室工作人員的陶俑。[1] 到河平元年（前28），東織室被

廢，只剩下西織室了。這時的西織室被直接稱為「織室」，以前在西安城裡也出土過一個「織室令印」，說明當時在長安確實有「織室」存在。根據《三輔黃圖》的記載，兩個織室都在未央宮裡，都屬於官營織造機構。

2. 山東織造作坊

漢代，不僅京城有皇家織室，在絲綢生產特別發達的地區也專門設了織造作坊。最重要的作坊在齊魯（今山東一帶），那裡的絲綢生產特別發達，這可以從當時山東一帶葬俗中流行的畫像石圖案中看出。這些圖案展現的是當時的傳說或神怪故事，其中廣為流傳的題材有孟母教子、曾母投杼的故事等，當中都有紡織的場面，這從一個側面反映了民間的紡織和絲織業。齊郡是中國最早出現的紡織中心，號稱「齊郡世刺繡，恒女無不能」，特別是山東臨淄（今山東淄博一帶）。當時為皇室監督織造春、夏、多三季織物與服飾的官員被稱為「三服官」，有幾千人，每年耗費大量資金。漢元帝曾一度罷黜三服官，但數年後，又因種種原因恢復了這一官職。[2]

3. 四川錦官

第三個官營織造的重要地區是四川。四川一直是絲綢業比較發達的地區，在成都還有錦江，《益州志》載：「織錦既成，濯於江水，其文分明，勝於初成，他水濯之，不如江水也。」據說四川早在秦代就有「錦官」一職。顧名思義，錦官是專門管理織錦事務的官員，但沒有明確的記錄顯示，他們到底是在民間專門訂製當地生產的織錦，還是專門開設官營作坊進行生產。三國時期，蜀軍要打仗，也要維持生活，很多經費都靠蜀錦。諸葛亮曾說：「今民貧國虛，決敵之資，唯仰錦耳。」[3] 意思是，諸葛亮主持蜀國事務時，財力貧乏，國庫空虛，加上整年打仗，老百姓生活在水深火熱之中，打仗所需的資金就全靠織錦的生產和貿易了。由此來看，四川的織錦業很是發達，很多後來的歷史材料都可以證明這一點。絲綢之路上出土的織錦，很有

可能都屬於蜀錦這一體系。

二、西漢絲綢的考古發現

在絲綢考古方面，西漢的情況跟東漢大有不同。西漢絲綢的考古發現基本都在內陸，而東漢絲綢的發現基本都在西北方。這主要與當時墓葬形制的變化有關，因爲墓葬形制與保存狀況有很大關係。內陸地區保存的西漢時期墓葬與戰國時期的比較相似，都挖得比較深，而且一些大墓都用木頭來做棺室，叫作「槨」，豪華的又叫「黃腸題湊」。東漢之後就開始採用磚頭來砌墓，被稱爲「磚室墓」，其保存狀況就不太好。在西北地方，絲綢的發現數量比較少，到東漢才開始增多；到魏晉南北朝時，絲綢發現量的增幅就更大了。

1. 馬王堆一號漢墓

西漢時期較爲著名的絲綢考古發現，有湖南長沙馬王堆一號漢墓、廣東廣州南越王墓、湖北荊州鳳凰山168號墓、謝家橋1號漢墓、北京老山漢墓、大葆台漢墓、河北滿城中山靖王墓、山東淄博日照漢墓、江蘇連雲港尹灣漢墓等。蒙古諾因烏拉（Noin-Ula）匈奴墓也屬於西漢晚期的墓葬。以上各墓都出土有絲織品，這說明當時絲綢的使用範圍愈來愈廣。[4]

馬王堆漢墓是中國最著名及出土絲織品種類最豐富的一處墓葬群。馬王堆位於長沙城外，外形像馬鞍一樣，凸起了兩個小山坡。很久以前，人們就知道這裡有墓，但沒有去發掘。一九七一年年底，中國與蘇聯有一段時間關係很緊張，黨中央號召大家挖防空洞，以便在戰爭爆發後有藏身之處。馬王堆墓地旁邊剛好有一家部隊醫院，特別需要挖防空洞。他們在挖防空洞的時候突然發現，有一處挖過的地方經常有氣體冒出，而且可以點著火，這氣體其實就是沼氣。幾天後工作人員向上級報告，相關部門指出，防空洞旁邊本來就有一個墓，氣體應該是從這個墓冒出來的。這一情況最後報告到湖南省博物館，當

時一名博物館人員到現場考察後，認為這個墓肯定被挖破了，隨後相關部門決定開始正式發掘。這次發現驚動了黨中央，上至周恩來總理都有專門批示，很多領導和專家如郭沫若先生都特別感興趣，所以全國上下很多部門都一起參與馬王堆的發掘工作。馬王堆的正式發掘從一九七二年開始，最後確定墓主人是辛追。辛追是當時長沙軑侯的夫人，於西元前一六八年下葬，距離被發掘的時間已有兩千多年。這具女屍保存得非常好，在當時條件落後的情況下是極其難得的。女屍出土後，全國的考古力量都集中在保護女屍上，同時研究馬王堆出土的各種文物。

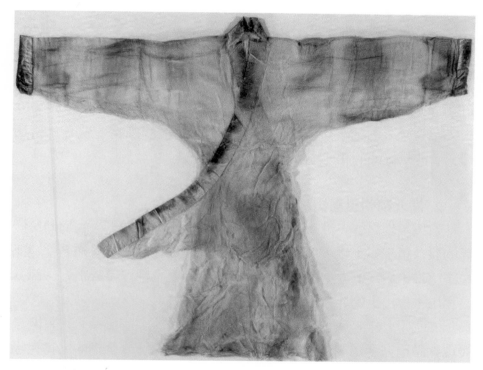

圖1　湖南長沙馬王堆一號漢墓出土的素紗單衣

　　絲織品是馬王堆中一個非常重要的文物類別。如極負盛名的素紗單衣（見圖1），馬王堆共出土了三件。其中一件重量只有四十九克，它在領緣部位採用了特別重的絨圈錦，但中間的素紗非常輕薄。

這件文物後來在博物館展覽期間，曾被當地一名中學生偷走。他在深夜潛進博物館的展廳，偷了好幾樣東西。後來由於外界壓力很大，警方也高度重視，這名學生就悄悄地用這件素紗單衣包裹住青銅器，扔在外面。當這批文物被送回博物館時，絲織品已經嚴重損壞了，因為素紗單衣上的紗是一種縐紗，非常薄，極易破損。

另一件從馬王堆出土的重要文物是帛畫，也是中國至今在絲綢上畫得較早而且最好的一幅畫。儘管它的用途跟祭祀或葬禮有關，但從藝術效果而言，它確實是精美無雙的作品。畫面分天上、人間、地下等幾個部分，畫出了當時人對整個世界的認識，而且表現出死者升天前人們為她送行的場面。

通過現今的精湛技術，有研究人員為馬王堆女屍復原了面貌。本來以為她是一位老太太，看到復原模型才知道她是一位古代瀟湘美女。當時她的棺裡外有三層，外面再有槨，棺裡還埋著遣冊。遣冊是記錄隨葬物品的專用帳單，通過帳單與實物的對比研究，可以得知這些文物的原來名稱，例如出土實物中十分精美的刺繡，就有「信期繡」、「長壽繡」和「乘雲繡」三個專用名稱。

2. 湖北荊州鳳凰山墓和謝家橋墓

除馬王堆之外，湖北荊州鳳凰山墓出土了一具老男人的屍體，屍體的保存情況也不錯，但因為發現時間比馬王堆晚，所以知名度遠比在馬王堆中發現的女屍低。墓裡的絲織品大部分都保存得很好，部分更和馬王堆出土的非常相似。

二〇〇七年年底，在湖北荊州又發現了一座謝家橋漢墓，打開後發現屍體已完全腐爛，但裡面的絲綢還保存得很好。墓裡的文物還包括像旗幟一樣的幡，幡的邊上有彩繪，中間有刺繡。最大的發現是棺上蓋著的六層荒帷，其形狀有點像床罩，罩起來的時候中間是平的，旁邊是懸掛下來的。[5] 最外層的荒帷（見圖2）非常完整，經中國絲綢博物館修復後，確認四周的織錦是幾何形和動物紋搭配的圖案，上面的刺繡也非常精美，與馬王堆出土的乘雲繡非常接近。

圖 2　湖北荊州謝家橋漢墓出土的錦緣雲紋繡荒帷

3. 廣州南越王墓

　　另一個大家較熟悉的墓葬，是廣州南越王墓。它是當時廣州第二代南越王的墓，裡面出土了來自西方的金銀器。這說明當時廣州一帶與海外關係密切。雖然在墓中沒有發現完整的絲織品，但也發現不少與土粘在一起的織物。例如當時最典型的菱紋羅，它用朱砂染色而成，色彩特別豔麗，因為朱砂是一種染了之後不會褪色的礦物顏料，所以顏色一直保留得非常好。另一件是刺繡印痕，與馬王堆出土的刺繡風格非常類似。

　　在此墓出土的文物中，特別珍貴的是兩塊青銅印花版，像小小的圖章一樣，印花時就把上面的圖案一個一個蓋上去。在馬王堆出土的金銀色火焰紋印花紗圖案，分解之後共有三套色，其中兩套是雕版印花，圖案與南越王墓出土的青銅印花版完全一致，還有一套用毛筆點彩。南越王墓出土的織物印痕中，也有相同圖案的印花，說明湖南長沙馬王堆和廣州雖然相隔甚遠，但所使用的絲綢印花工具和技術都是

一樣的。[6]

4. 河北滿城漢墓，北京老山、大葆台漢墓

此外比較著名的西漢墓葬還有河北滿城漢墓，墓中出土的長信宮燈是國寶級文物，最為引人關注。但事實上墓裡還出土了不少絲織品，只是保存得不太好，研究人員只能臨摹一些紋樣保留下來。

二〇〇〇年，北京老山漢墓的發掘工程備受矚目，發掘過程由電視直播。打開老山漢墓的時候，發現了一件刺繡絲織品，估計當時也是蓋在棺上面的。北京郊區還有一個大葆台漢墓，裡面的絲織品保存得不太好，但有一些非常特殊的組帶引起了研究人員的興趣。

5. 蒙古國諾因烏拉匈奴王墓

西漢的墓葬已被發現的確實不少，值得一提的還有蒙古國境內諾因烏拉的匈奴王墓。西漢初期的漢人一直受到北方匈奴的侵擾，漢朝統治者迫於無奈，採用和親的辦法，把女兒嫁過去結為姻親，再贈送財物求得太平。從諾因烏拉發現的一批匈奴王墓可以看出，當時的匈奴王隨葬物品豐富，其中包括很多絲織品。

這個匈奴王墓與早期的庫爾干比較相似，外面都用石頭堆起來，由於石堆較重，所以壓垮了下面的墓室框架。墓中發現了大量絲毛織品及各種各樣的器物，說明匈奴人在當時東征西戰，與各地來往頻繁。其中有一件來自中原的紀年漆杯，上面寫著「建平五年」（前2年），考古人員由此推測，墓裡有很多文物大概都是西漢時期的。這些出土刺繡（見圖3）與馬王堆出土的長壽繡非常接近。墓中還出土了一些織錦，其中最有名的是山石鳥樹紋錦（見圖4），上面有岩石、大樹，還有一對鳥，技術和一般的西漢織錦不同，用的線多而緊密，圖案也很獨特。此織錦的製造者、產地和織造緣由至今仍未確定。諾因烏拉匈奴王墓裡還出土了大量毛織品、毛繡以及青銅器等，其紋飾大部分都屬於諸如動物搏鬥等的草原題材。[7]

圖 3　蒙古國諾因烏拉出土的刺繡

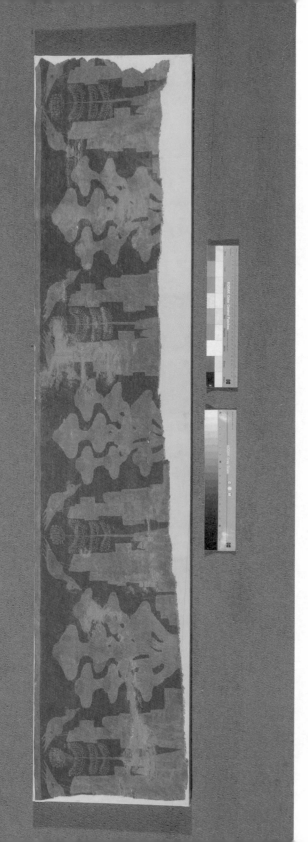

圖 4　蒙古國諾因烏拉出土的山石鳥樹紋錦

三、從樓蘭到帕爾米拉

從漢武帝開始，漢朝國力漸漸強盛起來，一方面與匈奴正面作戰，另一方面也聯合其他部落圍攻匈奴。大約是建元三年（前138），漢武帝派張騫到西域，聯絡被匈奴人趕到甘肅以西的大月氏部落，但他還未來得及開展工作，就被匈奴人囚禁起來，直到元朔三年（前126）才趁匈奴內亂逃回長安。元狩四年（前119），匈奴之患已除，但漢武帝特別喜歡西域大宛的汗血寶馬，所以再次派張騫到西域。這次，張騫沒有遇到什麼大麻煩，偕同副使、將士等三百多人，攜帶的牛羊以萬計，金銀等禮品價值幾千億，從長安出發，首先到達烏孫，即現在的新疆。然後，他再派副使和副手去大宛、康居、大月氏、大夏等國。大宛即現在的烏茲別克斯坦費爾干納盆地，康居即今天的撒馬爾罕，大月氏在中亞地區，大夏則位於阿富汗和巴基斯坦一帶。這條路從東一直往西走，要穿過地球上離海洋最遠的塔克拉瑪干大沙漠。張騫不僅走在一個個綠洲連綴起來的沙漠戈壁，而且由此開通了被稱為「沙漠綠洲」的絲綢之路。這條路由西安開始，經河西走廊，到敦煌後進入新疆境內，就分成北道、中道、南道三條線，穿過塔克拉瑪干沙漠，經過喀什，翻過蔥嶺，到達中亞地區，然後再往西走，經過伊朗、伊拉克、敘利亞及地中海，再坐船到達羅馬等地。

東漢至東晉時期的絲綢文物，大部分出自甘肅和新疆地區。長城最遠的關口在嘉峪關、陽關和玉門關一帶，當時漢朝的勢力差不多到此為止，這些地方是通往絲綢之路的必經之路，所以在這裡建立了關口。嘉峪關附近發現了很多墓葬，有西漢的，也有魏晉的。再往西就是陽關和玉門關，現在還保存了從漢代留下來的驛站遺址。漢朝一直在那裡屯兵，同時建了很多烽火臺，以通報信息。烽燧和驛站附近留下一些士兵用過的垃圾坑，如居延、懸泉置，甘肅省考古研究所人員進行發掘之後，發現了很多絲織品。[8] 玉門關附近有一個新發現的墓地在花海畢家灘，出土的絲織品有些非常漂亮，還有用紮染工藝

製成的衣服，其年代大約在西元三七六年前的一段時間。[9]陽關和玉門關都臨近敦煌，敦煌在漢代以駐兵為主，還沒有莫高窟等佛教名勝。敦煌以西就是新疆的樓蘭了。

樓蘭在歷史上赫赫有名，但是大家都不知道它的具體位置，因為一出敦煌就荒無人煙，所以魏晉之後，沒有人再走這條路。直至一九○○年，瑞典地理學家斯文・赫定（Sven Anders Hedin，1865—1952）重新發現了樓蘭，他是德國地理學家李希霍芬（Ferdinand von Richthofen，1833—1905）的學生。當時李希霍芬提出一個關於羅布泊（Lop Nur）具體地理位置的說法，但與中國官方標注的位置不同，俄國地理學家也表示否定，於是，赫定決定通過實地考察證明李希霍芬的觀點。一九○○年三月二十八日，赫定第一次跨越羅布泊，路上他的團隊遇上風暴，他們進入沙漠時通常要用來挖東西的鏟子弄丟了。於是，嚮導羅布人奧爾得克自告奮勇去找回鏟子，意外地發現沙漠裡有很多紙片和其他物件，於是帶了一些回來給赫定看。赫定看後，認為那個地方很重要，所以翌年再次進入羅布泊，並於三月三日對這一遺址正式進行發掘，結果挖出很多非常精美的木雕和文書。文書以兩種文字寫成，一種是佉盧文（Kharosthi Script），另一種是中文。最後他帶回去研究，發現上面有「樓蘭」兩個字，因此斷定這個地方就是古樓蘭的遺址。唐詩中有一名句「不破樓蘭終不還」，說明唐時樓蘭已經是一個令人神往的地方，因為在唐朝初期，人們很崇尚通過在邊疆建立武功，以封爵升官，所以在邊塞詩中總是寫到樓蘭。[10]

後來，英國籍匈牙利探險家斯坦因（A. Stein）聽說赫定的發現後，就特地到了樓蘭一趟，以進行考古和收集文物。他走遍遺址的整個區域，並逐一為遺址記下編號，進行發掘工作。樓蘭地區的主要墓地都在一些高臺上面，他在其中一個高臺上的墓裡發現了大量織物和絲綢織錦（見圖5），此外還有一件毛織物，上面織著希臘神話裡的重要人物赫爾墨斯（Hermes）。[11]不過，自斯坦因進入這個地方之後，進去考察的只有日本的橘瑞超等少數人，最主要的原因也許是交

通不便。一九四九年後，中國把這裡變為核武器試驗場，樓蘭成了軍事禁區，任何人都不得進入。直至二十世紀七〇年代後期，改革開放後，日本放送協會（NHK）要求進入樓蘭拍攝電視節目，才重新允許出入。

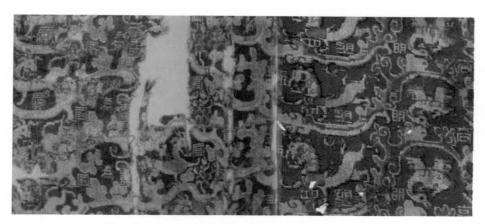

圖5　新疆樓蘭遺址出土的登高錦
（右側為斯坦因發現，左側為新疆文物考古研究所發現）

　　一九七九年底到一九八〇年初，新疆文物考古研究所的考古人員乘坐直升機進入樓蘭，對古城及墓地進行了首次考古發掘。一九八〇年後，樓蘭不再是一個十分嚴格的軍事禁區，有很多人出入，包括勘察石油、礦物的勘探隊，還有很多盜墓者。近年，樓蘭墓地被盜的現象十分嚴重，特別是二〇〇三年初，《人民日報（海外版）》報導，在樓蘭發現的一處樓蘭王陵被盜。新疆文物局隨即組織考古和公安人員進去，發現了一個墓葬，他們認為是樓蘭王陵，因為這個墓裡畫了壁畫，而且有佉盧文的題記。同時，他們也發現大量絲織品和服裝，有些服裝（見圖6）還保存得很不錯，後來東華大學的研究生把它們復原了。壁畫上也可以看到那些古人穿著同樣的衣服，有非常大的袖口，前面還有些裝飾物。[12]

圖 6　新疆樓蘭王陵出土的絲綢服裝

　　樓蘭遺址是沿著孔雀河分佈的，在河的西段還有一個非常重要的
地點叫「營盤」。營盤也出土了各種漢錦之類的絲織品和衣服，其中
有些冥衣小得像芭比娃娃身上的衣服一樣。沿著塔克拉瑪干沙漠的西
南方走，就到了尼雅（Niya）遺址。尼雅的考古發掘工作已經進行了
很久，一九五九年考古人員曾發現一個棺材，裡面的屍體保存完好。
當時考古學家就把屍體直接移至博物館進行處理和分析研究，但在後
來很長時間內再沒有考古人員進入尼雅工作。直至一九八○年後，新

圖 7　新疆尼雅遺址出土的男屍

疆文物考古研究所在日本珠寶商人小島康譽的資助下，重新開始在尼雅進行考古發掘。一九九五年，他們發現了一個墓地，並挖出十多口棺材，裡面有很多重要文物，包括屍身上用漢代織錦製成的衣服（見圖7）。據中國著名考古學家俞偉超先生考證，這裡的墓主人很可能是當時的精絕國王。[13]

在尼雅附近還有一個且末縣的墓地被稱爲「紮滾魯克」。尼雅遺址已經深入到沙漠深處，而紮滾魯克則在村落旁邊。在紮滾魯克目前發現了五大片墓地，有近千座墓葬，面積達八十二・五萬平方米。墓地可分爲三期：第一期屬先且末國時期，第二期屬且末國時期，第三期則爲東漢至魏晉時期。第三期的墓葬中也發現了精美的織錦、毛織品和鳥紋刺繡織物等。它們有的從內陸傳來，有的則可能是在當地生產。

從民豐往西就是和田的山普拉。山普拉古墓分佈在新疆洛浦城西南面積六平方公里的地域內。墓葬群由東向西分爲I號、II號及III號墓地，至今已發掘三十八座墓葬和兩座馬坑，內有大量文物，包括生活用具、精美的絲織品、漢代銅鏡和帶有異域風格圖案的毛織品。這些都是東西文化交流的典型例證。

敘利亞的帕爾米拉（見圖8）是在絲綢之路上發現漢晉絲織品最遠的地方。帕爾米拉是非常重要和宏大的羅馬式城市遺址，這裡發現的主要是毛織品，也有織錦絲織品，其風格與中國境內發現的漢錦完全一致，但比較特殊的圖案是葡萄紋。

四、漢錦的圖案

整體來說，西漢的織錦基本上在內陸地區被發現，而絲綢之路發現的織錦通常屬於東漢或晉代，稱爲「漢錦」或漢式風格的織錦，一般被稱爲「雲氣動物紋錦」。它是一種平紋經錦，是在東周織錦的基礎上發展起來的，但較東周的織錦圖案更自由多變，主要採用雲氣動物紋樣，其特點是在各種雲氣造型之中插入神奇的動物紋樣，同時穿

插帶有吉祥意義的漢字句子，如「延年益壽大益子孫」之類。相比之下，刺繡中則多用雲氣紋樣。

圖 8　敘利亞帕爾米拉遺址

　　一九五九年，尼雅出土了一件保存得非常完好的衣服。這件衣服的顏色特別漂亮，圖案都是雲紋，沒有動物，但也穿插了「萬世如意」等銘文，所以它又被稱爲「萬世如意錦」。漢代史料中談到的漢代雲錦，指的應該是非常漂亮的雲紋織錦，叫「五彩雲錦」。當時出土的並不只這件僅有雲紋圖案的織錦，在樓蘭出土的織錦圖案中，便有些是一團團的雲，有些是一朵朵的雲，還有雲紋相連的，再將漢字「無極」織在裡面以及有小鳥和「樂」字的雲紋。[14]

　　漢錦上的雲紋有著不同的造型。其中一種很像稻穗、麥穗的，叫「穗狀雲」，英文喜用fork pattern，就像吃飯用的叉子一樣。至於動物紋樣的母題，大多是非常神奇的動物。有些動物雖然可以在現實生活中找到，但更重要的是，人們認爲它在天上也應該存在，當它在雲紋裡出現，就說明這不是凡間的故事，應與神仙有關。其實漢代的神

仙思想極為盛行，從秦始皇到漢武帝，他們都非常講究封禪，要定時去泰山面對大海祭拜一次，派很多童男童女去海上求仙藥，說在海上三山（又稱「蓬萊三島」）可以得到長生不老的藥。所以，漢代絲綢圖案上的雲和山，都與仙山仙境有關，那些動物也未必存在於現實生活中。例如麒麟是一種神獸，特點是頭上有獨角；而長著翅膀，能夠行走的就稱為「應龍」。此外還有怪獸、鳥類等以及類似人的造型的圖案，例如羽人，其臉部是獸頭形狀，肩膀上長出翅膀和羽毛，下身則穿著超短裙。有時候還會出現騎士，雖然不是生活中的騎士，但似乎駕著神靈穿梭在雲間。還有一些比較具體的、來自神話中的人物，如東王公和西王母。

大部分織錦除了圖案外，還會有文字，其中一個例子是斯坦因當時在樓蘭發掘到的織錦。由於印度和大英博物館當年資助斯坦因到中國西部探險，所以他收集回去的文物，就分給了兩國機構，而這件織錦現在便存放在印度新德里國立博物館。它是一件比較完整的漢式織錦，也是第一件我們能在上面讀到人名的織錦，整個銘文是「韓仁繡文佑子孫無極」，上面有雲氣紋和動物紋的圖案（見圖9）。後來，尼雅出土的「安樂繡文大宜子孫」錦的銘文中，遣詞造句與「韓仁繡文佑子孫無極」錦相似。

還有幾件銘文十分重要的織錦值得介紹。有一件織錦的雲紋圖案比較拘謹，但它的銘文非常重要，叫作「王侯合昏（婚）千秋萬歲宜子孫」。「王侯合婚」指貴族之間通婚，但織的時候被織成「黃昏」的「昏」，事實上它和「結婚」的「婚」字通用。這件織物在尼雅一個墓葬中被用作錦被。據俞偉超先生考證，它應該是由漢代皇家作坊織造，因為通常「王」、「侯」等字都代表宮廷賜下來的織物。

至於這批織錦的年代，一般估計是屬於漢代或東漢至魏晉時期。新疆的墓大部分都沒有相關文獻記載，如沒有墓碑、墓誌、遣冊或印章明確記載墓主的名字、何時去逝和下葬等，至今只有一件風格與大量漢錦相同的織物，錦上織了一個年號「元和元年」（見圖10）。新疆文物考古研究所的于志勇經仔細考證後，認為這是指東漢年間的

圖 9　新疆樓蘭遺址出土的韓仁繡文織錦

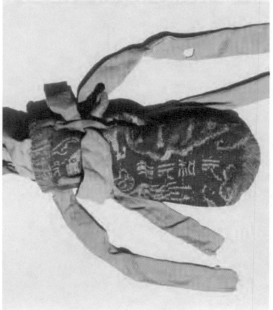

圖 10 元和元年織錦

元和元年，相當於西元八四年。[15] 所以，我們知道這件織錦應該是在東漢織的，當然這件織物被運至新疆也需一段時間，但最起碼可以說，新疆出土的漢錦中，有一批都是在這一時期前後織造的。這件織錦被用來製作錦囊，錦囊上還鑲著另一小塊織錦，圖案設計和風格與上文提及的「延年益壽長保子孫」錦完全一樣。所以，可以肯定，「延年益壽長保子孫」錦、「延年益壽大宜子孫」錦和「元和元年」織錦應該同屬東漢時期。

後來，織錦上的雲紋逐漸發生變化，穗狀雲愈來愈少，取而代之的是山狀雲。山狀雲象徵天界或仙山，一般沒有穗狀雲，但雲氣不間斷。在尼雅出土的一件「千秋萬歲宜子孫」錦上，便織有鳥和樹的紋樣，可能是用雲氣代表天界。樓蘭曾出土了兩片可以連接起來的雲氣動物紋錦，連起來後的完整銘文，應該是「登高明望四海貴富壽為國慶」。此織錦上的「登高」兩字十分重要，據《鄴中記》載，東晉十六國時期的後趙有織錦署，就是專門生產織錦的機構，其中生產的產品有「大登高」和「小登高」，其實就是圖案大小規格不同的「登高」錦。「登高」就是爬山，所以這些登高錦中的雲紋，可能就是對山的描繪，它是連續和不間斷的，又稱「山狀雲」。山狀雲的設計還有很多。例如「長壽明光」錦的雲紋也是全部連續的，模仿仙山的形狀。還有「長樂大明光」錦，其圖案和風格也與前者接近。

漢式織錦上的裝飾主要是雲氣、動物和銘文。有些銘文更長更複雜，如有一件有山狀雲紋的織錦，其銘文共有二十字：「恩澤下歲大熟長保二親子孫息弟兄茂盛壽無極。」（見圖11）「恩澤下」，就是天賜恩澤；「歲大熟」是豐收之年；「長保二親」指的就是父母；「子孫息弟兄」的「息」大概是女孩子的意思。

漢錦銘文大致可分三類。第一類主要是祈禱延壽、子孫蕃昌的吉祥語，如「延年益壽大宜子孫」、「安樂如意長壽無極」、「延年益壽長保子孫」、「千秋萬歲宜子孫」、「世毋極錦宜二親傳子孫」、「續世錦宜子孫」、「韓仁繡文廣佑子孫無極」、「安樂繡文大宜子孫」、「得意繡文子孫昌樂未央」等。第二類銘文較短和含蓄，

圖 11　恩澤下歲大熟錦

如「長樂明光」、「長樂大明光」、「大明光受佑承福」、「長壽明光」、「陽」、「廣山」、「威山」等。第三類銘文較長，有些可能表達了特殊涵義，或與國家天下有關，如「五星出東方利中國誅南羌」、「綺偉（琦瑋）並出中國大昌四夷服誅南羌樂安定與天毋疆」、「王侯合昏千秋萬歲宜子孫」、「恩澤下歲大熟長保二親子孫息弟兄茂盛壽無極」、「新神靈廣成壽萬年」、「登高明望四海貴富壽爲國慶」等。[16]

當時也有一些其他織錦的裝飾既沒有銘文，也不像雲紋。如獸面動物紋錦，中間有獸面，邊上還有小動物。雖然那時植物紋樣極少，但偶爾也有植物紋樣用作織錦圖案，包括葡萄錦和茱萸錦。我們發現，葡萄紋基本上只在綺（即有花紋的絲織品）上出現，而茱萸紋則像花卉。當時茱萸是登高時要佩戴的一種香料，唐代王維在詩裡也有提及：「遙知兄弟登高處，遍插茱萸少一人。」茱萸紋最早在西漢馬王堆一號漢墓的織錦上出現，但在尼雅出土的織錦中，也有一件可視爲茱萸紋錦（見圖12）的覆面，在樓蘭出土中也有類似的一件，圖案幾乎完全一樣。據《鄴中記》記載，後趙織錦署中也生產「茱萸錦」，因此可以推測，這類茱萸紋錦直到魏晉時期仍在流行。

五、五行與五色

漢代織錦在色彩方面也有一個有趣的特點。在中國早期，官方非常講究禮制，更以陰陽五行制定禮制和行爲方式。在漢代的織錦裡，也發現了當時的用色非常講究，一件織錦通常有五種顏色，這與中國的陰陽五行有很大關係。例如尼雅出土的「延年益壽長保子孫」錦，它採用的技術爲平紋經四重組織，即在某一區域裡共有四重絲線，也就是說，在每個區域裡本來只有四種顏色，但經線在不同區域裡置換，最後整個織物的表面就變爲五種顏色。[17] 當時人們對五行及黑、白、赤、黃、青五色特別講究，而五色是有方位的，如青龍白虎，指的是東方和西方；朱雀玄武，指的是南方和北方，最後黃土在

圖 12　茱萸紋錦

中。物質中的五行金、木、水、火、土，音樂的五音宮、商、角、徵、羽，還有五味、五臟等，都是由五個元素組成的。

關於五色且最有趣的漢代織錦，是「五星出東方利中國」織錦。它在新疆尼雅出土，原本是一件裝飾品，因為當地獵人使用獵鷹，所以要在手臂上裝有一些非常牢固的配件，讓鷹適時停歇。這個配件被稱為「護膊」。護膊的正面是一件比較完整的織錦（見圖13上），上面清楚地織著「五星出東方利中國」幾個字。這件織錦在每一個區域都有五種色彩的經線，分別為藍、黃、綠、白、紅，是一種五重經錦，經線密度特別大。但「五星出東方利中國」只是一件完整織物的一部分。

後來，主持這次發掘的考古學家于志勇又在同一個墓裡的枕頭邊，找到一塊小小的織錦，與「五星出東方利中國」織錦的顏色完全一樣。織錦上的左邊有「南羌」二字，右邊還有大半個字，部首是「言」，考古學家推測是「討伐」的「討」字[18]，筆者則認為是「口誅筆伐」的「誅」字，兩者表達的意思相同。筆者看了于志勇發掘的這兩件織物後，認為這兩件文物既出自同一個墓，應該是從同一塊織物剪下來的，距離不會隔得太遠。當時的織錦圖案有一種左右對稱的形式，而門幅規定在五十釐米左右。筆者後來在有「南羌」字樣的小片織物上找到了「南」、「羌」兩字之間的圖案中軸線，再把圖案進行復原，就發現它連起來是很完整的，在「利中國」和「誅南羌」之間基本上沒有空隙。這種圖案雖然對稱，但文字是不對稱的，後來我們發現，「五星出東方利中國誅南羌」之後的文字是「四夷服單于降與天無極」。錦上應該有五個圓點，分別是白、紅、黃、藍及綠。這五個圓點就代表了五星，即金、木、水、火、土。[19]據于志勇考證，當時打仗與否都要請占卜師看天象決定。據指，當五星在東方出齊時，就特別有利於打仗。西漢宣帝曾下令趙充國出兵西北，討伐羌人，趙充國本來有一套方案，但皇帝下詔說：「今五星出東方，中國大利，蠻夷大敗。太白出高，用兵深入敢戰者吉，弗敢戰者凶。將軍急裝，因天時，誅不義，萬下必全，勿復有疑。」[20]後來到魏

圖 13　五星出東方利中國織錦（上）與複製品（下）

晉南北朝時，各國經常交戰，一些小國的國王也經常祭出「五星出東方」的大旗，但從天文學角度看，這種現象是極少出現的，那個時候根本沒有出現過，只不過是因為當時的國王想打仗，或為了慫恿部下為他賣命，就製造了這樣的假像。筆者在外國還看過一件私人收藏的五色經錦殘片，只保存了織物的左半邊，它從「誅」字開始，剛好是「誅南羌，樂安定，興天毋疆」。這件織物與「五星出東方利中國」織錦風格一致，顏色相同，所有的地方都是五色，圖案類似，銘文的意思也基本上接近：五星出東方，利中國誅南羌，樂安定興天毋疆。最後，中國絲綢博物館在二〇一八年將「五星出東方利中國」錦進行了複製，獲得了成功（見圖13下）。

六、刺繡雙頭鳥

從西漢到東漢，再到魏晉南北朝，絲綢之路的織物上出現了雙頭鳥的題材。較早的一件是在山東日照西漢墓出土的繡被，繡被上大部分紋樣都像馬王堆漢墓中出土的長壽繡，但也有一些比較特殊的紋樣，如在圖案中上部有一個像雙頭鳥的造型，鳥旁邊掛著對稱的玉器及裝飾品。[21] 在諾因烏拉漢墓中，也出土過很多刺繡小碎片，這些小碎片都用長壽繡繡成，雖然織物比較殘破，但都能找到雙頭鳥的造型，而且還多了青龍和白虎。這兩件織物一般被歸類為西漢時期的產物，因為山東日照漢墓出土的繡被肯定是西漢的，而諾因烏拉出土的刺繡從風格上來說也是屬西漢時期的。回顧雙頭鳥的來歷，可以聯想到戰國時期的刺繡藝術。在湖北江陵馬山楚墓出土的刺繡裡，也可看到鳳鳥互相對望的情況，極具裝飾效果，鳥身則不太顯眼，看起來像雲紋或其他紋樣的一部分。後來，鳥的翅膀逐漸演變為西漢時期的雙頭鳥。

在漢代畫像石和詩文裡也經常提到一種雙頭鳥，一個身子兩個頭。在山東武梁祠的圖像中，也出現了雙頭鳥的形象，並有題記說明此鳥名為「比翼鳥」，在同期一些詩歌裡又叫「同心鳥」。楊方《合

歡詩五首》第一首云：「我情與子親，譬如影追軀。食共並根穗，飲共連理杯。衣用雙絲絹，寢共無縫褥。居願接膝坐，行願攜手趨。子靜我不動，子遊我無留。齊彼同心鳥，譬此比目魚。情至斷金石，膠漆未爲牢。但願長無別，合形作一軀。」這些名稱要表達的意思都一樣，主要指感情特別深厚的夫妻，就如同心鳥或比目魚一樣，長得沒有區別，甚至合成一體。到魏晉南北朝，也出現了雙頭鳥的形象，其造型與刺繡雙頭鳥相似，中間有兩個頭，加上三角形的裝飾，旁邊還有兩種動物，這兩種動物有時比較接近，有時截然不同。雙頭鳥中間銜著一個兩邊爲對稱三角形的東西，應該就是「勝」，也就是當時織機上繞了經線的經軸。傳說中的西王母頭上就是戴「勝」的，漢代的畫像石上便經常有她戴「勝」的形象，令人聯想到西王母的坐騎，即西施鳥（或叫「稀有鳥」），所以銜「勝」的雙頭鳥，很可能與西王母的坐騎有關。新疆且末紮滾魯克和甘肅玉門花海墓地出土的兩件雙頭鳥紋刺繡，都出現了「勝」的紋樣。花海墓地出土的那件織物（見圖14），鳥只剩了一半，但也可看出對稱的形式。按照對稱的原則把圖案拼合，可看出兩邊有一個三角形，中間有一根杆子，應該就是「勝」。在魏晉南北朝，人們把東王公跟西王母對應起來，關於西王母的傳說便廣爲流行。[22]

　　南方的青瓷、磚雕以及一些金屬飾牌等也會出現雙頭鳥圖案。六朝青瓷上面經常出現佛的造型，說明這與海上絲綢之路有關，有一佛教的分支就是通過廣州、香港一帶傳到南方的青瓷產地。其實在新疆的佛教壁畫裡，也可看到雙頭鳥的形象。如克孜爾千佛洞中的天象圖裡，就經常出現金翅鳥（garuda），那是佛教的一種雙頭鳥。佛經《共命鳥緣》提到迦樓荼（金翅鳥）和憂波迦樓荼：「往昔久遠世時，於雪山下有二頭鳥，同共一身，在於彼住。一頭名曰迦樓荼鳥，一頭名憂波迦樓荼鳥。而彼二鳥，一頭若睡一頭便寤。」到唐朝和宋朝，傳說有一種共鳴鳥，這鳥有兩個頭，並會一起唱歌、一起叫。《阿彌陀經》云：「彼國常有種種奇妙雜色之鳥：白鶴、孔雀、鸚鵡、舍利、迦陵頻伽、共命之鳥。是諸眾鳥，晝夜六時，出和雅音，

其音演暢五根、五力、七菩提分、八聖道分，如是等法。其土眾生，
聞是音已，皆悉念佛、念法、念僧。」

圖 14　甘肅玉門花海出土的雙頭鳥刺繡圖案復原

　　總的來說，雙頭鳥的形象是很有趣的，但是它的來歷還未能確
定。筆者的看法是，早期刺繡上的雙頭鳥，可能是從中國傳統設計延
續下來的。後期在中原出現的雙頭鳥，一般與夫妻和感情方面有關。
再到後來，西域的雙頭鳥可能與西王母的坐騎稀有鳥有關，這種題材
同時也出現在內地的金屬器與磚雕上。再往後的雙頭鳥就受到了佛教
迦樓荼的影響，作為在絲綢之路上與中國有關的元素，一直流傳。雙
頭鳥圖案的演進，也說明了絲綢之路上與中國有關的元素經久不衰。

注釋

〔1〕 漢陽陵博物館，編.漢陽陵博物館.北京：文物出版社，2007.

〔2〕 陳直.關於兩漢的手工業//陳直.兩漢經濟史料論叢.西安：陝西人民出版社，1958：79~96.

〔3〕 太平御覽・諸葛亮集.

〔4〕 王㜪.漢代絲織品的發現與研究//王㜪.王㜪與紡織考古.香港：藝紗堂/服飾工作隊，2001：51~68.

〔5〕 荊州謝家橋一號漢墓出土文物展.http://www.jzbwg. com/type.asp?typeid=192 .

〔6〕 呂烈丹.廣州南越王墓出土的青銅印花版.考古，1989（2）.

〔7〕 S. I. Rudenko.Die Kultur der Hsiung-nu und die Hugelgraber von Noin Ula.Rudolf Habelt Verlag GMBH, Bonn, 1969.

〔8〕 趙豐.敦煌馬圈灣漢代烽燧遺址出土紡織品//甘肅省文物考古 研究所.敦煌漢簡.北京：中華書局，1991.

〔9〕 趙豐，王輝，萬芳.甘肅花海畢家灘26 號墓出土的絲綢服飾//西北風格——漢晉織物.香港：藝紗堂/服飾工作隊，2008 ：94~113.

〔10〕 斯文・赫定.絲綢之路.江紅，等.譯.烏魯木齊：新疆人民出版社，1996.

〔11〕 斯坦因.西域考古記.烏魯木齊：新疆人民出版社，2010.

〔12〕 包銘新，主編.西域異服——絲綢之路出土古代服飾復原研究.上海：東華大學出版社，2007.

〔13〕 趙豐，于志勇，主編.沙漠王子遺寶：絲綢之路尼雅遺址出土文物.香港：藝紗堂/服飾工作隊，2000.

〔14〕 新疆維吾爾自治區博物館.新疆民豐縣北大沙漠中古遺址墓葬區東漢合葬墓清理簡報.文物，1960（6）.

〔15〕 于志勇.尼雅遺址新發現的「元和元年」織錦錦囊.新疆文物，2006（1）：75~79.

〔16〕 于志勇.樓蘭——尼雅地區出土漢晉文字織錦初探.中國歷史文物，2003（6）：38~48.

〔17〕 趙豐.漢魏雲錦中的五色.西安：秦俑與彩繪文物研究與保護國際研討會，1999.

〔18〕 于志勇.尼雅遺址出土「五星出東方利中國」錦織文淺析//鑒賞家（8）.上海：上海譯文出版社，1998.

〔19〕 趙豐.織繡珍品：圖說中國絲綢藝術史.香港：藝紗堂/服飾工作隊，1999：79.

〔20〕 （南朝）范曄.後漢書·趙充國傳.

〔21〕 連雲港市博物館.江蘇東海縣尹灣漢墓群發掘簡報.文物，1996（8）：4~36.

〔22〕 趙豐.漢晉刺繡與雙頭鳥紋樣//絲綢之路：藝術與生活.香港：藝紗堂/服飾工作隊，2007：100~109.

第四章　西風遠來：希臘化藝術對紡織品的影響

　　西元前三百多年，亞歷山大大帝（Alexander the Great，前356—前323）東征，希臘文化隨之東來，其影響深遠，在中亞一帶更融合了佛教文化，體現在犍陀羅藝術上。西元二世紀至三世紀，犍陀羅藝術開始影響中國，一直延續至西元四世紀，某些題材甚至延續至西元六世紀。遠道而來的西方希臘文化對絲綢之路的紡織品有著深遠影響，可見絲綢之路上的文化交流確實是雙向的。

一、亞歷山大東征

　　亞歷山大大帝二十歲時成為馬其頓王國的國王，並征服及統治了整個希臘。然後，他開始出征鄰國，從歷史地圖上可見他完整的征戰路線。他從希臘出發跨過歐亞之間的界限，到達土耳其一帶，平定了環地中海地區，再往東殲滅了由大流士三世統治的波斯帝國軍隊，繼續往東，到達中亞再往南，佔領印度西北部。西元前三二五年左右，亞歷山大的士兵不願意再東進，於是開始撤回。西元前三二三年，當他的部隊撤到波斯一帶，亞歷山大便因病客死異鄉。他在位共十三年，去逝時年僅三十三歲，卻已經佔領如此廣袤的領土，無疑是一位偉大的軍事家。

　　亞歷山大每攻下一座城市，都會以自己的名字為城市命名，當時就有七十多個希臘化城市以「亞歷山大」為名。其中一些亞歷山大城市現今仍然存在，如埃及的亞歷山大市以及中國文獻中提及的藍氏城，這城的名字聽起來就像Alex，即亞歷山大的簡稱。但在中亞地

區，大部分亞歷山大城已經地處荒漠了。

亞歷山大去逝後，他的部將把他佔領的土地分裂成幾個小國。到西元前二七○年，馬其頓的安提柯帝國（Antigonid Empire）、埃及的托勒密王朝（Ptolemaic kingdom）和亞洲的塞琉西帝國（Seleucid Empire）都已逐一步入希臘化時期。在亞歷山大之後，中亞主要由塞琉西王朝統治，約兩百年後被帕提亞帝國（Parthian Empire）推翻，亞歷山大大帝建立的王朝正式結束，但當時還有很多希臘人留在中亞地區，因為這裡有很多城市都由亞歷山大的將領建立。

帕提亞王朝取代塞琉西王朝後，中亞又出現了貴霜王朝（Kushan Empire），是當時一個非常重要的王朝。它的統治範圍遼闊，北面是哈薩克，中間是最著名的中亞地區，包括阿富汗、巴基斯坦、烏茲別克斯坦和塔吉克斯坦，南面是印度北部。貴霜王朝的統治年代為一世紀至五世紀，其與漢晉時期西方紡織品對東方的影響有密切關係。這個王朝的首領來自大月氏。大月氏本來是東方一支草原部落，後因受匈奴壓迫而無奈西遷。大月氏起初走到河西走廊一帶，後來張騫通西域時試圖聯絡他們，但發現他們又往西遷到中亞的大宛和大夏一帶，並建立貴霜王朝。貴霜王朝的迦膩色迦一世在位期間，佛教尤其興盛。印度佛教北傳後，受希臘藝術的強烈影響，形成了著名的犍陀羅藝術。這是希臘藝術與佛教藝術的融合，對中國影響甚大。對歐洲而言，真正的希臘化時代早已結束，但在中亞，希臘化藝術的影響更為長久，所以我們一般把中亞的希臘化時代延伸到三世紀至四世紀。

亞歷山大東征為中國和中亞留下了非常寶貴的希臘化藝術，很多希臘之神如赫拉克勒斯（Herakles）、提喀（Tyche）、赫爾墨斯（Hermes）、半人馬（Centaur）、厄洛斯（Eros）、阿芙洛狄特（Aphrodite）和赫利俄斯（Helios）等的形象，都留在了中亞。他們與佛教藝術也有很多結合，並對紡織品產生很大的影響，以下將舉例介紹。

二、尼雅出土的蠟染棉布

　　第一個實例是尼雅（Niya）出土的蠟染棉布。一九五九年，尼雅遺址出土了兩具乾屍和大量紡織品，包括兩塊重要的蠟染棉織物。[1]起初大家一直沒有注意到這兩塊織物之間的關係，後來紐約大都會藝術博物館舉辦《走向盛唐》（Dawn of a Golden Age）展覽時，筆者應邀負責紡織品部分的策展，就選中了這兩件跟絲綢之路關係十分密切的展品，並進行研究，才發現這兩塊紡織品其實來自同一件織物，可以拼在一起，有著完整的佈局（見圖1）。[2]現在能看到比較完整的是，小方塊F內的半身人像上面有長方塊E，露出類似皮靴的東西，估計上面站著一個人；下面的D區也有一幅橫向圖像，G片則可能是最中間的部分，可以看到一隻人類的腳、一條獅子的尾巴和一個獅子的爪子。從這裡推測，這塊棉布應該有一個比較大的主題圖案，因為邊緣的圖案很小。本著它可能是對稱的原則判斷，可以把整塊棉布復原為如圖2所示的織物。這件織物上有很多幾何紋樣，如方格紋樣、六角形紋樣、圓圈連起來的紋樣，還有邊緣的鋸齒形紋樣和線條紋樣。但最關鍵的是主題紋樣，即方框F內的女性半身神像。在最中間大框G內的殘缺神像，更可以推測有獅子和神在一起；下面則有長條形的方塊D。這三部分是這幅蠟染作品的關鍵之處。

　　首先看半裸女神（見圖2）的部分。這部分的最大特徵就是女神手上拿著的豐饒角（cornucopia）。豐饒角通常象徵豐收，有時也被認為象徵男性，而這豐饒角裡放著一顆顆圓形的果實，很可能是葡萄。女神的身後有背光，脖子上戴著瓔珞項鍊。關於她的身份，考古學家展開了激烈的討論，起初有考古學家認為她是佛教的某位菩薩，因為她身後有背光。但近年來，更多學者從其他角度分析，提出了幾種可能性。第一個相關的說法指出，織物上的裸體女神是希臘神話中的提喀。她是一位庇護城市的女神，這一女神在羅馬神話中則可稱為得墨忒耳（Demester），同樣是豐收女神。也就是說，從西方神話的角度看，拿著豐饒角的女性神像很可能就是提喀或得墨忒耳。[3]

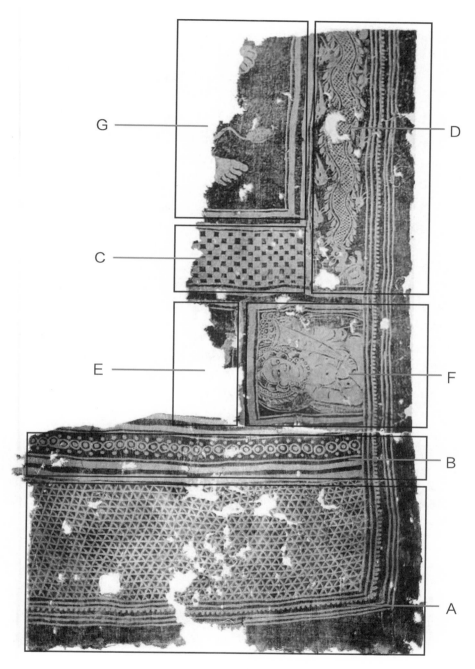

圖 1　尼雅蠟染棉布圖案與佈局復原

圖 2　尼雅棉布上的女神像

　　第二種說法與印度神話有關，認爲這位女神可能是訶利底
（Hariti）。訶利底在佛教典籍中又叫「鬼子母」（見圖3），她非常
殘暴，每天晚上都要吃小孩，附近的人家因此經常丟失小孩。人們即
使很討厭她，對她的魔力也無可奈何。後來，佛祖爲了教訓訶利底，
就把她的小孩藏起來。訶利底找不到她的小孩，非常著急，只好去求
佛。佛祖要她將心比心，訶利底從此痛改前非，成爲兒童的保護神。

在犍陀羅藝術中，她手上也拿著豐饒角和收穫品，膝下有很多小孩。
這個故事直到宋代的佛教壁畫裡還有反映。[4]

圖 3　犍陀羅藝術中的鬼子母形象

　　第三種說法由孫機先生提出，他說當時中亞不會從遙遠的希臘或
印度獲得這件物品，因此女神很可能來自中亞本地。中亞的確有一位
非常重要的女神，叫阿爾多克灑（Ardochsho），她的形象甚至在當
地的錢幣上出現，站立著的阿爾多克灑同樣手持豐饒角。[5]但事實
上，也有其他女神手持豐饒角，並不只阿爾多克灑一個。筆者在大

英博物館的展廳內，便看過幾枚金幣上有手持豐饒角的神像，由此可見，這種造型當時在中亞比較普遍，因此很難確定棉布上的人物一定就是阿爾多克灑。此外，俄羅斯博物館內所有波斯銀器上都有類似的神像，有人認為這是阿娜西塔女神（Anahita）。她是在亞洲偏西地區神話裡的形象，與豐收和生殖有關，她手上拿著的東西也很像豐饒角。

　　值得一提的還有一件犍陀羅雕塑作品（見圖4），中間是一尊立佛，旁邊有兩個小方塊。右邊的小方塊與蠟染棉布上的小方塊區域的造型相似，也是一個半身像，手持豐饒角，這個人像就是提喀。佛像的另一邊小框中是位男性，據考證，他是希臘神話中的大力神赫拉克勒斯。[6]由此可見，尼雅出土的蠟染棉布上的女神形象，和希臘神話中的提喀或許更加接近。不過，佛教藝術中的所有人像都穿著衣服，而棉布上的女神卻是裸體的，這可能與當地某一類藝術有關。馬圖拉（Matula）出土的藝術品便有較多的雕刻的裸體形象，這些藝術品跟佛教關係密切，而且屬於犍陀羅藝術。

　　再看位於棉布中心的圖案。中心的圖案雖然殘缺不全，但是起碼可以看出一個人形和一頭獅子。從圖案上能明顯見到獸類的爪子，但至於那位人物是誰，現在還未能肯定。有人推測，這可能與甘肅出土的一件東羅馬銀盤有關。該銀盤中間的神像是狄奧尼索斯（Dionysus），他是酒神，也許是因為喝多了，倒坐在獅子身上。[7]銀盤上酒神的造型和棉布上的有一定程度的相似，但是他坐的方向和棉布上的人物相反。所以更多人推測，棉布上的圖案可能是赫拉克勒斯與獅子搏鬥的場景。赫拉克勒斯是希臘神話中有名的大力神，他身世離奇，是宇宙主神宙斯（Zeus）與凡間女子阿爾克墨涅（Alcmene）的兒子。他一出生就遭人陷害，有人將蛇放在他身邊，要把他置於死地，但他天生力大無比，把蛇掐死了。他一生完成了十二件大事，這十二件大事被稱為「十二偉業」，最廣為人知的是他在很年輕的時候，用一根棍子打死了一頭獅子，然後剝掉獅子皮，披在自己身上。所以有很多赫拉克勒斯的形象，都是他戴著用獅子頭做

圖 4　犍陀羅雕塑作品

的帽子。[8]在很多希臘藝術品中，也能看到他與獅子搏鬥的場景，但他打死獅子或與獅子搏鬥時，基本上都與獅子面對面，很少從背後偷襲獅子，所以不能確定棉布上的人物是否為赫拉克勒斯。在羅馬時期的藝術中，依然可見赫拉克勒斯的形象，但很多作品大都是他從背後襲擊動物的場景。

　　不過，赫拉克勒斯不是跟獅子搏鬥的唯一勇士，在其他圖像中也可看到人和獅子搏鬥的情景。例如，當時用作戒指的一枚淺浮雕印章，就有一位裸體的勇士，披著斗篷，從背後制伏了獅子。[9]此外也有拿著劍的勇士跟獅子搏鬥的造型。最接近蠟染棉布上人獅搏鬥造型的，是一件拜占庭早期的織錦（見圖5），在西元四世紀至五世紀，遠遠晚於希臘化時代。但紡織史家認為，這件織錦上的人物不是赫拉克勒斯，而是《聖經》裡的參孫（Samson）。[10]參孫也是一位大力士，曾經赤手空拳跟獅子搏鬥，並打死了獅子。這織錦上的人腳、獅尾及獅爪，均與棉布上的很相似，只是它的年代與棉布相距很遠。雖然《聖經》很早便出現，但到西元三世紀至四世紀後才在歐洲藝術作品中逐漸體現。因此，對於棉布中間人物的真正身份，仍然很難作出正確的判斷。

　　最後回看區域D中的小怪物，那條長長的裝飾帶角落上有一個小動物，有點像小狗。考古學家起初以為它是一條龍，但龍的尾巴被小動物咬住了，顯得有點奇怪。龍的身上有很多鳥，這也是不多見的。後來，有人推測這是印度神話裡的摩伽羅（Makara），即有著龍頭魚身的摩羯魚。據俄羅斯學者馬夏克（Boras Marshak）所說，印度神話裡的摩羯魚可以吐水，它每吐出一口水就成為一條河，所以推測棉布上所顯示的是一條河，河兩邊則長滿了草，還有鳥兒飛翔。但後來筆者四處查證，似乎查不到摩羯魚可以吐水成河的傳說，而且摩羯魚的形象是龍頭魚身，與棉布上的形象相差甚遠，於是認為還是要從當地的藝術中尋找答案。筆者也問過中亞的考古藝術家，當時中亞有沒有與它相近的形象，烏茲別克斯坦考古學家卡茲姆·阿布杜拉伊夫（Kazim Abdullaer）認為是水神（Keto），它在希臘神話裡原本是水

神，到犍陀羅藝術中就完全變成陸地上的動物了，可以讓人騎著行走。

圖 5　西方收藏織錦中的人獅搏鬥圖像

　　至於這個像龍或河一樣的紋樣，經過多番考證後，筆者與部分學者一樣認為是一種花帶裝飾（Garland），在新疆和犍陀羅藝術中也很常見。[11] 在一些浮塑作品裡，除了多見童子背著花帶外，上面還停著很多鳥，跟棉布上的圖案比較接近。這種花籃和花環在歐洲確實比較流行，但更多的還是在中亞地區的犍陀羅藝術中才能看到。不過，也有小部分花帶裝飾沒有童子。經過比較，我們認為此棉布上的紋樣就是花帶。在羅布泊旁的米蘭遺址，有很多佛寺內的壁畫和雕塑都深受犍陀羅藝術的影響，反映了很多希臘化題材，其中就有童子背花帶的典型形象。還有克孜爾壁畫，它的時代稍晚，但仍然運用了大量花帶裝飾紋樣。除了上文提及的紋樣外，還有大量其他裝飾性幾何紋的實例，說明這是希臘化藝術在中亞藝術中的反映。

總結上述各種說法，棉布中心的圖樣，應該是人或者神正在與獅子搏鬥的場景。由於棉布是在中亞地區使用的，所以裡面的人物很可能不是赫拉克勒斯，而是其他英雄，或當地的國王。裸體女神則應該是提喀，根據對稱原則，棉布的另一邊應該還有一個相同的小方塊。赫拉克勒斯和提喀在希臘神話中都是很重要的人物，在這裡卻被放在從屬的位置上。底部裝飾帶上的小動物是辟邪，或者是由辟邪演變而成的某種小動物。這塊棉布上面有鳥，下面有花帶，從作品風格看，它是在中亞的大區域內生產的，很有可能是在裸體藝術比較流行的南部馬圖拉生產的。從這塊棉布可以看到，它同時受印度和當地的佛教的影響。值得一提的是它的技術：第一，它是棉紡織品，而一般認為棉紡技術源於印度。這塊棉布是中國最早發現的棉織物之一。第二，它使用的印染技術是靛藍蠟染，也是中國至今發現的最早的蠟染作品。[12]

三、緙毛武士的來歷

　　第二個例子是一件於洛浦縣山普拉墓地發現的緙毛。它的風格跟上文提及的相差很遠，出土的是兩個褲腿，而兩個褲腿上的圖案都不同。當時，當地的褲子大都像燈籠褲，褲腳特別大。中國很多老人做運動或練武時都穿燈籠褲，以方便活動。很明顯，這件織物當年在山普拉沒有受到重視，人們很隨意地利用它做成了褲子，但根據此緙毛上的複雜紋樣，可以肯定織造者的原意並非要把它製成褲子。一般情況下，考古學家不會改變文物的原有形狀，但新疆考古學家認為，這圖案本身比衣物的形式更重要，所以把褲腿拆開並重新進行拼接。褲腿被拆開以後，就可以拼成一條長長的緙毛面料，頂部一個小方塊中有半人馬的形象，下面是個武士，武士所持的矛尖一直伸到了方塊之中（見圖6）。[13] 此織物在圖案佈局上與上文提及的蠟染棉布相似，但因為這塊緙毛並不完整，所以無法進行下一步的推斷。

圖 6　緙毛武士

　　很多人都考證過那武士的身份，有人認為他是亞歷山大大帝，因為亞歷山大樂於把自己的形象運用到藝術品上。更多人把目光聚焦到中亞的卡爾查延（Khalchayan），那裡曾有一個小城市，由赫勞斯（Heraus）家族統治。在那裡除了發現他們的宮殿遺址外，還有類似兵馬俑的雕塑。這些雕塑現存放於烏茲別克斯坦首都塔什干博物

圖7　卡爾查延出土的陶俑頭像

圖8　赫勞斯家族的頭像

館，儘管已經殘缺不全，但仍有很高價值。當地考古學家對卡爾查延出土的陶俑頭像進行復原，發現其中的頭像與緙毛上的頭像十分相近，頭髮都往後梳，且繫著一根髮帶，相當有特色（見圖7）。其他面部特徵並不十分相似，陶俑中的頭像留著八字鬍鬚，緙毛中的頭像則沒有鬍鬚。從人物造型看，他的臉部肌肉通過不同色塊而得到充分表現，這是西方人體造型繪畫的技法。同時，織物上有很多暈色，一條條色帶均勻過渡。[14]烏茲別克斯坦的博物館還收藏了一種赫勞斯家族的錢幣，這種錢幣僅在當地使用，錢幣上的頭像顯示，赫勞斯家族的髮型、髮帶和鬍子都和陶俑上的非常相似（見圖8）。[15]由此可以判斷，這是當地人的共同特點，學者注意到這個特點在諾因烏拉的織物中也有反映。諾因烏拉匈奴墓的

墓壁很高，上面貼滿了各種刺繡。雖然大部分刺繡已經破了，但還可以看出一隊隊站立的人馬。經過對當時波斯等地的浮雕和壁畫的研究，可以推測刺繡中所繡的是當時匈奴人把大月氏趕到中亞一帶後，其他國家或部落的人前來進貢和跪拜的場景。[16] 其中有個人像就被認為是大月氏人，因為他們被匈奴人驅逐，所以出現在進貢的人馬裡面也不難理解。他的髮型、髮帶和鬍子都與赫勞斯錢幣上的非常相似，在別處很難找到這樣的形象。因此，這件緙毛的生產地，很可能是在中亞區域附近。

再看半人馬的形象。它是希臘神話裡的人物，又稱「山杜爾」（Centaur），上身是人的形象，下身是馬的形象。他脾氣很怪，經常使用暴力，更經常為了爭搶女人，和大力神赫拉克勒斯等人交戰。在褲腿上出現的半人馬披著斗篷，手裡拿著一件管狀物，這件東西的一頭正好到他的嘴邊，另一頭則不太清楚，像矛、槍，又像一件樂器。希臘時期的樂器中，比較普遍的管樂器是長笛，但大部分都是雙管，極少看到單管的。單管樂器在中亞反而比較常見，特別是一件收藏在日本、據說是來自犍陀羅的半人像雕刻，下面是獸的身體，上面是人的形象，也在吹著樂器。[17] 這也許就是流行於中亞的一種樂器，可能與希臘有一定關係，因此可以推測，這件緙毛有可能也在中亞生產。

四、錦上天使

第三個例子是新疆營盤15號墓出土的一件錦袍。營盤位於塔克拉瑪干沙漠的東側，靠近樓蘭，屬於大羅布泊區。整個墓地的發現時期比樓蘭略晚，但應該比吐魯番其他墓地早。營盤的整個墓地在一片戈壁灘上，附近是孔雀河。營盤15號墓則在一個特別高的山脊上，山脊上只有一座墓，情況與其他墓很不一樣。一九九五年發掘時，考古人員認為墓中的文物很有價值，於是決定全部運回烏魯木齊處理。墓中屍體的臉部蓋著面具，面具用布胎製成，上有白色塗層。面具的表

圖 9　新疆營盤出土的男屍

情特別安詳，眉眼細長，皮膚白皙，外表俊朗，額上還貼著一大片金箔。最引人矚目的是屍體身上的衣服，顏色鮮豔，圖案漂亮，下身穿著刺繡褲子，襪子也保存得非常完好（見圖9）。這具男屍出土後，於一九九六年被送到上海博物館參加絲綢之路展覽，成為那次展覽中的明星展品，一時間轟動全世界。[18] 二〇〇四年，日本人想借其作展覽之用，但中國政府禁止屍體作為文物運輸出境，新疆文物局遂決定把衣服從屍體上脫下，並由中國絲綢博物館的工作人員完成這一程序。筆者與館裡同事在二〇〇四年七月十五日到達烏魯木齊，正好遇上六十年一遇的高溫，氣溫高達46℃。我們挑選了一間朝北的密封房間，因為要在濕度高的環境中，方可進行為男屍脫衣的工序，而加濕就需要水蒸氣。屍體最外層的衣物還可以剝落，但裡面的衣服已經和屍體分不開了。最後，我們把所有可脫下的衣物帶回杭州進行修復，再做了一具假屍體把衣物套上，送回烏魯木齊。

　　比較有趣的是在脫衣時看到的一些現象。當時的服裝大量使用金箔，在額上、領邊、袖口、襪子（包括襪子的底部）都貼了金。製作過程是先縫好衣物，然後把金貼在織物上。他

圖 10　對童子對牛羊雙層錦

的褲子起初被認爲是毛織物，因爲材料看起來比較粗，但後來經過紅外光譜測試，發現它是絲質的，很有可能是一種當地生產的絲。把衣服脫下之後，可以看到整個屍體被絲織品纏繞過，很像木乃伊，這種屍體處理方法在當地從未發現過。處理屍體的人先在屍體下面填了一塊四肢形狀的木板，然後用絲織品把人和木板繞在一起，使屍體挺直。從照片上可見，他的手指都被一層層地纏繞起來。揭開面具，打開包頭的絲織品後，可以看到他的臉部，雖然面具使他看起來慈眉善目，但其實真正的臉部已經腐爛了。

最漂亮的是他那件正面紅地黃花、反面黃地紅花的衣服。這正是所謂的雙層錦，是用兩組經線和兩組緯線交織而成的，一層是紅色經線和紅色緯線交織，另一層是黃色經線和黃色緯線交織，各自織成平紋，然後在需要時進行表裡換層，在紅色的地部表層全是紅線織成，裡層全是黃線織成，而到花部就把整個紅的一層換到裡層，把整個黃的一層換到表面。這就是雙層織物的結構，現今仍然被採用。這件雙層錦的圖案特別漂亮，底部是一對羊，上面是兩對童子，然後是一對牛，再往上又是兩對童子（見圖10）。織到一定的位置，這些紋樣的方向就調頭，對稱的軸線也不一樣。所以它雖然頭對頭地重複，卻是錯開相接的。把衣服復原研究後，發現原先的面料其實是一方方正正的織物，被裁成衣片再縫製起來。除了無法確定一些小碎片的原來位置外，大部分衣片都被復原至其原來的部位。最初的織物長寬均應在兩米左右，圖案在中間調頭，其他橫向圖案都是一對一對排列的（見圖11）。[19] 這件衣服有外襟和內襟，背面有幾塊缺損，我們可以大致推測它的位置，基本準確。

至於圖案裡的童子，林梅村教授有專門的考證，認爲這是希臘神話裡的愛神厄洛斯（Eros）。這裡的厄洛斯形象似乎不太友好，比較好鬥。厄洛斯披著斗篷、拿著劍，頭髮鬈鬈的形象，在希臘藝術中隨處可見。[20] 在大英博物館，可以看到希臘藝術鼎盛時期巴特農神廟中的相關藝術品，當時士兵的裝束，有全裸的，有只穿斗篷的，劍和盾牌的使用也非常普遍。另外兩組厄洛斯，一組有盾，槍也比較

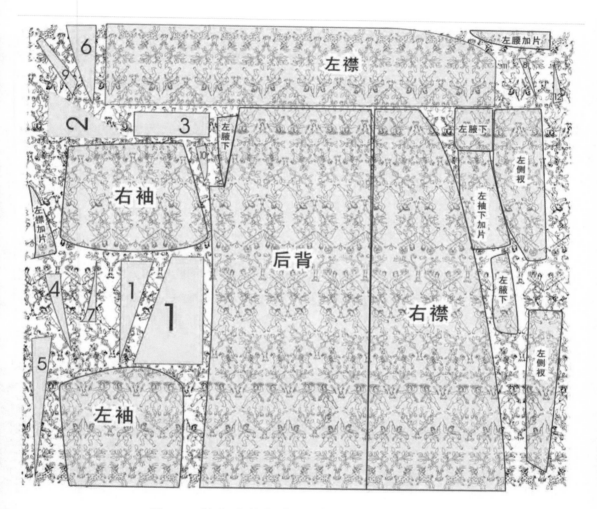

圖 11　對童子對牛羊雙層錦紋樣排列復原

長，在厄洛斯之間的是石榴樹，盛產於中亞一帶的石榴樹古稱「安石榴」，「安」代表中亞粟特地區的安國。當時的戒指等藝術品的微雕上面，也可看到一些裸體的持劍或持槍的人物形象，可見玩弄刀槍在當時是比較流行的活動，也是一種軍事操練，不過舞槍弄棒的形象跟厄洛斯給人的一貫印象並不相符。

另一件在營盤出土的藍色織錦上，也出現了厄洛斯的形象。真正保存完好的藍色織錦已經不在考古所了，但考古人員後來在墓地附近採集到一些碎片，就是從這件藍色的織錦上散落的（見圖12）。織錦圖案中有一些大的裝飾，如S形的波狀紋樣裝飾，在當時希臘的藝術品中也很常見。這件織錦上有身上長著翅膀的童子，正是典型的厄洛斯形象。[21] 在羅馬時期化妝品的罐子上，也能找到厄洛斯的形象。不過到了羅馬時期，厄洛斯被稱為「丘比特」。無論如何，丘比特和厄洛斯的性質都一樣，是小愛神和小天使。在早期希臘時期藝術品中，厄洛斯的造型通常是年輕人的形象，而非小天使形象。在羅布泊附近的米蘭佛寺壁畫中，也能看到花帶旁邊帶著翅膀的童子，正是典型的天使厄洛斯形象。後來，厄洛斯的形象發生了變化，有的身上沒有翅膀，有的手裡拿著一支槍，可見厄洛斯也有好武的一面，所以在中亞出現厄洛斯舞槍弄棒的形象也不足為奇了。

圖 12　藍地葡萄鷹蛇紋錦

五、太陽神赫利俄斯

　　最後一個例子是太陽神。希臘神話中的太陽神和東方的太陽神差別很大。東方的太陽是一隻金烏鳥，金烏鳥白天飛出去，晚上飛回來，在扶桑樹上休息。扶桑樹上共有十隻鳥，每天有一隻鳥飛出去。一隻鳥就代表一個太陽。有一天，那十隻鳥突然同時飛出，也就是十個太陽同時出現，於是天下大旱。這時出現了英雄后羿，他用箭射下九隻鳥，只留下今天這一個太陽。金烏鳥和其他鳥不同，它有三條腿，因此又被稱為「三足鳥」。而希臘神話裡的太陽神名叫赫利俄斯（Helios），與後來的太陽神阿波羅有些不一樣。他每天駕著馬車在天上巡視，到晚上就回去，這樣的太陽神造型在歐洲很早便出現了。

　　在青海都蘭熱水墓地出土的織錦上，出現了太陽神的形象（見圖13）。它的年代在北朝晚期，大約在西元六世紀，是從希臘化藝術演變而來的。織錦主題紋樣的外面是一圈聯珠紋和卷雲紋。這種卷雲紋是非常典型的希臘化藝術紋樣，被稱為「渦雲紋」，和中國漢式織錦中的雲氣紋相差很遠。另一圈聯珠紋把一顆顆的圓點排成一圈，這是從波斯藝術中流傳過來的。中間的人物造型看似是佛像，但仔細一看，便發現不是佛，因為佛的頭上有肉髻。而這個人戴著一頂帽子，帽子上有一顆冠珠；穿著一件V字領的套頭衫，兩手交叉相疊。他的雙腿也是交叉疊放的，很像當時的交腳菩薩。他坐在蓮花座上，身後有背光，看起來跟佛教有密切關係。當時佛教已非常興盛，所以當時的藝術品大多與佛教有關。蓮花座放在馬車的一個平臺上，這架馬車由六匹馬拉著，馬的身上長著翅膀，是一種天馬，或是帕格索斯（Pegasus）。背景是王者出行時常有的行頭，頭上有傘蓋，後面還有衛士護衛著馬車，車的兩側伸出一對龍首，掛著一個幡，幡身三片，下面有兩條幡腳，旁邊還有幡手。在聯珠圈外面織有「吉」和「昌」兩個漢字。顏色只有暗紅和白兩種，所以圖案很清晰。把所有殘片拼接起來後，可以看到織物中有三個聯珠卷雲圈，居中的圓圈中就是太陽神，馬車下面的部分有點缺損，兩側的兩個圓圈應該是狩獵

紋，有人騎在駱駝上射獅，有人騎在馬上射鹿，中間還有獅子和人，最下面是持盾武士對攻（見圖14）。[22] 當時很多織錦都有這種圖案，但那些織錦顏色比較豐富，反而看不清楚圖案細節。同在都蘭熱水出土的織物中，還看到有簡化的太陽神形象，中間是坐著的人像，旁邊是兩匹馬，中間是兩個輪子，表明這人坐在馬車上面。

圖 13　青海都蘭出土的簇四雲珠太陽神紋錦

　　為什麼說這人是太陽神赫利俄斯呢？因為我們可以看到一條非常清晰的傳播路線。希臘藝術的太陽神頭上有太陽標誌，駕著馬車每天巡視，這種形象在羅馬藝術裡也一直可見，而且繼續往東傳播。傳播到印度後，印度的太陽神也採用了希臘神話裡的形象，但名為蘇利耶（Surya），這一帶包括中亞的太陽神也都是駕著馬車出行的。在阿富汗巴米揚大佛的頂上，也有一個太陽神像（阿富汗巴米揚大佛二〇〇一年被塔利班政權摧毀，頂上的壁畫也不在了）。從以前

保留的線描復原圖上可清晰地
看到，在太陽的光環裡，有個人
站在一架馬車上，身穿緊袖長袍
的胡服，配以皮靴。馬車同樣由
翼馬拉著，旁邊還有一些駕車或
守衛人物，並手持盾牌。[23] 上
面有人首鳥身的動物，叫「迦陵
頻伽」，又稱「妙音鳥」，有重
要人物出場時，它便會出來歌唱
（見圖15）。由此可見，希臘
神話的太陽神往東傳播到印度，
再往東穿過阿富汗，翻過帕米爾
高原，進入中國境內。中國西部
最重要的佛教洞窟，就在龜茲的
克孜爾和庫姆圖拉附近。在克孜
爾和庫姆圖拉的天象圖中，太陽
神依然在車上，雖然沒有馬，但
有車和車輪。太陽神穿的衣服基
本上都是胡服，他們不是站著，
就是兩腿交叉地坐著，與織錦上
的太陽神造型更加接近（見圖
16）。在克孜爾，幾乎每個洞
窟的天象圖中都有這樣的造型。
到了敦煌，太陽神的形象更加簡
單。上文提及的都蘭熱水墓的那
件織物，肯定是在中國生產的，
因為它採用的是中國的技術，跟
中亞一帶的技術完全不一樣。但
在中國生產太陽神織錦的時候，

圖14　青海都蘭出土的太陽神
　　　錦圖案復原

圖 15　阿富汗巴米揚大佛窟頂的太陽神紋

織工有時憑藉想像，添加一些其他元素，組合起來重新設計。因此這個太陽神較敦煌壁畫裡的太陽神更加漂亮和完整。[24]

圖 16　新疆庫木吐拉23 窟窟頂的太陽神圖像

注釋

〔1〕新疆維吾爾自治區博物館.新疆民豐縣北大沙漠中古遺址墓葬區東漢合葬墓清理簡報.文物，1960（6）.

〔2〕James C. Y. Watt: China.Dawn of a Golden Age, 200AD~275AD.New York: The Metropolitan Museum of Art, 2004：196~197.

〔3〕林梅村.漢代西域藝術中的希臘文化因素.九州學林，2003（1）:1~35.

〔4〕張靖敏.從希臘女神到東方聖母——訶利底母藝術形象在絲綢之路上的發展與演變.北京：北京大學考古文博學院，2005.

〔5〕孫機.建國以來西方古器物在我國的發現與研究.文物，1990（10）：69~80.

〔6〕[日]栗田功.ガンダーブ美術.東京：二玄社，1988：137.

〔7〕初師賓.甘肅靖遠新出東羅馬鎏金銀盤略考.文物，1990（5）.

〔8〕邢義田.赫拉克利斯（Heracles）在東方——其形象在古代中亞、印度與中國造型藝術中的流播與變形//榮新江，李孝聰，主編.中外關係史：新史料與新問題.北京：科學出版社，2004：15~47.

〔9〕John Boardman.The Crossroads of Asia.London: The Ancient India and Iran Trust, 1992：151.

〔10〕Volbach W.Fritz.Early Decorative Textiles.Paul Hamlyn, 1969：107.

〔11〕Marylin M. Rhie.Early Buddhist Art of China and Central Asia.Vol. II.Brill, 2002：364.

〔12〕趙豐.尼雅出土蠟染棉布研究//饒宗頤.華學.第九、十輯（二），上海：上海古籍出版社，2008：790~802.

〔13〕新疆維吾爾自治區博物館，新疆文物考古研究所.中國新疆山普拉——古代于闐文明的揭示與研究.烏魯木齊：新疆人民出版社，2001.

〔14〕Boris Stawiski.Kunst de Kuschan, VEB E.A.Seemann Verlag, Leipzig, 1979：133.

〔15〕阿貝特科夫、優泰波夫.中亞西部的古代伊朗族遊牧民//M.S.阿西莫夫，C.E.博斯沃思，主編：中亞文明史.北京：中國對外翻譯出版公

司，巴黎：聯合國教科文組織.2002.

〔16〕E. Lubo-Lesnichenko: Ancient Chinese Silk Textiles and Embroideries: 5th to 3rd Century AD, in the collections of the State Hermitage Museum (in Russia), Leningrad, 1961.

〔17〕［日］栗田功.ガンダーブ美術.東京：二玄社，1988.

〔18〕馬承源.營盤男屍//新疆文物局，上海博物館，編.新疆維吾爾自治區絲路考古珍品.上海：上海譯文出版社，1998.

〔19〕李文瑛.營盤95BYYM15號墓出土織物與服飾//西北風格——漢晉織物.香港：藝紗堂/服飾工作隊，2008：56~75.

〔20〕同〔3〕.

〔21〕Emma C. Bunker.Late Antique Motifs on a Textile from Xinjiang Reveal Startling Burial Beliefs.Orientations, May 2004：30~36.

〔22〕趙豐，主編.紡織品考古新發現.香港：藝紗堂/服飾工作隊，2002：76~77.

〔23〕F. Allchin and N. Hammond.The Archaeology of Afghanistan: From Earliest Times to the Timurid Period.Academic Press, London, 1978.

〔24〕趙豐.唐代絲綢與絲綢之路.西安：三秦出版社，1992：232~236.

第五章　胡錦初成：新疆和費爾干納的絲織品

絲綢的西傳並非一朝一夕，而是逐漸發展而成的。當時，中國絲綢在絲綢之路沿途大受歡迎，當地人不僅想買產品，還想學習絲綢的織造技術。在學習過程中，他們一方面要汲取科技知識，另一方面則要進口原材料，並引進蠶種。在這絲綢西傳的重要階段，絲綢產品傳至西方，其後絲綢的藝術風格和生產技術也陸續西傳。其中，絲綢的生產技術傳到了中亞地區，包括中國新疆及烏茲別克斯坦費爾干納一帶，而兩地出土的絲織品在藝術風格上亦非常接近。

一、早期絲綢的傳播

關於絲綢的早期傳播，可參考傳絲公主的故事。這故事最早見於玄奘的《大唐西域記》，後來斯坦因（A. Stein）在新疆和田市丹丹烏里克（Dandan Oilik）遺址的一座廟內發現了幾塊木畫板，經考證，畫板上記載的故事與玄奘所寫的完全吻合。

據玄奘記載，絲綢之路上有個小國叫瞿薩旦那，大概相當於現在新疆的和田地區，當地居民非常喜歡絲綢，但是缺乏蠶種。唐初玄奘法師路過此地時曾有記錄，其中一段內容提及：

聞東國有也，命使以求。時東國君秘而不賜，嚴敕關防，無令桑蠶種出也。瞿薩旦那王乃卑辭下禮，求婚東國。國君有懷遠之志，遂允其請。瞿薩旦那王命使迎婦，而誡曰：「爾致辭東國君女，我國素無絲綿桑蠶之種，可以持來，自為裳服。」女聞其言，密求其種，以

桑蠶之子，置帽絮中。既至關防，主者遍索，唯王女帽不敢以驗。遂入瞿薩旦那國，止麻射伽藍故。方備禮儀，奉迎入宮，以桑蠶種留於此地。[1]

現存於大英博物館的這塊畫板（見圖1）正好描述了這一故事。[2] 畫板中間的女性人物是東國公主，她頭戴非常漂亮的花冠。公主兩旁是她的兩名侍女，右邊的侍女正用織機織布，而左邊的侍女則用手指著公主的冠帽，正在告訴別人蠶種就藏在這裡。為什麼能夠肯定蠶種藏在冠帽中呢？這是因為侍女面前有一個碗，碗內有一顆顆圓圓的東西，應該就是蠶繭。把蠶繭、冠帽和織造聯繫在一起，便組成了東國公主偷帶蠶種的故事。公主後面還有一個神像似的人物，他手上的各種小物件也與紡織有關。一手拿著刀子，可以割斷緯絲；一手拿著剪刀，中間有一個「工」字形的工具，可能是用來繞線的。

瞿薩旦那幾經辛苦獲得了蠶種後，開始自行養蠶得繭，當地的絲綢生產也形成了獨特風格。一般情況下，蠶成蛹約七天後便破繭化蛾，破了的繭子便成為蛾口繭。由於蛾口繭無法抽出長絲，所以中國人慣常在結繭後馬上繅絲，或設法殺死蠶蛹，不讓蠶蛹破壞蠶繭，以保證繅絲時絲不會斷。而根據瞿薩旦那的相關記載，當地人特別珍惜那些得來不易的蠶種，為了讓所有蠶蛾都破繭、交配、產卵和培育新蠶，他們不允許殺死蠶蛾。因此他們只能等蠶蛾破繭後，將繭子拉鬆，再進行紡線，這樣的工藝類似棉紡中的紡線，與中國繅絲的做法完全不同。也有一種說法指出，由於佛教不主張殺生，所以限制了他們繅絲的做法，只能紡線。

除了傳絲公主這塊特別有名的畫板外，還有一些畫板記載著類似的故事。在斯坦因發現的另一塊畫板上，當中的人物形象與上文提及的神像非常相似，特別是他手上拿的割刀，正是用來割斷絲線的，現在新疆地區織地毯的工人，也用一樣的刀割斷結好的彩色絲線。另外還有兩塊現收藏於俄羅斯的畫板，其中一塊顯示某個人坐在織機前，另一個人正在穿筘，上面的神像被認為是絲織神像，因為他手拿著絲

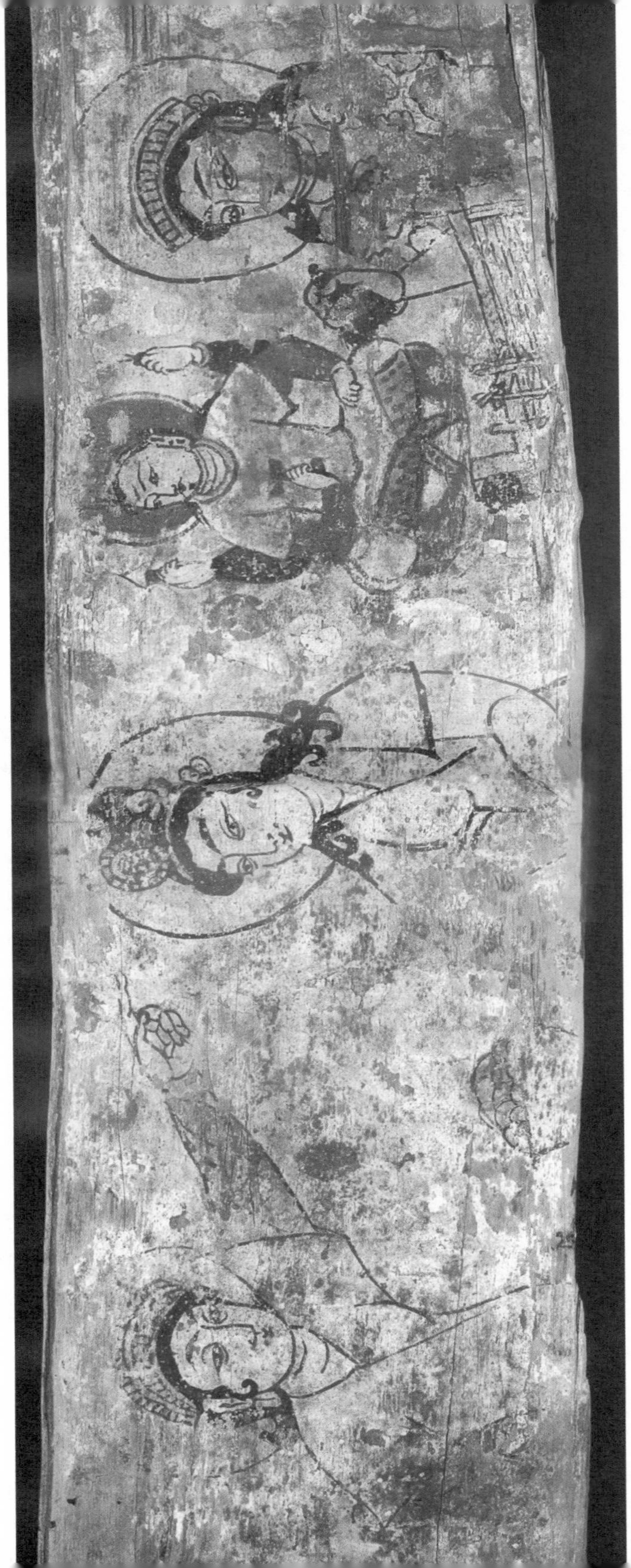

圖 1　傳綜公主畫板

織機上的筘。「筘」是用竹子製成的一個定幅工具，用以規定織機上的每一筘都等寬等距，確保絲線可以整齊地排列。[3]至於畫板上神像的身份，現時還未能確定。

以中國新疆和烏茲別克斯坦為代表的中亞地區，是蠶桑絲綢的重要產地。直至今天，該地區仍有巨大的古老桑樹。在吐魯番的吐峪溝，很多人家裡都種有大桑樹，有些還專門供人參觀，桑樹愈老，愈是吸引人。從撒馬爾罕（Samarkand）到費爾干納的沿途，亦隨處可見林蔭道上的古老桑樹；在布哈拉的清真寺前，還有幾百年樹齡的老桑；一些十三世紀左右的遺址也種滿了桑樹。這說明中亞地區的桑樹栽培史十分悠久，而當地的紡織和絲綢生產到現在還很興盛。棉的生產始於印度，在中亞地區得到了廣泛的應用，在費爾干納一帶，棉的種植可能比中國還早，下文將會作更詳細的討論。此外，在費爾干納保存相對完好的絲綢產地是馬吉蘭（Magilan），那裡有很多絲綢廠，其中一個廠裡有一棵約五層樓高的桑樹（見圖2），要幾個人合力才能環抱樹幹。馬吉蘭與現在新疆和田的生產絲綢方法比較一致，都是用蠶繭來繅絲，這與早期中亞地區用蛾口繭紡綿線的方法不同。

二、新疆的綿線織錦

正因為蠶種得來不易，所以新疆當時沒有像內地一樣煮繭繅絲，而是採集蛾口繭進行紡絲織綢。新疆當地不少文獻都有記載，當時高昌錦、疏勒錦和龜茲錦等均為綿經綿緯。[4]在營盤、紮滾魯克以及吐魯番等地也發現了大量出土織物，其風格特點非常明顯，一般都是平紋緯重組織。營盤出土的織物中還有一類綿線錦條，雖然是用綿線作經作緯，但採用的也是平紋經重組織。

再看三世紀至四世紀新疆當地生產的綿線織錦。當地的絲在加工前都先被打成綿線，所以那裡生產的織物都很有特色。要判斷織物是否在當地生產，只需辨別綿線是否採用當地的做法即可。如果綿線是採用當地的方法製成，把綿線送到內地織好，然後再拿回來的可能性

圖 2　烏茲別克斯坦馬吉蘭的古桑

便較低；如果綿線採用內地的做法，則有可能是當地人先從內地買入綿線，然後送到新疆織，也有可能是從內地買下整塊織品。把繭絲打成綿線後所織成的織物，很可能是在新疆或費爾干納一帶生產的。

有關新疆生產的綿線織錦，可從一些文獻記載和出土文物中瞭解。《魏書》提到：

> 高昌（今吐魯番）宜蠶；于闐（即當時的瞿薩旦那，今和田）土宜五穀並桑麻；焉耆養蠶不以為絲，唯充綿纊；疏勒（今喀什）土多稻、粟、麻、麥、銅、鐵、錫、雌黃、錦、綿，每歲常供送於突厥。

後來《隋書》也提到高昌宜蠶：

> 疏勒土多稻、粟、麻、麥、銅、鐵、錦、雌黃；于闐之王用錦帽。

這裡提到疏勒為產錦之地，但宜種桑養蠶產絲之地則為高昌和于闐。

除此之外，新疆吐魯番出土的文書，也有不少提到當地生產絲綢的情況。例如，吐魯番哈喇和卓90號墓出土的《高昌永康十年（475）用綿作錦條殘文書》提到「須綿三斤半，作錦條」；同墓出土的《高昌主簿張綰等傳供賬》提到「出疏勒錦一張，與處論無根」；吐魯番哈喇和卓99號墓中出土的《北涼承平八年（450或509）翟紹遠買婢券》也提到舉錦券（即借錦的合同）上，有「要到前年二月卅日，償錦一張半」的規定。三年後，因阿奴無力償還，只得以婢紹女抵償，因此在買婢券中，便有「翟紹遠從石阿奴買婢一人，字紹女，年廿五，交與丘慈錦三張半」的記錄。另外，吐魯番哈喇和卓88號墓出土的《北涼承平五年（447或506）道人法安弟阿奴舉錦券》中，也提及「阿奴以翟紹遠舉高昌所作黃地丘慈中錦一張，綿經綿緯，長九尺五寸，廣四尺五寸」。這裡的「丘慈」就是丘茲，也可寫

作龜茲，即今天的庫車一帶。由此可見，丘慈錦的經線緯線都是用綿線織成的，這跟上文提及的故事相吻合。

圖 3　吐魯番出土的紅地瑞獸紋錦

　　由此，我們可以推斷哪些織錦是用綿經綿緯來做的。早期的考古發現大都在吐魯番，該地出土的文物年代相對較晚，數量也不多。其中一件是吐魯番阿斯塔那313號墓出土的紅地瑞獸紋錦（見圖3），在一個波折形的骨架裡橫著織了一個獸紋。另外一件是330號墓出土的紅地聯珠小花錦，從織品的外觀來看，它們都是用綿經綿緯織成的。〔5〕在塔克拉瑪干沙漠南面的紮滾魯克墓地，也出土了很多類似的織錦。但有一件比較重要的織錦在甘肅的花海墓地被發現。花海在河西走廊的西端玉門關附近，離新疆不遠。這個墓葬的年代有詳細的記錄，墓主人的名字叫大狗女，葬於三七六年。她的墓裡有一條簡單的

內褲，款式跟相撲運動員穿的褲子類似，內褲的下面部分用綿經綿緯的織錦製成，圖案並不特別清晰，但可看出是一件紅地雲氣鳥獸紋緯錦。根據記載，這是最早的有明確年份的綿經綿緯織物。[6] 這個墓出土了很多絲綢，但只有這一件是綿經綿緯，因此估計這一類出土數量較少的織物，不是在當地生產的。

這類綿經綿緯織錦的技術特點是，織物的經緯線均是由手工紡成的絲綿線，所以綿線粗細不勻，而加撚的方向為「Z」撚。在漢唐時期，「Z」撚是當地或西方地區加撚的習慣，在中國內地則大多用「S」撚。綿經綿緯織錦的顏色以紅色為主，常見色彩有白、紅、灰、黃四種；組織結構是平紋緯錦，經線明經和夾經兩組，明經通常為一根，而夾經則一般成雙，其局部組織大多是1：1的平紋緯二重，但總體色彩通常是三色。這些平紋緯錦的織物通常寬一米，長約兩米，跟每匹寬五十釐米、長十多米的內地織物不同。[7]

另一類新疆當地生產的織錦是一種比較窄的平紋經錦帶，最早由斯文・赫定的同事貝格曼在樓蘭發現。吐魯番文書中提到的「綿三斤半，作錦條」，可能就是指這種帶子，亦即條，這類帶子在營盤出土的數量特別多。織錦上的綿線加有「Z」撚，從這個角度看，這種綿線是在當地生產的。此錦帶採用中國內地傳統的平紋經二重結構，但與內地的錦帶區別在於它特別窄，只有二至三釐米寬，而內地的錦則一般寬五十釐米。一般的紋經和地經比例均為1：1，但通常也是三色至多色，並通過換區使色彩更豐富。還有一個重要的特點是循環的圖案。從收藏於倫敦的另一件動物紋錦帶（見圖4）可見，沿著經線方向，一隻動物到另一隻動物之間並非有規律的重複；前一隻動物有一雙翅膀，後一隻動物則沒有翅膀。這說明這些紋樣並非由提花技術織成。但在緯線方面，雖然每條錦條都很窄，但上面總是三個並列的動物紋，完全重複；而中國內地的織錦技術則與新疆剛好相反，其緯向可以不一樣，但是經向是重複的。這也是辨別中國內地和新疆織錦的重要依據。[8]

圖 4　收藏於倫敦的動物紋錦條

三、模仿漢錦和西錦

　　上文提及的平紋緯錦和平紋經錦條帶，都是在漢式織錦輸入新疆後，模仿漢錦所產生的，因此與漢錦有很多相似之處。首先是平紋緯錦模仿了漢錦的組織結構，產生方向轉了90°的平紋緯錦；另外亦模仿了它的圖案，把雲氣動物紋複製到綿線緯錦上，還包括不明的漢字；第三是錦條模仿了其挑花技術，產生了可以進行經向挑花、緯向控制圖案循環的方法。

　　新疆營盤墓地有一件棉布袍，其織錦被用來裝飾邊緣，錦緣被裁得很細，但還是可以看出裡面連續的雲氣動物紋，雲氣隔開了帶翅膀的動物。更有意思的是一個個小方塊，它們其實模仿的都是漢字。漢錦上通常織有很多漢字，如「五星出東方利中國」、「延年益壽長保子孫」等。新疆當地和中亞一帶的民族不認識漢字，更不懂漢字的意思，只是爲了模仿，就把漢字抽象化爲方塊圖形，織入綿線緯錦。加上轉了90°後的組織結構也與漢錦一樣，如果撇開織機和幅邊，可以說他們模仿得非常到位。另一組織錦在紮滾魯克墓地出土（見圖5），這組織錦的殘片較多，但仍然能清楚地看到錦上的雲氣動物紋非常明顯，雲氣紋樣連貫，動物的模樣也很清楚，在文字的模仿上也更多樣化，有的像「日」字，有的像「五」字。還有類似羽人的形象，在模仿的時候作了微小的變化。[9] 所以，我們不僅可以從動物造型上看出當地織錦模仿漢錦的痕跡，更可以從雲氣和文字的造型

中，看出模仿的生硬。

圖5　縈滾魯克出土的仿漢式綿線緯錦

　　另一類當地的綿線緯錦與漢錦的圖案相差很大，不過也不能排除它是模仿當時的毛織物的可能性。這類織錦的紋樣沿經向站立，同時以緯線成軸，形成對稱的佈局。新疆營盤一帶曾出土過一些錦飾袍緣，將圖案進行初步復原後，可見上面有鳥，中間有樹，還有獸面紋，下面可能是一種建築形式，也可能是一種傘蓋，旁邊是人物造型（見圖6）。[10] 這大致上是一個重複單元，但不是嚴格的循環，只是圖案設計上的重複。筆者在英國還看到另外一件織物，上面也有樹、葉子和果實，果實造型比較像葡萄，中間的造型更像一個傘蓋，還有一對鳥和器皿，跟上文提及的毛織物非常相似，所以新疆生產的綿線織錦在藝術風格上，一方面模仿從內地運來的漢式織錦，另一方面也模仿西邊傳來的毛織物。

四、長絲類平紋緯錦

圖 6　新疆營盤出土的人物獸面紋綿線錦

約在北朝晚期（即西元六世紀左右）的吐魯番阿斯塔那170號墓中出現了一些由平直的長絲織成的平紋緯錦。這是一個有著明確紀年的墓，裡面埋著三個人，都死於六世紀後期。[11]這些平紋緯錦仍然採用平紋緯二重的組織結構，但不再使用綿線作為經緯。其中一件蓋在死者臉上的覆面（壽終後用以覆蓋在死者面上的織物），中間是對羊紋錦。仔細觀察後發現，它用的是平紋緯二重組織，所有經線都加有「Z」撚，這是當地技術的特點之一，而用的緯絲很漂亮，非常光滑、平直和鮮豔，織物的品質也很高。此外有一條屬於墓中女主人之一——孝姿的褲子保存得非常好，腰後有一片紅白色的織物。經過復原後可以看出，這塊織物的圖案主要由圓圈構成，圈中有

圖 7　吐魯番出土的紅地獸面對鳥對獸緯錦褲

對獸或對鳥，織物也採用具有當地特色的平紋緯二重組織。這條褲子在同時出土的《衣物疏》中被稱爲「合蠱錦褲」，但這個「蠱」字的確切解釋仍有待考證。[12] 考古學家在吐魯番阿斯塔那墓地發掘了很多墓，出土的絲織品也非常多，但很少有保存得較爲完整的衣物，這條褲子算是一個例外。從織錦面料的細部可見，它用的纖維介乎平絲和綿線之間，色彩粗獷，纖維不很光滑，與加撚綿線相似，但仔細一看，雖然經線照慣例加有「Z」撚，但緯線的撚度無法找到，所以它的織造技術介乎長絲緯錦和綿線緯錦之間（見圖7）。把褲子上的圖案復原後，發現差不多每隔一行都有獸面紋，隔著獸面紋的，則是孔雀、陶罐、星星、對獸和另一種對獸（見圖8）。在同一個墓裡出現一定數量的同類織物，說明這類織物當時已經比較盛行。在與阿斯塔

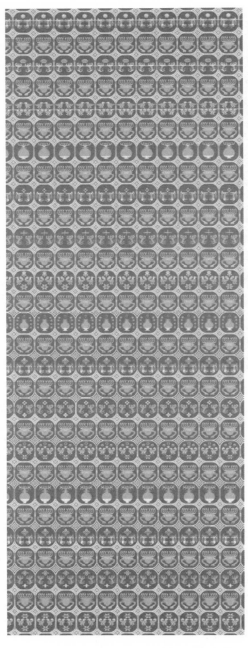

圖 8　吐魯番出土的合蠶錦褲圖案
　　　復原

那170號年代相近的墓裡，也出土較多同類織物，有「王」字和「吉」字紋樣，也有緞帶紋樣，或龜背形聯珠紋，整體特點都是圖案經向不重複但沿緯向對稱。還有一類織錦有雲氣的骨架和對龍的紋樣，被推斷在六世紀或更晚時生產，這類織錦也屬於長絲類的平紋緯錦。

五、蒙恰特佩出土的絲織品

以往有關絲綢之路的研究，主要聚焦在新疆境內，因為那裡出土的織物種類非常豐富，有關的史料也很多。但是當考古學家研究西方文化如何在絲綢之路上產生影響時，便應該擴大研究範圍至更西邊的地區。離開新疆，翻過帕米爾高原，就到了中亞國家。費爾干納一帶是位於烏茲別克斯坦東部的一個盆地，跟絲綢之路的關係特別密切。新疆距離烏茲別克斯坦最近的地方只有一百公里左右，車程很短。新疆的西南部是帕米爾高原，

地勢比較險峻，附近是吉爾吉斯斯坦和塔吉克斯坦，這也是經絲綢之路進入烏茲別克斯坦前必須經過的兩個國家。進入烏茲別克斯坦後，第一站就是費爾干納盆地（Fergana Valley），當地的氣候和土壤都很適合養殖蠶桑和生產絲綢。過了塔什干（Tashkent），再到撒馬爾罕（Samrkand）和布哈拉（Bukhara），就是唐代中亞「昭武九姓」的主要區域，包括康國、安國、何國、米國、曹國等。中亞地區有兩條主要河流，一條是阿姆河，另一條是錫爾河，錫爾河一直流過費爾干納盆地的西北部，那裡有一個非常重要的遺址叫蒙恰特佩（Munchak-tepe）墓地。

蒙恰特佩墓群在現今烏茲別克斯坦共和國納瑪律干（Namangan）地區帕巴城（Pap）附近。這裡的古城極大，分為兩個區域，一個叫巴蘭特佩（Baland-tepe），是當時的城區；另一個是蒙恰特佩，是當時的墓葬區。古代中亞的城市大都在伊斯蘭化期間被毀，但後來還有人一直在那裡生活，現在還能在那裡發掘到十一世紀至十三世紀的器物、陶片等。當地發掘的墓葬，年代由一世紀前後至八世紀不等，相當於中國的漢唐時期。考古學家在蒙恰特佩遺址發掘了十多個墓葬，推斷其年代主要在五世紀至八世紀。其中5號墓的年代在五世紀至六世紀，出土了絲綢、紡織品和服裝。目前主要利用C-14同位素測定文物的年代，而經北京大學測年實驗室利用此技術反復測定後，發現這些文物的年代都較當地考古學家所推斷的還要早，在三世紀至四世紀前後。這些墓的情況與吐魯番的不太一樣，墓道都用泥磚封起，人可以爬下去；墓中的棺材用蘆葦編成，然後一個個疊起來，令人聯想到新疆紮滾魯克的墓地。

馬特巴巴伊夫是在二十世紀八〇年代左右發掘這一墓地的（見圖9），墓中出土了一些紡織品、陶器、木器、草編、銅器和首飾，不過紡織品的保存狀況不太好。這一地區也有棉籽出土，說明當地有悠久的棉紡織生產歷史。在復原衣服的過程中，領子起著重要的作用。一般的衣服都有幾層領子，通常是V字領，上面是圓的，而蒙恰特佩出土的衣服，其領子的造法與新疆一帶比較接近，通常都用織錦（見

圖9　蒙恰特佩墓地考古發掘情景

圖10）。雖然沒有新疆出土的織錦保存得那麼好，但其風格明顯與新疆綿線平紋緯錦一致，衣服其他部位大部分是平紋的絹。二○○六年之前，筆者和一些學者認爲這類織物都是在新疆當地生產的，但當我到訪費爾干納後，發現那裡也出土了大量同類織錦，因而開始認爲費爾干納也是一個重要產地。

　　爲了研究蒙恰特佩的紡織品，上海東華大學、中國絲綢博物館與烏茲別克斯坦科學院的考古研究所展開合作，由烏方的考古學家巴巴杜拉耶夫提供發掘資料，筆者則帶領幾個學生和同事進行測試、復原和其他相關研究工作。[13] 在討論過程中，當地的考古學家認爲，雖然這些紡織品中有一種錦很粗，比較漂亮，應是中國產的，但大部分服裝上都有平紋的絹，其織造技法比較簡單，所占的量也較多，所以他們認爲這些紡織品是當地所產。我們的看法則剛好相反，那些平紋絹應該是從中國內地運來的，因爲織物中包括一件單色的菱格紋綺織物，而綺是非常典型的中國織物。用於製作領子的綿線緯錦，則應

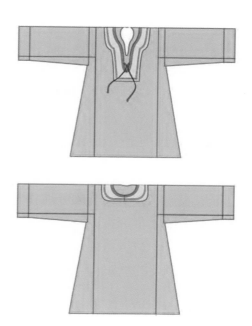

圖 10　蒙恰特佩出土的衣服款式復原

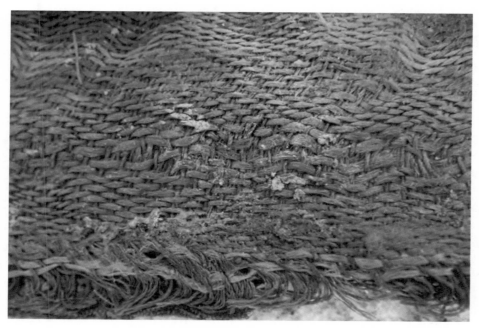

圖 11　蒙恰特佩出土的聯珠紋平紋緯錦

該是當地生產。除了當地常見的綿線緯錦，還有幾個比較重要的小發現。有一條特別窄小的領子保存得很好，從放大的照片可見，它屬於長絲類的平紋緯錦。復原後可以看出，它是個橫向排列的聯珠紋，色彩一行一換（見圖11）。這類緯錦在當地的出土量比較少，其來歷和年代引人關注。另一條帶子也很有意思，寬度小於一釐米，但屬於斜紋緯錦，這種組織結構是粟特織錦的重要特點之一。原先只在中國境內發現這類織錦，最早的年代大概在初唐，即七世紀初。但現在在年代這麼早的墓葬裡已經出現了這類斜紋緯錦，比中國境內的發現早了幾百年，是否意味著早在三世紀至四世紀，粟特地區就已經有這種斜紋緯錦出產，然後再傳到費爾干納，再傳到中國新疆呢？出土的織物雖然殘破，但其中可能隱含重要的歷史背景。

六、絲路上的野蠶絲

最後談談絲綢之路的野蠶絲。絲綢之路的蠶種和絲綢是從中國輸出的，但筆者在印度訪學時，當地人認為絲綢之路上的絲綢不只來自中國，也來自印度。的確，希臘的記載也提到，地中海一些小島上有野蠶絲出產，並被做成織物。玄奘在《大唐西域記》的第二卷中，也提到印度人穿一種叫Kausaya的織物，也就是野蠶絲：

衣裳服玩，無所裁製，貴鮮白，輕雜彩，男則繞腰絡腋，橫巾右袒，女乃襜衣下垂，通肩總覆。頂為小髻，餘髮垂下，或有剪髭，別為詭俗。首冠花鬘，身佩瓔珞。其所服者，謂憍奢耶衣及（氀）布等。憍奢耶者，野蠶絲也。

歷史上印度都是用野蠶絲的，當中主要有柞蠶絲、蓖麻蠶和琥珀蠶三大類。印度養蠶的資料則顯示，雖然當地人也生產不少家蠶絲，但主要是在後期才培養發展的。早期用的應多是野蠶絲。近來，西藏阿里地區故如甲木寺發現了西元三至四世紀的墓葬出土了大量絲綢。

其中部分絲綢經中國絲綢博物館鑒定，應是來自印度的野蠶絲。

現在辨別家蠶絲和野蠶絲的方法，一是從形貌上，二是利用紅外光譜，還可以做氨基酸的分析。家蠶絲的橫切面總是呈不規則的三角形，角度比較鈍。至於野蠶絲的橫切面，角度則較銳。事實上，有關家蠶絲和野蠶絲的研究目前已經從圖案、組織結構進入更深層次的材質層面，如果能分辨家蠶絲和野蠶絲的材質有什麼不同，對於研究絲綢之路的文化交流將有重大作用。

同時，研究人員為營盤和蒙恰特佩出土的綿線緯錦做了大量觀察和測試，發現有兩類蠶絲確實存有一定差異。在營盤的綿線緯錦中，有一組經線單絲的橫切面積比較大，橫切面三角形比較工整，還有一組橫切面積比較小，三角形比較扁平，意味著蠶吐的絲較少。家蠶的吐絲有一定的變化，它是從野蠶馴化而來的，進化規律一般是早期的蠶絲橫切面積較細小，愈到晚期愈粗大。這就像人的進化——吃的食物愈有營養，人的身體便愈高大，壽命也愈長。至於費爾干納出土的綿線緯錦，其蠶絲截面比較粗壯（見圖12和圖13）。通過形貌觀察和紅外光譜等測試，研究人員認為在營盤和費爾干納的織物裡都使用過家蠶絲纖維，這一類纖維很可能是從中國內地傳入的，這種情況與費爾干納出土的平紋絹的絲纖維大致相同。當時的傳說提到，中亞和西亞人把中國傳到當地的綾織物拆了重織，[14] 指的應該是把絲線打了綿線重新織造，生產出來的很可能就是這類綿線緯錦。當然，這類絲纖維的來歷還有很多種可能性，例如這可能是傳絲公主帶來的蠶種在吃了新疆當地的野生桑樹後吐出的蠶絲，至於如何變化則有待考證。要對中國和印度、中國和中西亞的絲綢和紡織品的交流進行更深入的研究，需要更良好的樣本和研究方法，亦需要更長的時間。

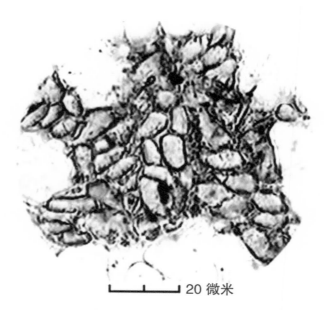

20 微米

圖 12　蒙恰特佩出土的家蠶絲截面圖

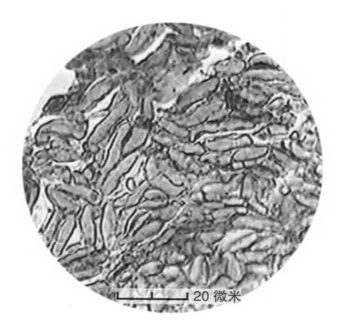

20 微米

圖 13　蒙恰特佩出土的另一類蠶絲截面圖

注釋

〔1〕 玄奘，辯機.大唐西域記.季羨林，校注.北京：中華書局，1985 ：
1021~1022.

〔2〕 斯坦因.斯坦因西域考古記.向達，譯.上海：上海書店出版社，1987.

〔3〕 東京國立博物館，等，編.シルクレドの遺寶，1985 .

〔4〕 唐長孺.吐魯番文書中所見絲織手工業技術在西域各地的傳播//文化
部文物局古文獻研究室，出土文獻研究.北京：文物出版社，1985：
146~151.

〔5〕 賈應逸.新疆絲織技藝的起源及其特點.考古，1985（2）：173~181.

〔6〕 趙豐，王輝，萬芳.甘肅花海畢家灘26號墓出土的絲綢服飾//西北風
格——漢晉織物.香港：藝紗堂/服飾工作隊，2008 ：94~113.

〔7〕 Zhao Feng.*Evolution of Textiles along the Silk Road, in China: Dawn of a
Golden Age*.the Metropolitan Museum of Art, 2004.

〔8〕 趙豐.新疆地產綿線織錦研究.西域研究，2005（1）：51~59.

〔9〕 王明芳.三至六世紀縈滾魯克織錦和刺繡//西北風格——漢晉織物.香
港：藝紗堂/服飾工作隊，2008：18~39.

〔10〕 樹下對人文錦斷片.新シルクレド展.東京：江戶東京博物館，2005
：87.

〔11〕 趙豐，萬芳，王樂，王博.TAM170 出土絲織品的分析與研究//吐魯
番學研究——第三屆吐魯番學暨歐亞遊牧民族的起源與遷徙國際學
術研討會論文集.上海：上海古籍出版社，2010 ：241~267.

〔12〕 王樂.合蠡紋錦袴復原研究//包銘新，主編.西域異服——絲綢之路出
土古代服飾復原研究.上海：東華大學出版社，2007 ：109~115.

〔13〕 馬特巴巴伊夫，趙豐，主編.大宛遺錦——烏茲別克斯坦費爾干納蒙
恰特佩出土的紡織品研究.上海：上海古籍出版社，2010.

〔14〕 《魏略·西戎傳》載大秦國「常利得中國絲，解以爲胡綾，故數與
安息諸國交市於海中」。

第六章　尋訪贊丹尼奇：中亞粟特織錦的探討

　　贊丹尼奇（Zandaniji）是粟特（Sogdiana）地區生產的一種織錦。粟特地區位於烏茲別克斯坦的西南部，以撒馬爾罕和布哈拉為中心區。在唐朝年間，粟特人已經是那一帶的主要居民，他們自小開始經商，也善於織錦，加上陸續遷徙移居至中國西北和內陸地區，使他們的織錦與中國的織錦相互產生影響，提升了雙方的絲綢生產技術。

一、壁畫上的織錦圖案

　　考古學家一直依賴壁畫上的資料，來研究絲綢之路中亞和西亞段的絲綢，並以出土的墓葬壁畫、佛教壁畫和浮雕圖案來判斷織錦的產地。其中一個例子是位於伊朗克爾曼沙赫（Kermanshah）的塔克波斯坦浮雕（Taq-e Bostan）。該浮雕是薩珊波斯三世（Shapur III，383－388）時期的作品，上面的圖案反映了當時國王等人的服飾圖案。研究人員對浮雕上面的服飾圖案進行摹繪和大量研究後，推測皇室人員身上的錦袍是波斯錦（見圖1）。波斯錦上的圖案大多是一圈圈的團窠形；團窠的「團」是「圓」的意思，「窠」字之中的「穴」字，是指有一個特定範圍，可以把一個題材加進去；其中聯珠圈更被認為是波斯錦的典型圖案，而新月、賽姆魯（Semuvue）、立鳥等亦是波斯錦的常見題材。[1]

　　粟特在六世紀至七世紀極為興盛，由於生意興旺，當地人極為富有，因此建有宏偉的都城。但阿拉伯人在阿拉伯半島興起後，便一路東征，佔領了整個中亞，導致大量城市均在七世紀初被毀。薩珊波斯

圖 1　伊朗塔克波斯坦浮雕上的服裝圖像復原

的國王被殺後，他的兒子流亡到中國，向唐朝求救。唐朝也曾派高仙芝率軍出征，但是在蔥嶺一帶戰敗，中亞從此開始了伊斯蘭化的道路，那時形成的格局影響至今。考古學家後來發掘出被阿拉伯人毀滅的粟特城市，裡面還存有富麗堂皇的宮殿和美麗的壁畫，其中在布哈拉一個名為瓦拉沙（Varahsha）的遺址中，便保存了良好的壁畫。在壁畫上能隱約看到一個人坐在大象上，象鞍上有用聯珠紋裝飾的緣飾，鞍子中間是團花紋樣。[2]

另一個非常重要的地點是撒馬爾罕。這裡有個名為阿弗拉西亞卜（Afrasiyab，七世紀）的遺址，它曾是粟特人的都城，遺址下也發現了宮殿，其中的壁畫人物圖像保存得非常好。建築有三面，西面的牆上是穿著錦袍的國王和使臣，錦袍上的圖案有銜著綬帶的含綬鳥（見圖2）；有長著狗頭和翅膀、後面還有孔雀大尾巴的賽姆魯怪獸，還有雙人騎駱駝或者大象的圖像，馬鞍上也有大量的聯珠紋。南面的牆上則有很多人物，其中最主要的人物是粟特王，所占的範圍特別大。[3]

第三個粟特人的遺址片治肯特（Penjikent，五世紀—8世紀），位於今天的塔吉克斯坦（Tajikistan）境內，那裡存有很多壁畫，但保存狀況都欠佳，當中不少壁畫都被搬到首都杜桑貝（Dushanbe）。根據當地學者復原的圖像，可以看出其中的團窠紋和聯珠紋圖案，都屬於粟特錦的紋樣。

類似的粟特錦或波斯錦紋樣也曾在中國境內出現，但出現的時間並不長。在敦煌一個隋代洞窟裡，有一個菩薩穿著的裙飾上便有聯珠紋圈，圈裡飾有翼馬和馴虎的圖案[4]，這類圖案在其他朝代的洞窟中並不常見。在絲綢之路從事商貿的粟特人中，最東方的一支長期在山西大同和太原一帶居住，代表佛教興盛的三大洞窟之一的雲岡石窟也在此處，可見這是一個東西交流頻繁的地區。幾年前，考古學家在太原發現了北齊徐顯秀（571年）墓，墓室壁畫上有很多人物，反映了墓主人生前的生活場面。在人物的衣服上可以看到畫得非常仔細的聯珠紋圖案，有的聯珠紋還有人物頭像、獅子紋樣或其他花卉紋樣，各有不同。[5]

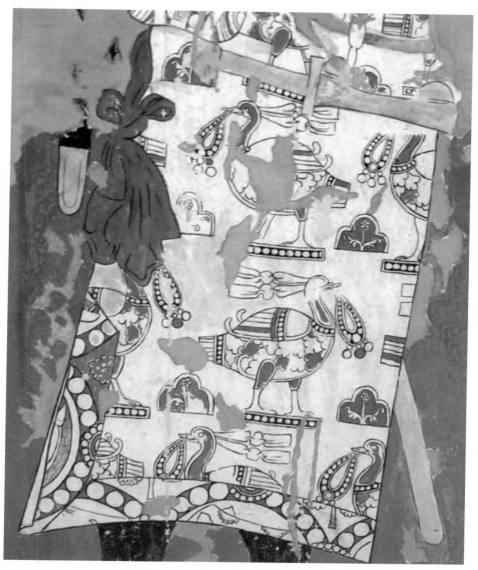

圖2　阿弗拉西亞卜遺址宮殿壁畫上的服飾圖案復原

二、贊丹尼奇名物考

除了圖案研究之外，我們還在絲綢之路沿途發現了大量的織錦實

物，也有一些史料記載，但如何來把實物和名稱一一對應起來呢？這類研究在中國古代被稱爲「名物考證」。

眞正對中亞織錦進行名物考證研究的應該是從海寧（Hening）和舍費爾德（Sherfield）開始的。他們研究了收藏於比利時輝伊（Huy）大教堂裡的一件保存完整的團窠對野山羊紋錦，錦的背後有兩行墨書，被海寧釋讀爲粟特文的「贊丹尼奇，長61坂」幾個字。[6] 贊丹尼奇，意爲產於布哈拉以北的一個小村贊丹那（Zandana）的織物。因此，這件織物隨後被看成是中亞粟特錦的標準器。由此出發，收藏於梵蒂岡博物館、德國亞琛（Archen）主教堂、法國尙思（Sens）主教堂等的一大批同類織物，都被確定爲粟特系統織錦。俄羅斯學者也將出自莫謝瓦亞・巴爾卡（Mochevaya-Balka）墓地的一大批織物定爲粟特織錦。[7]

然而，到了二十世紀末，特別是在紐約大都會藝術博物館屈志仁等舉辦了《絲如金時》展覽之後，人們對這一贊丹尼奇的稱呼有了質疑。質疑首先來自俄羅斯的考古學家瑪律沙克，他提出了61坂的長度在十二米左右，而這件織物只兩米左右，明顯不符。[8] 而更爲致命的打擊來自倫敦大學的粟特語言大家西姆斯－威廉姆斯教授，他在認眞辨讀這段墨書之後，認爲這不是粟特語，又請教了阿拉伯語專家之後，把這兩行文字釋讀爲：「屬於某軍官，37 2/3第納爾。」[9] 這樣看來，這件織物與粟特織錦就沒有什麼關係了。

中國的文獻幾乎沒有出現過「粟特錦」這一名稱，只有「波斯錦」的記載。吐魯番阿斯塔那（Astana）及哈拉和卓（Karakhoja）墓地中，出土了大量三世紀至九世紀的文書，裡面多次提到波斯錦，有時寫作「波斯錦」，有時則以「鉢斯錦」或「婆斯錦」表示。例如，在出自哈拉和卓90號墓的《高昌□歸等買鍮石等物殘賬》（482年前後）中，提到了「鉢斯錦」；阿斯塔那15號墓的《唐唐幢海隨葬衣物疏》中則提到「婆斯錦面衣一枚」。由此得悉，從五世紀末到七世紀，「波斯錦」這一名稱曾在吐魯番地區出現。[10]

波斯錦也經常在中國正史中出現。據《梁書・卷54》記載，五二

○年，滑國以波斯錦進貢武帝。《隋書・卷68・何稠傳》記載：「波斯嘗獻金綿錦袍，組織殊麗。」一直到《舊五代史・卷138》，也有記載：

> 周世宗時，又以（曹）元忠爲歸義軍節度使，元恭爲瓜州團練使。其所貢硇砂、羚羊角、波斯錦、安西白緤、金星礜、大鵬砂、昵褐、玉團，皆因其來者以名見，而其辛立世次，史皆失其紀。

西元八二二年，呼羅珊地區在波斯人總督的領導下宣告獨立，穆斯林波斯人的薩曼王朝於西元九○○年至九九○年在粟特人安國舊地布哈拉出現，因此中國史料中仍有「波斯錦」之稱。

經過研究，我們認爲中國史料中提到的波斯錦和現在學者所指的粟特錦是同一回事。當時的薩珊波斯帝國非常強大，中亞一帶也就是它的一個行省。在中國境內，人們經常不知道西域來物具體產在什麼地方，所以就大而化之地稱爲「波斯錦」，並不非常嚴格地查明這個錦是產於離中國遠一點的波斯還是近一點的波斯。無論輝伊大教堂保存的野山羊紋錦是否就是布哈拉贊丹那生產的贊丹尼奇，都應該肯定這就是文獻中經常提到的波斯錦之類。據《布哈拉歷史》記載，當時中亞一帶生產的同類織錦無論是否由贊丹那所織，都被稱爲「贊丹尼奇」。就像今天所有的像景織物都被稱爲「都錦生織錦」一樣。所以，贊丹尼奇就是粟特錦或是中亞織錦的代稱了。

從技術上分析，贊丹尼奇的特點有三。一是採用三枚斜紋緯重組織，屬於唐式斜紋緯錦；二是其經線加有強烈的Z撚，通常由兩至三根並列而成，緯線非常平直；三是其圖案通常只有緯向循環而無經向循環，而且圖案的勾邊通常以二緯二經爲單位。這三個特點都是辨別贊丹尼奇的依據。[11]

確定了贊丹尼奇的標準後，學者開始四處搜羅相似的織品。他們在歐洲的教堂裡，找到很多中世紀時期銷售到那裡的織物，也有些是從墓葬發掘出來後重新修復的收藏品。其中一個例子是保存在法國巴

黎以南的桑斯小鎮教堂裡的一件很大的窠尖瓣對獅紋錦（見圖3），上面有對獅子的團窠紋樣。比利時的皇家博物館也收藏了很多類似的對獅織物。

德國的亞琛教堂也有一些當時的織物，其中一件紅地含綬鳥錦的尾部，與青海出土的織物完全一樣。梵蒂岡博物館也保存了一些當時的織錦，其中最常見的是團窠中的立鳥紋錦和對獅紋錦。此外，俄羅斯南部北高加索地區也發現了很多出土文物，有來自中國的，也有來自西方的，其中有一批被認為是典型的中亞織物，織造相對比較粗糙。還有一件織得比較精細的賽姆魯紋錦，身後拖著大大的孔雀尾巴，與中亞壁畫上的服飾圖案相吻合。美國很多博物館，如紐約大都會藝術博物館（The Metropolitan Museum of Art）和克利夫蘭藝術博物館（The Cleveland Museum of Art）都收藏了類似的織物。[12]這是因為在十九世紀末，博物館比較歡迎這一類藏品，故有人從教堂藏品中拿一些來出售，有的織物被剪成一塊塊小片，送往不同地點，於是好幾個博物館都分別收藏了同一織物的某一部分。

比起歐洲的考古學家，中國的考古學家很晚才讀到有關贊丹尼奇的文章。[13]他們瞭解了之後，開始在中國翻查大量資料，發現了一些相關的資訊。例如，敦煌文書《太平興國九年（984）十月鄧家財禮目》（S.4609）裡有關於「沙沙那錦一張」的記載，筆者懷疑「沙沙那」就是「贊丹那」，即生產贊丹尼奇的地方。徐夢莘的《三朝北盟會編・卷55》也提到，一一二六年秋，宋朝遣李若水等前往榆次，向金朝西路軍統帥完顏宗翰（粘罕）求和，和議雖未達成，但使臣仍收到贈禮，在副使得到的絲綢裡，就包括了「贊丹寧」二十匹。尚剛教授認為，這裡的「贊丹寧」，指的就是「贊丹尼奇」。一直到元代，工部屬下有一個撒答剌欺提舉司，於至元二十四年（1287）設置，「箚馬剌丁率人匠成造撒答剌欺」，所以「撒答剌欺」無疑就是「贊丹尼奇」。[14]不過，筆者估計，「波斯錦」這一名稱還是較普遍的。

圖 3　法國桑斯主教堂中的對獅紋錦

三、吐魯番和都蘭的中亞織錦

　　通過將史料的記載和西方保存的實物對應起來，我們可以對中國出土的文物重新進行仔細研究，並分辨出在新疆和青海地區，哪些出土織物採用了中亞織錦技術。

　　吐魯番阿斯塔那屬於七世紀早期的墓葬出土了大量中亞織錦，基本上都以聯珠爲團窠，中間再填以主題紋樣。當時比較著名的題材有豬頭紋、大鹿紋、含綬鳥紋等，織造風格粗獷，經線加有Z向強撚，只有緯向的紋樣重複。斯坦因最早在這個墓地發掘到一塊豬頭紋樣的織物（見圖4），認爲它就是波斯錦。[15]由於那時發掘的文物有限，大家對這類織錦瞭解不多，後來中國的考古學家在新疆境內進行大規模考古發掘後，才發現有幾類圖案在當時特別流行，野豬頭便是其中之一。有一件豬頭紋錦的色彩由紅、藍、白組成，野豬頭的造型也不猙獰，所以考古學家最初把它命名爲「熊頭紋錦」。第二類比較流行的圖案是大鹿，又稱「馬鹿」（stag）。一般的馬鹿長得像馬一樣雄壯，奔跑速度也很快，但在織錦紋樣中，這種大鹿很胖，而且腿很細，不一定跑得快。第三類圖案是含綬鳥，在薩珊波斯的紋樣中便有出現。紋樣中的鳥有時沒有含綬，只是立鳥，綬的

圖 4　吐魯番出土的豬頭紋錦

形狀也有不同變化。鳥頸後面通常還有一個飄帶，有時也繫在鳥腿上。圖案最簡單的立鳥可見於吐魯番一件紅地團窠聯珠對鳥紋錦，這件織物有兩個對鳥的聯珠團窠，可以明顯看出上下兩個對鳥並不相同，上面的鳥有飄帶，下面的鳥則沒有，因此圖案在經向沒有重複，但左右緯向完全對稱，而且圖案重複，這就是粟特錦的特點。[16]

　　青海都蘭的絲綢文物發現始於上世紀八〇年代，地點是青海湖西面的大山。山裡有一條河流，長兩百多公里，兩側有很多墓葬，傳說是吐谷渾人留下來的。其中最大的墓，有可能是當時的一個王陵，此墓地像一個高臺，和後面的大山連在一起，顯得特別宏偉。墓裡出土的一件織錦有比較特殊的單鳥圖案，其正胸對外，雙翅平展，兩隻爪子抓住了胸前的一個人形圖案（見圖5）。[17]經過考證，這應該

圖5　都蘭出土的靈鷲紋錦圖案復原

是印度的金翅鳥，在克孜爾壁畫裡也有金翅鳥抓著人的圖像。除了鳥之外，其他織錦也有對牛、對馬、對羊等偶蹄類的動物，但並不常見。中國絲綢博物館收藏了一件帶著翼馬圖案的織錦，同樣的形象也在阿弗拉西亞卜的粟特壁畫裡出現。[18] 還有一類題材是野山羊（ibex），青海發現的野山羊圖像，與收藏在輝伊大教堂的、背面寫著贊丹尼奇的織錦圖像完全一樣，只是外面的花環有所不同。

四、敦煌藏經洞發現的粟特錦

　　甘肅敦煌位於絲綢之路的要道上，是前往新疆的必經之路。敦煌絲綢主要發現於藏經洞，但洞裡保存下來的織錦都很零碎，沒有吐魯番的織錦那麼完好。經過仔細研究，我們發現其中有不少織錦都屬粟特錦。根據敦煌文書的明確記載，粟特錦通常被稱為「番錦」，並以「張」作單位，例如P.3432《吐蕃時期沙州龍興寺卿趙石老腳下佛像供養具經等目錄》記載：

　　阿難裙，雜錦繡並雜絹補方，並貼金花莊嚴，番錦緣，及錦絹瀝水，長肆箭，闊兩箭，二。

　　在藏經洞發現的重要文物中，價值較高的現藏於英國，另一些則藏在法國，也有小部分藏在印度，其中有些還可以拼對出原先的完整圖案。例如，一片藏在法國的和兩片藏在英國的野山羊紋錦，被拼對之後，可以發現原來的圖案是野山羊站在花瓣上面（見圖6），這與比利時輝伊大教堂中的野山羊圖像完全一致。[19]

　　第二件拼對而成的是錦帙上的對獅紋錦。唐代的經文大部分呈捲軸狀，而那時的絹織物大部分都是五十釐米寬，對半裁開後剛好可以用作寫經，後來雖然大多數用紙取代絹織物，但經文的尺寸基本上沒變。經帙用作包紮經卷的外封，其封口的地方另有繫帶，可以紮緊幾卷相關的經文。有一件錦帙的封口處有一個「開」字，估計是寺廟的

簡稱，可能性較大的是指開元寺，因為當時敦煌的藏經洞除了存放莫高窟的東西外，也存放周圍寺廟的東西，所以要署上主人的名稱，以標明來歷。敦煌一共出土了兩件這樣的錦帙，把它們拆開並進行圖案復原後，可發現顏色和圖案風格都與歐洲大量收藏的中亞織錦相近，也許它們都是由同一個地方的同一批工匠製造的。[20]

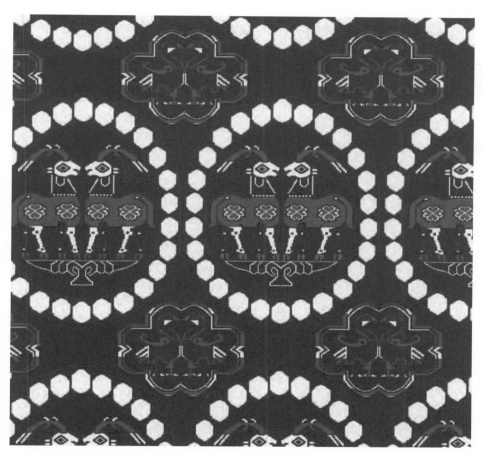

圖6　敦煌藏經洞發現的聯珠野山羊紋錦圖案復原

　　除此之外，藏經洞內還有幾件相當特別的織物。有一件團窠對鳥紋錦現藏於大英博物館，其團窠已經不用聯珠紋了，改用簡單的花卉紋樣，這說明聯珠紋發展到後期已變得愈來愈漂亮。另一堆

織物主要藏於英國維多利亞和阿爾伯特博物館（Victoria and Albert Museum），以紅色爲主，共五十多塊小碎片，可拼成一個非常漂亮的紅地團花圖案（見圖7）。[21]它運用的織造技術應該是中亞的，圖案卻是唐朝風格的。用中亞技術來織造唐代紋樣織物的情況相當少見，可能是中亞當地居民學習唐代的圖案設計後，製作了這件織物。最後是一件心形紋樣的織錦，這件織錦有不少殘片，收藏在英國維多利亞和阿爾伯特博物館和法國吉美博物館（Musée Guimet）中。心形紋樣在中亞壁畫所繪的衣服上也很常見，說明當時的人已廣泛使用這種紋樣。

圖 7 敦煌藏經洞發現的紅地團花紋錦圖案復原

敦煌文書提到番錦，也提到大紅番錦，雖然有時沒有直接提到「番」字，但我們可以從這些錦的規格，分析團窠的情況。P.3432《龍興寺卿趙石老腳下依蕃籍所附佛像供養具並經目錄等數點檢歷》提到「十八窠錦一張」；P.3410《年代未詳（約840年）沙州僧崇恩處分遺物憑據》中也提到「八窠上錦一張」。當時一張錦的最大尺寸寬約一米、長約兩米，比中國唐代的織錦更寬，可以做成三行六列的十八窠，或兩行四列的八窠上錦。其緯向和經向的長度比例大約是1：2。

敦煌文書對大紅番錦的記載特別仔細。P.2613《唐咸通十四年（873年）正月四日沙州某寺交割常住物等點檢歷》是當時敦煌某寺清點財務的清單，上面寫著「大紅番錦傘一，新，長丈五尺，闊一丈，心內花兩窠，又一張內每窠各獅子二，四緣紅番錦，五色鳥九十六」。當時一尺約三十釐米，一丈約三米長，所以這裡提到的番錦傘長約四‧五米、寬約三米。它的中心有兩個對獅子紋樣的團窠織錦，四周是大紅色的番錦，共有九十六隻五色鳥。我們試著按尺寸和織物特點進行復原，發現有些佈局比較明確，有些則有多種可能性。按照慣例，中間兩個團窠應該是長兩米、寬一米，團窠的兩側是九十六隻比較小的五色鳥。這樣就會出現幾種可能性：

一張內十八隻，緯向三隻，經向八隻，共用五張錦多一些；一張內二十四隻，緯向四隻，經向六隻，共用四張錦；一張內三十二隻，緯向四隻，經向八隻，共用三張錦；一張內四十八隻，緯向六隻，經向八隻，或緯向四隻，經向十二隻，共用兩張錦。

五色鳥的色彩特別漂亮，但一個團窠內還可以分單鳥和對鳥兩種情況，甚至更多種可能性。中唐時期，在敦煌198窟佛涅槃壁畫中所畫的枕頭，就有單隻立鳥的團窠紋樣，其五色鳥圖案也與傘蓋相近，而且紅地的色彩接近，團窠紋樣也用花瓣，中間銜綬鳥也很像。除了五色鳥外，中間還有獅子紋錦，這種紋錦自唐代開始已經出現，現

存最大的一種團窠獅子紋樣直徑約八十釐米。我們按兩個方案進行復原，第一個方案是，中間有兩個獅子團窠，外面是對鳥團窠，按照4.5米×3米的外尺寸，鳥的紋樣很小，中間獅子的紋樣則特別大。由於這與原型出入較大，所以這個方案不太合理。第二個方案是，獅子團窠在1米×2米左右，外面有兩圈單隻立鳥的團窠紋錦（見圖8）。相比之下，第二個方案可行性比較高，我們從其他實物上也能找到同類型的圖案為依據。[22]此時，九十六隻五色鳥最有可能來自三張五彩鳥錦，每張緯向四隻、經向八隻，共三十二隻。

五、尋訪贊丹那村

筆者的處女作是《唐代絲綢與絲綢之路》，正因對絲綢之路有著濃厚的興趣，所以一直希望能對此進行深入詳盡的研究，並考察絲綢之路上的各地，瞭解絲綢的生產與傳播，其中贊丹那村是一個值得一看的地方。根據中亞的史料記載，贊丹那一直生產贊丹尼奇，中國的史料也記載，中國元代期間曾專設撒答剌欺提舉司生產織錦，而工匠便很可能來自贊丹那一帶。當時成吉思汗征服了整個亞歐大陸，從波斯和中亞地區擄掠了大量織工，一些如納石失等著名的絲織品，應該是由中亞工匠織造的。二〇〇六年，筆者在大英博物館研究斯坦因收集的中亞絲綢時，得到了一個基金的資助，終於有幸到訪贊丹那。

八月二十一日，筆者到達布哈拉。布哈拉是一座美麗的古城，現存的建築都是伊斯蘭風格的，城中心有一個池塘，池邊種著很多大桑樹（見圖9），其中一棵樹上掛著牌子，說是栽種於一四七七年，說明布哈拉具有悠久的絲綢生產歷史。贊丹那位於布哈拉北面七十五公里處，現在的贊丹那村已不同於古代的贊丹那，古贊丹那現在是一個遺址，還沒有開始考古發掘，相信裡面必定有很多文物。但當筆者到訪現在的贊丹那村，並問起當地村民有關織布的歷史，他們都不清楚，關於織造的人和物在這裡早已蕩然無存。雖然當年的贊丹那已發生了翻天覆地的變化，但筆者仍希望通過實地考察，瞭解織

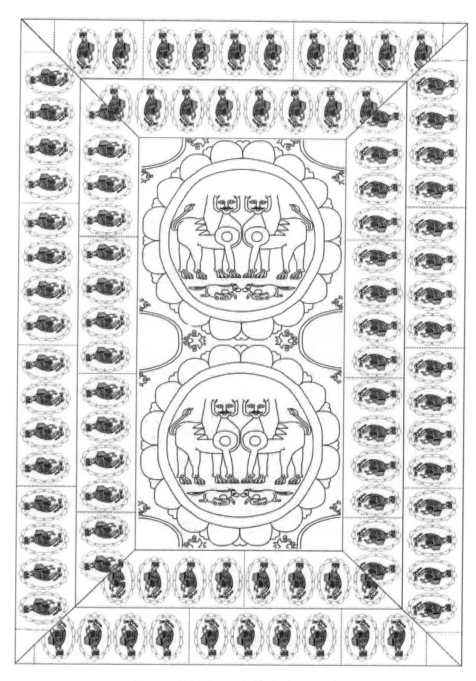

圖 8　敦煌大紅番錦傘復原方案

造的傳統是否仍然保留，或出現了什麼變化。村民指出，鄰村庫卡
（Kukcha）或許還有人在織布，於是筆者到了該村，並向一位名叫
何姆拉伊夫（Homraev）的老農問了很多問題。他的祖先一直居住在
贊丹那村，後來才搬到庫卡，這兩個村過去是分工合作的，一個村負
責織造，另一個村負責染色。當時的織造、染色都是由以家庭為單位
的手工作坊完成的，是一種小農經濟式的私有經營。後來，老人的父
親在十月革命時被殺，蘇聯政府要求停止私營經濟，從此便再也沒有
贊丹尼奇了。

圖 9　布哈拉清真寺前的古桑

　　在布哈拉，每一個學生、導遊或歷史學家都要看一本十世紀的當
地著作《布哈拉歷史》，當中有四五處提到贊丹尼奇。有的地方雖然
沒有直接說到贊丹尼奇，但也提及某地生產織錦的歷史。導遊告訴筆
者，早在九世紀至十世紀，中亞一帶的絲綢生產已非常興盛，不只贊
丹那一個地方生產絲綢，只是正巧贊丹尼奇被保存了下來，算是最著

名的一種織錦。[23] 就如中國蘇杭的絲織品特別有名，但事實上，蘇杭以外，江浙一帶有很多地方都盛產絲綢。

儘管贊丹尼奇並非在中國境內生產，但它對絲綢之路產生了重大的影響，因此，研究這段歷史對於研究絲綢之路非常重要。唐代前後，中國的絲綢生產技術已經傳到了中亞，中亞一帶起初是用自己的技術織成平紋緯錦，後來進行了技術提升，織出了斜紋緯錦。他們的斜紋緯錦比中國的更漂亮，以至唐朝開始仿製粟特錦，使中國在學習中亞技術的基礎上，又進行了新一輪的技術革新。

注釋

〔1〕 Splendeur des Sassanides.Musees Royaux *d'Art et d'Hstoire*.Bruxelles, 1993.

〔2〕 東京國立博物館，等，編.シルクレドの遺寶，1985.

〔3〕 A.M.Belenizki.*Mittelasien Kunst der Sogden*.VEB E.A. Seemann, Buch-und-Kunstverlag, Leizig, 1980.

〔4〕 常沙娜.中國敦煌歷代服飾圖案.北京：中國輕工業出版社，2001.

〔5〕 山西省考古研究所，太原市文物考古研究所.太原北齊徐顯秀墓發掘簡報.文物，2003（10）：4~41.

〔6〕 D.G.Shepherd and W.B.Henning.*Zandaniji Identified?In Aus der Welt der islamischen Kunst: Festschrift für Ernst Kühnel zum 75*. Geburtstag am 26. 10. Berlin，1959：15~40.

〔7〕 Anna A. Ierusalimskaya. *Formation of the Sogdian school of artistic silk weaving, in Sredniaia Asiia I Iran*. Gosudarstvennyi Ordena Lenina Ermitazh. Leningrad, 1972：5~46.

〔8〕 Marshak 2006 . *The So-called Zandaniji Silks: Comparisons with the Art of Sogdia*.In Schorta 2006：49~60.

〔9〕 Nicholas Sims-Williams and Geoffrey Khan. *Zandaniji Misidentified?* Bulletin of the Asia Institute, 2008.

〔10〕 吳震.吐魯番出土文書中的絲織品考辨//吐魯番地域與出土絹織物.烏魯木齊：新疆維吾爾自治區博物館，奈良：奈良絲綢之路學研究中心，2000：84~103.

〔11〕 Zhao Feng. *Jin, taquete and samite silks: The Evolution of Textiles Along the Silk Road, in China: Dawn of a Golden Age*（200AD~750AD）.The Metropolitan Museum of Art and Yale University Press, 2004：67~77.

〔12〕 James C. Y. Watt and Anne E. Wardwell.*When silk was gold: Central Asia and Chinese textiles*.New York: Metropolitan Museum of Art, in co-operation with the Cleveland Museum of Art, 1997.

〔13〕 姜伯勤.敦煌吐魯番文書與絲綢之路.北京：文物出版社，1994.

〔14〕 尚剛.撒答剌欺在中國//中國絲綢博物館.絲國之路——5000年中國絲綢精品展.ROSIZO，聖彼德堡，2007：26~27.

〔15〕 Aurel Stein.*Innermost Asia.Vol. III*.Oxford, Clarendon Press, 1928.

〔16〕 新疆維吾爾自治區博物館.絲綢之路——漢唐織物.北京：文物出版社，1973.

〔17〕 趙豐.紡織品考古新發現.香港：藝紗堂/服飾工作隊，2002：92~93.

〔18〕 中國絲綢博物館.絲國之路——5000年中國絲綢精品展.ROSIZO，聖彼德堡，2007：23~24.

〔19〕 大英博物館斯坦因藏品MAS.862.吉美博物館伯希和藏品EO.1203/E//趙豐，主編.敦煌絲綢藝術全集·英藏卷.上海：東華大學出版社，2007.

〔20〕 大英博物館斯坦因藏品MAS.858.吉美博物館伯希和藏品EO.1199//趙豐，主編.敦煌絲綢藝術全集·英藏卷.上海：東華大學出版社，2007.

〔21〕 大英博物館斯坦因藏品MAS.865.維多利亞阿伯特博物館藏品L:S.642//趙豐，主編.敦煌絲綢藝術全集·英藏卷.上海：東華大學出版社，2007.

〔22〕 趙豐，王樂.敦煌的胡錦與番錦.敦煌研究，2009（4）：38-46.

〔23〕 Narshaki.*The History of Bukhara* (translated by Richard N. Frye).

第七章　從何稠到竇師綸：盛唐織錦風格的形成

古代絲綢之路的文化交流，在唐代形成了階段性的小結。從早期的草原絲綢之路開始，到漢代絲綢向西方傳播，以至中亞絲綢生產形成自身風格，並具一定規模，再到隋唐之際，中亞絲織品的設計和技術影響了中原地區的絲綢，最後中原絲織品吸收了中亞絲織品的風格，促成了唐代織錦藝術風格的形成。在這個過程中，何稠和竇師綸是很具代表性的人物。

一、北朝時期的胡風

漢晉時代的中國絲綢仍以輸出為主。東晉時期，北方有十多個小國，其中一些國家由少數民族統治。大量少數民族進入中原後，有的被完全漢化，有的反而憑藉過去四處遷徙的生活經歷影響了漢族，令漢族的審美觀念和生產技術出現胡化。到北朝晚期，中原地區很大程度上受到周邊胡化的影響，絲織品上隨處可見胡風蕩漾。 最明顯的特點，是漢族傳統的經錦在紋樣和設計風格上，開始出現大量胡風題材。

中原本來沒有獅子紋樣，但在埃及、印度、波斯等國家，獅子紋樣則被大量使用。在漢代，開始有周邊國家進貢獅子給中國，獅子紋的裝飾品也通過海路來到中國，獅子紋樣從此出現在中原絲織品上。另一個例子是大象紋樣，儘管中國考古也曾發現過象牙，但大象並不是中國的特產。相反，大象在東南亞特別多，印度人打仗時，最強大的部隊往往騎著大象作戰；波斯人與希臘人打仗時，也有大象部隊。

此外，大象也是重要的運輸工具，從一些紋樣中可見，有人坐在象背上，駕馭大象，象背上有象鞍，後面有傘蓋（見圖1）。另外，在一些圖像中，有人坐在象背上彈琵琶，說明大象也可作表演之用。

圖1　新疆吐魯番出土的方格獸文錦

當時的絲織圖案還經常有象、獅子和駱駝的組合。駱駝是沙漠之舟，現在的北非、中亞、新疆等地還大量使用駱駝運輸。在一件胡王牽駝錦上，就有牽著駱駝的商人，他旁邊織著「胡王」兩個字，說明這位商人是胡人，應該是來自中亞地區的粟特商人。這種題材除了在絲織品上出現，在當時的彩陶、磚雕上也可找到。現時被收藏的團窠式胡王牽駝紋錦，都是隋代及其以前的產品。有一件收藏於中國絲綢博物館的織物，儘管其圖案結構不是團窠，但題材和團窠牽駝紋錦的十分相近。織物的近幅邊一側是駱駝，駝邊織了一個「胡」字，還有一個牽駝的胡人以及獅子和大象。織物中間有一座建築物，內有一尊神像，可能是佛像或菩薩之類，但面目不清（見圖2）。[1]

圖2　胡王牽駝獅象紋錦

　　除了主題紋樣出現胡風外，絲織圖案的骨架也有新的特點，如絲織品上出現一些對波紋樣，還有卷雲紋和聯珠紋，這些作為骨架的裝飾紋樣，都充分體現了波斯藝術對東方藝術的影響。吐魯番阿斯塔那170號墓出土的對波動物紋錦，原本是一件衣服的圓領，經圖案復原後可以看到，對波的骨架裡有對鳳或對鳥、對龍、對獸等紋樣，主題都來自中原，但構成對波骨架的形式，則來自西亞和希臘的聯珠和渦

雲。[2]青海都蘭墓地出土的太陽神圖像織錦，也有聯珠和渦雲的元素。

另一件包含西方題材的，是北朝晚期在中原十分流行的羊樹錦。圖案的最底部是大角羊，羊戴著飄帶，兩隻羊之間有棵大樹，所以叫作「羊樹錦」。那棵大樹與一般的樹不同，樹上有燈，發著光芒，樹幹形似羅馬柱，被稱為「燈樹」，燈樹之上還有葡萄樹，都是西方的題材。[3]還有一件來自敦煌莫高窟藏經洞的織物，現藏於大英博物館，根據殘片把它的圖案進行復原後，發現了用希臘風格的渦雲紋樣一層層疊起來的骨架，有點像古羅馬鬥獸場上的拱形門洞（見圖3）。[4]這種裝飾風格，也許與古羅馬的建築藝術相關。

圖3　樓堞對龍鳳虎紋錦圖案復原（王樂繪）

更明顯的胡風圖案是聯珠紋。聯珠紋是以一個個小圓圈連接而成的大圓圈，當時有很多織物都採用中原的經錦技術織出西方的圖案，如聯珠對馬紋錦上的馬，通常都是站立的，也有正在飲水的馬。有時對波紋也採用聯珠紋作骨架，裡面是對龍、對鳳、對獅子等。聯珠紋也在吐魯番阿斯塔那出土的一件陶俑上出現，其上半臂用了兩個聯珠團窠，團窠裡是對鳥紋樣；俑衣上還有聯珠對羊紋錦，羊角又大又

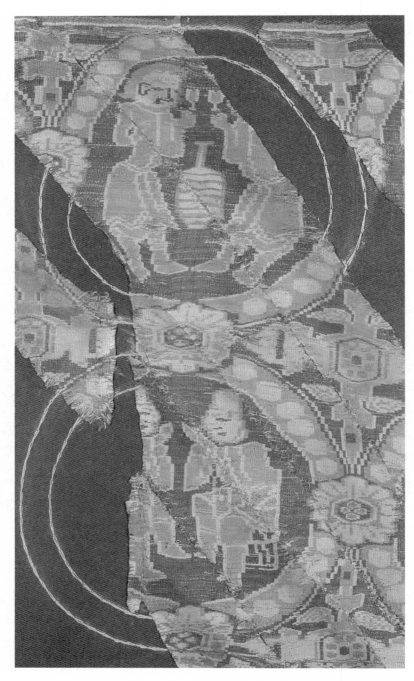

圖 4　胡人聯珠對飲紋錦

彎，身上長有翅膀。還有很多有趣的聯珠紋錦，例如胡人聯珠對飲紋錦（見圖4），兩個人拿著牛角杯喝酒，這種牛角杯被稱爲「來通杯」，二人中間是一個酒缸。胡人的外形特徵十分明顯，擁有鬈髮高鼻，穿的袍子則是緊身束腰，袖口很窄，腳上穿著高筒皮靴。另一聯珠圈裡有兩個胡人坐著，他們戴的帽子不同，但衣服非常相似。[5]

聯珠紋的形式變化也非常豐富，有時會有大小聯珠混在一起。例如有聯珠對孔雀同字錦（見圖5），聯珠圈中間是孔雀，外面是獅子，還有一個「同」字。孔雀圖案也是來自西方的紋樣，因爲孔雀主要產自東南亞地區，而且很受歡迎，所以人們把孔雀尾巴的圓圈設計成銅錢的模樣。[6]當時還有很多織錦種類，例如吐魯番阿斯塔那出土的緋紅錦，錦上的圖案很小，裡面織有「大王」兩個字；也有很多西方的紋樣，例如忍冬紋和卷草紋等。在六世紀前後，新疆一帶流行樹葉紋錦，樹葉錦在吐魯番文書裡也被反復記載，種類有樹葉紋錦、

圖5　聯珠對孔雀同字錦

大樹葉錦、樹葉錦等。樹葉錦在北朝時期特別流行，吐魯番M170中有大量樹葉錦出土，並有文書伴出。樹葉在日常生活中隨處可見，但把樹葉作為紋樣的並不常見，這種形狀的樹葉令人聯想到撲克牌上的黑桃和紅桃圖案，而葉柄上面還繫著飄帶，相信這是西方人較喜歡的紋樣。[7]

　　另一件收藏在新疆博物館中的刺繡也很有意思，它曾經被剪破並縫成了手套（見圖6）。把圖案復原後，發現圖案反映的幾件器物，在斯基泰人的藝術品中也很常見。例如圓形的雙獸頭器物，在現實生活中有大有小，據說較大型的是斯基泰人在祭祀時絞殺牲口用的，較小的則用於飾品，如手鐲等。而用作圖案邊飾的是渦雲紋。[8]渦雲紋經常出現在各種藝術品中，是早期希臘藝術的裝飾元素。

圖 6　新疆博物館藏錦繡手套上的刺繡圖案（萬芳繪）

　　由此可見，從東晉到南北朝，中國的織錦出現了大量西方題材，這些題材也許是在西方的織物輸入中國以後，深受中國人民喜愛而被模仿，也可能是內地的商人為了迎合西方消費者的口味而特意生產的。

二、何稠生平

中國人一方面完全依照西方人的圖案做成波斯錦，另一方面吸收西方人的設計基礎，再進行仿製，這在藝術和技術上都是一個吸收外來文化的過程。在此過程中有一個重要的人物叫何稠，一些史料如《北史》、《隋書》中都有關於他的記載。從這些史料可以得知，何稠原是何國人，而何國爲昭武九姓之一，即屈霜尼迦（Kushanika），位於康國與安國之間（今撒馬爾罕和布哈拉之間），是連接東西粟特的樞紐。屈霜尼迦又名「貴霜匿」，在唐朝時被稱爲貴霜州。由於「何」爲華夏舊姓，因此何國胡人入華後，其粟特身份較難辨認。《隋書・何稠傳》記載：

> 稠性絕巧，有智思，用意精微。年十餘歲，遇江陵陷（554年），隨妥入長安。仕周御飾下士。及高祖爲丞相，召補參軍，兼掌細作署。開皇初，授都督，累遷御府監，歷太府丞。稠博覽古圖，多識舊物。波斯嘗獻金綿錦袍，組織殊麗。上命稠爲之。稠錦既成，逾所獻者，上甚悦。

從史料記載可見，何稠很聰明，喜歡做一些精巧的手工。十多歲時，他跟隨叔父從江陵縣到了長安，在北周做過官。當隋文帝初任丞相時，他又參軍，掌管製造金銀細軟的機構，到隋代開始，他便擔任都督。史料提到「波斯嘗獻金綿錦袍，組織殊麗」，顯示波斯曾經進獻非常漂亮的金錦給隋文帝，後來隋文帝讓何稠進行仿製，他仿製出的錦比原物還要精美。隋文帝很高興，就把此事記在史冊裡。何稠在什麼情況下仿製波斯錦，這對當時中國的織錦生產技術又產生了什麼影響？我們不妨考察何稠家族在中原的發跡史。

何稠所處的時代屬於北朝晚期。北朝起初是北魏，後來變成東魏和西魏，再後來變成北齊和北周，國號連連更替，政權也經常更改，直至隋統一爲止。南方的南朝分爲宋、齊、梁、陳四個朝代，最重要

的是南梁（又稱「蕭梁」），它的皇帝就是梁武帝蕭衍。梁武帝於五○二年建梁後，南方經歷了一段相對安寧的年月。他在位的時間長達四十八年（502—549），最後在五四八年發生的「侯景之亂」中結束了他的統治。侯景是北魏鮮卑族名將，擅長打仗，但經常倒戈。當時他管轄長江流域附近一帶，自稱要投降南梁，梁武帝也接納了他。不料侯景佔領了南梁的京城南京，逼死梁武帝，另立梁武帝的養子蕭正德爲臨賀王。臨賀王是侯景控制的傀儡皇帝，他在位時，蕭衍的親生兒子還流亡在外 —— 第七子蕭繹在江陵，第八子蕭紀在益州，並各自招兵買馬，準備打回南京。五五二年，侯景殺死蕭正德，蕭衍的其他兒子遂爭奪王位，蕭紀率先稱帝，但很快又被蕭繹所滅。蕭繹在江陵稱帝，史稱梁元帝，可惜在位只有兩年多，就被西魏所滅。

關於何稠是哪裡人，存有一些爭論。有人認爲中國本來就有何姓，何稠有可能是中國人，但現在大家都比較認同何稠來自中亞何國的說法。關於何稠家族，可追溯到他的祖父。有人說他祖父的名字是何細胡，又有人說他叫何細腳胡。有指他們家是胡人中的一個支派，但相關的記載中沒有西胡或細腳胡的分類，所以「胡」應該是他祖父的稱呼，估計叫細胡。史書上說何細胡「通商入蜀」，「主知金帛」，家住郫縣，爲梁武陵王蕭紀掌管金銀絲綢等貴重物品。當時絲綢和金銀一樣，可作貨幣使用，所以有「金帛」的說法。何家因此很富有，被稱爲「西州大賈」。這裡的「西州」指的就是西部地區，並非一定指後來唐代的吐魯番。蕭紀精心經營西蜀，特別利用四川通往西域的捷徑，進行絲綢貿易，同時促進東西文化交流。何細胡事奉蕭紀的時間，應該正在此時。五五二年，蕭紀在梁武帝死後於成都繼承帝位，年號天正。《資治通鑒》記載，當他與梁元帝作戰時，「以黃金一斤爲餅，餅百爲篋，至有百篋，銀五倍於金，錦罽、繒彩稱是，每戰，懸示將士」。蕭紀在臨死前遭到樊猛的追擊，又在舟中以金囊誘惑樊猛，說明蕭紀在四川累積了大量金帛財富。這與何稠祖父爲蕭紀「主事金帛」有很大關係，說明絲綢之路上的貿易，爲統治者和商人帶來了巨大的財富。

何稠的父親何通是從事玉器加工製作的工藝大師，有人認爲他從事的是崑崙玉或和闐玉的加工，但有關的證據不多。對何稠叔父的記載則相對較多。他的叔父叫何妥，字棲風，十七歲時以伎巧事奉南梁湘東王蕭繹，而所謂的「伎巧」，應該是與藝術相關的技術。史載何妥擅長文學、音樂，或許也包括絲織之類的技術。蕭繹在五五二年稱帝後，以江陵爲都，但翌年就被西魏攻陷，西魏遷江陵十多萬人口到北方。《隋書‧何稠傳》中說的「年十餘歲，遇江陵陷，隨妥入長安」正是此事，那年是承聖三年（554），何稠才十多歲。他很可能跟著叔父一起爲蕭繹工作，再從江陵遷到長安。當時有很多無辜民眾在戰爭中被殺害，但是工匠免遭此難，因爲任何一個統治者都需要能工巧匠爲他進行生產建設。

經過整理，何稠的生平履歷大約如下：

南梁大同六年（540）前後，何稠出生，字桂林。

西魏恭帝元年（554），何稠初到長安時，才十餘歲。後在北周當官，御飾下士。

北周大象二年（580），周靜帝死後，楊堅自封爲左丞相，何稠被召補參軍，兼掌細作署。

隋開皇初（581），隋文帝授其爲都督，累遷御府監，歷太府丞。

大業初（605），煬帝將幸揚州，拜太府少卿。稠於是營黃麾三萬六千人仗，及車輿輦輅、皇后鹵簿、百官儀服，依期而就，送於江都。守太府卿。後三歲，兼領少府監。是歲，加金紫光祿大夫。明年，攝左屯衛將軍，從至遼左。

大業十二年（616），加右光祿大夫，從幸江都。

大業十四年（618），遇宇文化及作亂，爲工部尚書。

唐武德二年（619），宇文化及敗，陷於竇建德，建德復以爲工部尚書、舒國公。

武德四年（621），竇建德敗，歸於大唐，授將作少匠，卒。

由此推算，何稠享年約八十歲。

何稠於五四○年左右出生，五五四年跟叔父到了長安，並在北周做官。到五八○年，何稠被當時的丞相楊堅招補參軍，掌管「細作署」，即製作金銀細軟的部門。楊堅稱帝後，又給何稠加官，稱為「都督」，累遷御府監、歷太府丞。到了隋朝大業時，隋煬帝要下揚州。隋煬帝這次出行非常鋪張，在一路的樹上都要鋪上錦。由於需要製作大量的精美器物，而何稠作為太府上卿，負責管理金銀財寶，責任變得非常重大。他組織了三萬六千人的儀仗隊，備好車馬，做好皇后的衣服和百官的禮服，完成後按時送到揚州。因為才華出眾，何稠再次加官，又工作了十二年。到大業十四年（618），隋煬帝因為過分殘暴，被宇文化及所殺，其後宇文化及封何稠為工部尚書，掌管生產建設。不久後，竇建德打敗宇文化及，並讓何稠當他的工部尚書。後來，竇建德戰敗，唐朝政權建立，收歸了何稠，授他為將作少匠、將作監，負責掌管生產建設，但他不久後去逝，享年約八十歲。

從何稠的生平可見，他畢生都在從事與手工藝品和絲織品相關的工作。從隋代開皇之初到大業前，即何稠四十歲至六十歲的階段，他曾經仿製波斯錦。不過他仿製的金綿錦袍到底是怎樣的，則沒有明確記載。由於織金在當時的紡織品中非常罕見，所以筆者推測何稠很可能只是用西方的斜紋緯重組織，及在其基礎上提升的大窠聯珠對翼馬或對鹿紋錦。[9] 這類聯珠紋採用的不完全是波斯錦的技術，但是織出的紋樣風格與中亞、波斯、粟特等地的非常接近。

三、仿波斯的中原織錦

前文已介紹過又稱「波斯錦」的中亞織錦。波斯錦的聯珠紋比較粗，很有稜角，裝飾不算很華麗，重要的是將經線加Z撚這一技術特徵。大量分析證明，經線的撚向是判斷聯珠紋錦產於中原或西域的重要依據。中原仿製波斯錦所用的是西方的斜紋緯二重組織，斜紋和緯重都是西方織錦技術的特點。但中原的聯珠紋造型都很飽滿圓潤，珠

圖 7　新疆吐魯番出土的花樹對鹿紋錦

子外的花卉紋樣也經過精心設計，而不像波斯的聯珠紋外面的花型般簡單。日本大谷探險隊隊員橘瑞超在吐魯番找到了一件花樹對鹿紋錦（見圖7），其聯珠所環繞的紋樣主要是鹿，裡面還有兩列漢字「花樹對鹿」，兩列字一正一反。這時期的字不再像以前一樣圖案化，而是以類似楷書的形式出現，帶有筆鋒；聯珠和飄帶等元素讓人感覺整個造型是仿製西方的，但已比粟特錦精細了不少。[10]

此外，此類織錦的題材通常與馬和騎士有關。一件在吐魯番阿斯塔那出土的騎士紋錦（見圖8），屬於七世紀上半葉，從這件織錦上的圖案可見，有個人站在馬的旁邊，雙手挽著馬脖子，身上的衣服很像雲肩。[11]這也是目前看到的最早有關雲肩的圖像資料。最漂亮的騎士紋是收藏在日本法隆寺的「四天王狩獅錦」，長兩百五十釐米，寬一百三十釐米，從技術上看，它也是中原生產的織錦。錦上縱橫排列著二十個聯珠狩紋團窠，每個團窠內以生命樹為中心，畫著四位左右對稱的騎士，頭飾有日月紋的皇冠，騎著帶翅的天馬，這些馬都是宮廷裡的官馬，所以身上會有編碼烙字，如上面的馬腿上烙有「山」

圖 8　吐魯番阿斯塔那出土的騎士紋錦

字，下面的馬腿上則烙有「吉」字。聯珠團窠以十字唐草紋作爲間飾，非常精美。據說此錦是七世紀後期由中國唐朝所製，由日本遣唐使帶回日本，更曾是聖德太子的「御旗」。這件織錦是波斯文化與漢文化交流的產物，是典型的唐代聯珠紋錦。[12]

吐魯番阿斯塔那還出土了一件被稱爲「大窠馬大球錦」的織物，其年代約在唐武德三年（620），亦即唐代建立之初。[13] 那時吐魯番已出現了這類織物，說明這類織物產生的年代應該更早，與何稠仿製波斯錦的年代大致相同。無論在圖案風格、組織結構還是織造技術上，這類織物都有效仿波斯錦的痕跡，只在絲線撚向的細節上有所不同，但是最終的織品反而比波斯錦更精美華麗。這種情況與何稠的「錦既成，逾所獻者」相吻合，代表了中原仿製並超越波斯織錦的技術水準。

四、竇師綸生平

竇師綸的年代略晚於何稠，正史裡面沒有他的記載，我們是從張彥遠的《歷代名畫記》中知道他的。張彥遠生於八一二年，卒於八七七年，當時已是唐代晚期，他所處的年代與竇師綸的年代相差很遠，但關於竇師綸的傳說一直流傳著。較爲重要的是「高祖太宗時內庫瑞錦對雉、鬥羊、翔鳳、游鱗之狀，創自師綸，至今傳之」。唐高祖、唐太宗是在唐朝開國的時候，在六五〇年以前。竇師綸首創的對雉、鬥羊等紋樣到九世紀還在廣泛流行。他和何稠的技藝分別代表了隋唐兩個不同時期織錦的風格。在查閱了大量的關於竇師綸的資料以後我們知道，竇師綸出身名門，和唐太宗李世民是表兄弟。有意思的是，近年新發現了竇師綸的墓誌，現藏於西安碑林博物館，上有篆書「大唐秦府諮議太府少卿銀邛坊三州刺史上柱國陵陽郡開國公竇府君墓誌銘」，墓誌內記竇師綸生卒年份。據碑記，竇師綸生於隋開皇十三年（593），卒於唐咸亨二年（671），享年七十八歲。而李世民生於五九八年，所以，竇師綸是李世民的表兄。[14]

竇姓家族在漢代已經存在，但是竇師綸的「竇」與原來的「竇」姓不同。他的家族不是漢人，而是改姓後的鮮卑族。據史料記載，最早的竇家始祖叫竇略，是北魏時期的將軍。竇略的五個兒子中，以竇岳和竇善較爲知名。竇岳的兒子竇毅在北周娶武帝的姊姊宇文氏爲妻，竇毅的兒子又娶西魏文帝的女兒爲妻，而竇毅的女兒則嫁給了唐高祖李淵，成爲太穆皇后，李世民便是她的兒子。竇略的另一個兒子竇善又名竇溫，他的兒子竇榮定娶了隋文帝的姊姊。由此可見，竇家本身是北魏的望族，與西魏的皇族有親戚關係，與西魏和後來的北周、隋朝及唐朝的皇族都有親戚關係。

竇榮定有兩個兒子，其中一個叫竇抗，是隋文帝的外甥，與唐高祖的太穆皇后是堂兄妹。唐高祖李淵起兵後，原本在隋朝爲官的竇抗投奔李淵，被封爲將作大將，陪李淵飲酒作樂。唐代的外戚通常負責工程建設，被委以重任。竇抗在武德元年（618）兼任納言，相當於丞相一職，但實爲閒職，最後因侍宴暴死。竇抗有幾個兒子在正史中都有記載，唯另一兒子竇師綸沒有被記載。竇抗有一個兄弟叫竇璡，也曾當將作大將，並修建洛陽宮，但他把洛陽宮建造得太豪華，經費大大超出預算，唐太宗一怒之下將其革職，洛陽宮也隨之被廢棄。

幸運的是，竇師綸是唐太宗的表兄，也曾爲唐太宗工作。唐太宗還是秦王的時候，竇師綸是秦王府的諮議，相當於秘書顧問一類的職務。在李世民拜尙書令的時候，竇師綸又任相國錄事參軍，屬於幕僚官員。自他在益州大行台檢校修造後，便開始主持工作。大行台是武德年間所設置的一個據點，類似現在國內的一級行政單位。益州即現在的四川，當時是生產蜀錦的重要基地，需要官員管理生產，檢校修造。益州大行台於武德初年設立，於武德九年（626）被廢。玄武門事件發生，李世民逼李淵退位，並殺掉自己的同胞兄弟，當上皇帝。這十多年來，竇師綸一直在四川一帶工作，估計他正是在這一時期設計了陵陽公樣。它一直被視爲宮廷裡最珍貴的瑞錦，風格延續到唐代晚期。到唐太宗即位後，竇師綸開始出任太府卿，與何稠和其祖父擔任的太府卿一樣，掌管金銀器物。後來，竇師綸還擔任過坊州刺史，

唐玄奘在坊州去逝時（麟德元年，664年），寶師綸正在坊州任職，這時候唐太宗已去逝十五年了。

五、陵陽公樣

陵陽公樣的來歷，源於寶師綸被封爵陵陽公。「樣」指的是一種模式、風格，而按照一定規則設計出來的紋樣，都叫陵陽公樣。有關陵陽公樣的史料只記載了紋樣的題材，有對雉、對羊、翔鳳和游麟，即像鹿一樣的麒麟，但沒有提及具體的形式。筆者把以團窠花卉作環，裡面有對雞、對鳥、對羊、翔鳳等的紋樣，都歸入陵陽公樣。[15]

隋唐之際流行團窠紋樣，到了唐代初期，出現的團窠基本都是聯珠紋，所展現的西方藝術風格特別明顯。何稠等人仿製的波斯錦，終究還是屬於聯珠紋，只是看起來比波斯錦精美。但到了唐代晚期，聯珠紋便不太常見，正是因為陵陽公樣開創了新的團窠形式，替代了聯珠紋，並在唐代一直盛行。我們舉三類例子。

1. 變形聯珠紋

第一類是變形聯珠紋，周圍是兩圈聯珠，外圈的聯珠又分為內外兩層，裝飾性愈來愈強。在日本的正倉院有部分陵陽公樣，裡面是聯珠紋，外面是花瓣或卷草，即使有聯珠紋，其形式也日益弱化，花卉的形式則日益濃烈，主題紋樣大多是對龍紋樣。有一件在吐魯番阿斯塔那出土的同類織物（見圖9），背面還寫著四川「雙流」的墨書，正說明陵陽公樣源於四川，而且對四川紡織品造成了很大影響。[16]

2. 寶相花外環

第二類可能是真正的陵陽公樣，雖然整體而言它還是團窠，但其外環是像寶相花一樣比較規則的花卉，環內有對獅或對鳥，兩種圖案的織物均在青海都蘭出土，年代在盛唐到中唐之間。敦煌藏經洞也出

圖9　吐魯番阿斯塔那出土的雙珠團窠對龍紋綾

土了一件團窠圖案的「吉」字卷草葡萄立鳳紋錦（見圖10），外面是卷草葡萄紋，中間是鳳凰，一隻腳站立，另一隻腳蹺起，是典型的唐代設計紋樣，可惜鳳凰紋樣已殘缺不全。[17] 還有一件立鳳紋錦出自青海都蘭吐蕃墓地，它的外圈是寶相花環，中間也是鳳凰，其造型相對穩重，兩隻腳都站著。日本正倉院收藏了一件團窠卷草鳳紋織錦，其中的鳳紋更有動感，姿勢像是馬上就要起飛。中國絲綢博物館也收藏了一件可看作陵陽公樣的織錦（見圖11），從它採用的遼式緯錦組織，可知其年代比較晚，屬九世紀前後。團窠的環很大，花卉很複雜，紋樣相當寫實，更有不少側面的花卉。團窠的中間有威武的小獅子，這種紋樣也屬於陵陽公樣。[18]

圖 10　敦煌藏經洞發現的卷草葡萄立鳳紋錦

圖 11　中國絲綢博物館藏花卉團窠立獅紋錦圖案復原

3. 動物紋夾纈

到唐代晚期，陵陽公樣有了很大變化，可算是第三種類型。在敦煌莫高窟藏經洞出土的對鹿紋夾纈（見圖12），也算是陵陽公樣。夾纈技術在八世紀上半葉的唐玄宗時期出現，這件作品的年代可能更晚一些。中國絲綢博物館有一件繡品類似馬鞍，整個作品呈橢圓形，中間是對鳳，周邊是卷草，應該也是陵陽公樣的延伸。[19]

圖12　敦煌藏經洞發現的對鹿紋夾纈圖案復原

經過詳細研究，我們認為陵陽公樣是在唐武德年間出現的，而且

在提花和印花織物中均有存在，是結合了團窠花卉環和動物主題紋樣的設計形式。聯珠團窠出現的時間太早，延續的時間不夠長，加上西方風格過於突出，所以不能被歸納為陵陽公樣。由於竇師綸曾擔任少府卿，他所設計的紋樣風格，必然影響到宮廷其他工藝品，如貴重的金銀器上也有陵陽公樣類型的裝飾紋樣。何稠的作品則以仿製為主，因為他本身從中亞移居中原，仿製時比較駕輕就熟。到了唐代，本土設計師一方面要參考外來的設計，一方面也不斷創新，尋求突破，做出具有唐代特色的作品，而陵陽公樣就是其中的代表。

六、團窠寶花

除陵陽公樣外，團窠寶花是唐代另一種吸收了外來精華的設計。團窠寶花經歷了一個演變過程。曾經在漢代銅鏡等器物上出現過的柿蒂紋，還不算是真正的花卉紋樣，真正的花卉紋樣到了北朝才出現，有四瓣的、六瓣的、八瓣的花卉紋樣，或正面的十字花及小型團花。唐代很多印花織物也有這類花卉，四個小花組合起來成為一朵大花，敦煌莫高窟壁畫的服飾圖案也有這種組合。到唐代初期，小團花有時也和聯珠紋結合，但此時的聯珠紋更像是一圈花蕾。後來寶花圖案愈變愈複雜，裝飾效果逐漸強烈。青海都蘭出土的一件錦緣繡襪，其襪筒部分是織錦，下半部則是綾上刺繡，都採用了簡潔的寶花紋樣。盛唐時期出現了真正比較大型的寶花，其中，有兩件比較重要，一件是在吐魯番阿斯塔那出土的寶花紋樣，經拼接後可以復原圖案，另一件寶花紋錦在青海都蘭出土，只剩一半。這種寶花被稱為「瓣式寶花」。

唐代的織錦一般寬五十釐米左右，一米寬的織錦則屬特殊規格，被稱為「大張錦」，是仿製的西域織錦，只有像粟特錦一類的織錦才用「張」的規格。據唐代史料記載，政府曾一度禁止織造大張錦，認為這樣做費工費料。一件在日本收藏、用來做琵琶口袋的織錦，圖案上有最華麗的寶花紋樣。這件織錦復原後非常華貴，以藍色為地，一

層層的寶花有不同的造型，最外層的效果最立體，最內層的則最工整，這種花卉並不一定是確切存在的某種植物，只是現實中各種花卉的組合。[20]

　　從具有典型唐代風格的紋樣——寶花來看，唐代的圖案設計上下左右皆對稱，充分體現了唐代超卓的織造技術。中國早期的織造技術是上下循環、左右不循環的，上文介紹過的西方織造技術，也只能滿足左右對稱，而不能滿足上下對稱。唐代吸收了西方的先進技術，終於出現了上下左右都能循環的技術，織出了團花。團花圖案由小到大發展，最經典的就是團窠寶花及動物紋陵陽公樣，這兩種紋樣在盛唐時期基本成型，對後世產生了深遠影響。在唐朝這個相容並包的時代中，無論是絲織品還是毛織物，中西方紡織品在技術和藝術風格上的交流，均促成了雍容華貴的唐代風格。

注釋

〔1〕中國絲綢博物館.絲國之路——五千年中國絲綢精品展.ROSIZO，聖彼德堡，2007：78~79.

〔2〕趙豐，萬芳，王樂，王博.TAM170 出土絲織品的分析與研究//吐魯番學研究——第三屆吐魯番學暨歐亞遊牧民族的起源與遷徙國際學術研討會論文集.上海：上海古籍出版社，2010：241~267.

〔3〕武敏.織繡.臺北：幼獅文化事業公司，1992：101.

〔4〕趙豐，主編.敦煌絲綢藝術全集·英藏卷.上海：東華大學出版社，2007：124.

〔5〕趙豐，齊東方，主編.錦上胡風.上海：上海古籍出版社，2012：96~99.

〔6〕新疆維吾爾自治區博物館.絲綢之路——漢唐織物.北京：文物出版社，1973.

〔7〕趙豐，萬芳，王樂，王博.TAM170 出土絲織品的分析與研究//吐魯番學研究——第三屆吐魯番學暨歐亞遊牧民族的起源與遷徙國際學術研討會論文集.上海：上海古籍出版社，2010：241~267.

〔8〕王明芳.新疆博物館新獲絲織品.新疆文物，2007（2）：88~95.

〔9〕趙豐.唐系翼馬緯錦與何稠仿製波斯錦.文物，2010（3）：71~83.

〔10〕[日]太田英藏.大瑞錦獅子狩紋錦について.太田英藏染織史著作集·下卷.京都：川島織物文化出版局，1986：107~131.

〔11〕新疆維吾爾自治區博物館.絲綢之路——漢唐織物.北京：文物出版社，1973.

〔12〕東京國立博物館.國寶法隆寺展：法隆寺昭和資財賬調查完成紀念.東京：日本放送協會，1994：157.

〔13〕武敏.新疆出土漢唐絲織品初探.文物，1962（7~8）：64~75.

〔14〕王慶衛.新見初唐著名畫家竇師綸墓誌及其相關問題.出土文獻研究·第十輯.北京：中華書局，2011：392~405.

〔15〕趙豐.隋唐絲綢上的團窠圖案.「故宮」文物月刊（臺北），1996（7）：14~21.

〔16〕武敏.織繡.臺北：幼獅文化事業公司，1992：134~135.

〔17〕趙豐，主編.敦煌絲綢藝術全集·法藏卷.上海：東華大學出版社，2010.

〔18〕中國絲綢博物館.絲國之路——5000 年中國絲綢精品展.ROSIZO，聖彼德堡，2007：93.

〔19〕中國絲綢博物館.絲國之路——5000 年中國絲綢精品展.ROSIZO，聖彼德堡，2007：95.

〔20〕松本包夫.正倉院裂和飛鳥天平的染織.京都：紫紅社，1984.

第八章　大唐新樣：敦煌和法門寺的絲綢

　　竇師綸所設計的陵陽公樣，自初唐到中唐盛行多年，爲世人所欣賞。「樣」除了指一種圖案外，更代表一種風格獨特的圖案程式。唐代文獻中不乏對「樣」的記載，例如唐代現實主義詩人白居易（772－846）在《繚綾》中寫道：「去年中使宣口敕，天上取樣人間織。」這裡說的是前一年皇帝派官員帶來口諭，命令批量生產繚綾，而白居易以其想像力，把此命令表達成「要求把天上的樣式拿到人間來織」。事實上，「天上」和「人間」是指讓尋常百姓按照中使所提供的樣式，爲皇家織造精美絕倫的繚綾。白居易的另一首詩《紅線毯》也提到「樣」字：「宣城太守加樣織，自謂爲臣能竭力。」這講的是安徽一帶的官員，爲了討好皇帝，自稱還能生產更多更美的絲毯，而不顧百姓的勞苦。「加樣織」的「樣」不是來自宮廷，而是太守爲取悅皇帝，另行設計的新織樣。

一、唐詩說新樣

　　「新樣」在唐代史料中也經常出現。據西南大學盧華語老師的研究，「新樣」最早可能出自唐開元年間皇甫恂之手。[1]《舊唐書・卷88・蘇頲傳》記載，開元八年（720），蘇頲「除禮部尙書，罷政事，俄知益州大都督府長史事。前司馬皇甫恂破庫物織新樣錦以進，頲一切罷之」。換句話說，在蘇頲之前，皇甫恂曾在成都織造了新樣錦獻給皇帝，後因玄宗整治奢靡之風而停止織造。雖然如此，由於這種「新樣」有別於以往的陵陽公樣，呈現出新的風格，所以在開元後依然十分流行。

　　在盛唐時期，「新樣」似乎名不見經傳，但隨著時間的推移，它

變得聞名遐邇。唐代詩人王建（約767—約830）出生於安史之亂之後，其詩文常常提到關於四川織造織錦的故事，其中《織錦曲》提到：

　　大女身爲織錦戶，名在縣家供進簿。
　　長頭起樣呈作官，聞道官家中苦難。
　　回花側葉與人別，唯恐秋天絲線乾。
　　紅縷葳蕤紫茸軟，蝶飛參差花宛轉。

　　「起樣」即設計及打樣，由一個有「長頭」地位的人負責。他是織造織錦的工匠，由他先設計並製作好樣品，再提交到官員那裡審批，通過後才能正式投產。王建後期在大量作品中提到這種新樣，其中在《留別田尚書》中便以「猶戀機中錦樣新」，表達他對新樣的喜愛之情。他還提及「勞動更裁新樣綺」，這裡的「綺」是一種暗花織物。《宮詞一百首》中的「遙索劍南新樣錦」，更反映了當時四川的織錦圖案有多新穎。由此可見，唐代中晚期特別流行的「新樣錦」與以往的絲綢圖案有很大差別。

　　除王建外，很多詩人也提到不同的紋樣品種。例如張祜（約785—約852）在《送走馬使》中提到「新樣花文配蜀羅」，而「羅」便是一種絞經的絲織物。浙江盛產越羅，四川則盛產蜀羅。唐末詩人鄭谷（約851—910）也在《錦》一詩中寫道：

　　布素豪家定不看，若無文彩入時難。
　　紅迷天子帆邊日，紫奪星郎帳外蘭。
　　春水濯來雲雁活，夜機挑處雨燈寒。
　　舞衣轉轉求新樣，不問流離桑柘殘。

　　此詩反映了當時的一種社會現象：如果穿的衣服沒有花樣，就很難被上流社會接受。「舞衣轉轉求新樣」，情況就如現今的時裝界和

娛樂圈人士，單純追求新鮮的圖案。唐代社會高度看重時尚，設計並展示標新立異的圖案成了一種風氣。

至於「新樣」的具體模樣，則可在一些記載中找到相關的描述。王建的《織錦曲》提到「回花側葉與人別」，這是說圖案中有花有葉，而花葉和別的紋樣不一樣；「紅縷葳蕤紫茸軟，蝶飛參差花宛轉」，說明「新樣」有蝶鳥花葉題材的圖案，並以花為主。另一位詩人張何在《蜀江春日文君濯錦賦》中寫道：「布葉宜疏，安花巧密，寫庭葵而不欠，擬山鳥而能悉。」〔2〕這說明蜀錦圖案中也有花、葉和小鳥。另外，女詩人薛濤的《試新服裁製初成三首》中有一句「春風因過東君舍，偷樣人間染百花」，形容新衣服的圖案之美，懷疑那是神仙借鑒凡間的設計而染出的百花圖。由文獻可見，新樣的選材很可能是寫實的花鳥類圖案。

花鳥紋樣很少在唐代早期出現，但到盛唐時應已經成型，主要實物應該保存在日本正倉院內。在吐魯番阿斯塔那一座中唐時期的墓中也發現了一件風格類似的織錦（見圖1）。這件紋錦還存留早期的團窠花卉圖案，但在團花紋旁邊已出現了長尾鵲和其他小鳥圖案。〔3〕青海都蘭出土的唐代絲織品的年代較集中在中唐時期，所以花鳥題材的織物更多，即使有些花卉叢中穿插了獅子等獸類，但還是以花鳥組合為主。而真正的花鳥紋樣織物，最重要的出土地是甘肅敦煌莫高窟藏經洞和陝西扶風法門寺，那裡的文物所屬年代相對較晚。

二、敦煌莫高窟

敦煌是絲綢之路通往西域途中一個重要的地點。從長安出發，穿過狹長的河西走廊就可到達敦煌，過了敦煌可以經過哈密，也可以經過魔鬼城前往樓蘭，還有一條南線通往尼雅。因此，絲綢之路在敦煌之後分為三條分岔路，可見敦煌在地理位置上十分重要。敦煌最著名的是莫高窟，窟中還存有大量完好的壁畫。一九〇〇年，稱為「道士」的和尚王圓籙發現了一個小洞窟，物藏豐富，該洞窟後來被編號

圖 1　唐代花鳥紋錦

為17窟，稱為「藏經洞」。到一九○七年，英國籍匈牙利人斯坦因以低價從王道士手中買了大量文物帶回英國，後又於一九一四年再次到敦煌進行收購，這段歷史在中國家喻戶曉。莫高窟最主要的藏品是數以萬計的文書及大量帛畫，斯坦因帶回英國的文書，目前大部分被收藏在大英圖書館，帛畫則被收藏於大英博物館。[4]在敦煌文物離開中國的一百多年間，全世界很多專家學者對這些資料進行過廣泛且深入的研究，成果令人鼓舞，這些資料更衍生出敦煌學（Dunhuang Study）。後來人們把吐魯番歸納在此研究中，在中國成立了「中國敦煌吐魯番學會」，以研究文書為主，並已出版了大量專著。不過，在研究絹畫方面，西方學者反而下了更多功夫，這與大量收藏品都在西方有關。

　　近年，中國的學者也開始研究英藏敦煌紡織品。從二○○六年開

始，中國絲綢博物館、東華大學、大英博物館、大英圖書館及維多利亞和阿爾伯特博物館（Victoria and Albert Museum）展開合作，把斯坦因收集的六百多件敦煌紡織品（見圖2）進行系統的整理，出版了專著《敦煌絲綢藝術全集・英藏卷》。[5] 其中收藏於印度新德里國立博物館的敦煌藝術品，也是斯坦因收藏品的一部分，因為一百年前，大英博物館和印度政府共同資助斯坦因到中國西域探險，所以斯坦因必須用部分文物來回饋印度政府，可惜收藏在印度的文物不像在英國的文物那樣，經過專業整理和充分研究。

法國漢學家伯希和（Paul Pelliot）是第二位走進藏經洞的重要人物。他和斯坦因一樣以低價向道士收購文物，甚至比斯坦因更加幸運，因為他不用再和道士周旋、討價還價，就獲准親自進入藏經洞挑選文物。從他留下來的照片可見，藏經洞本來堆滿了經卷，帛畫還沒有露出來，但他離開時，洞裡已經空無一物。他帶回來的文物大部分被收藏在法國吉美博物館，文獻則主要收藏在法國國家圖書館，其中一些文獻的封面為紡織品（見圖3），[6] 但數量比在英國的收藏少。《敦煌絲綢藝術全集・法藏卷》亦已出版。[7]

日本的大谷探險隊也算是較早踏入敦煌的隊伍。贊助者大谷光瑞是一名僧人，曾為本願寺法主，並在英國倫敦大學的亞非學院留學。當他聽說斯坦因等人到敦煌探險的經歷後，便立即組織隊伍，以探尋佛跡為由前去中國西北地方盜寶。大谷本人到了印度，其探險隊成員橘瑞超和吉川小一郎則於一九一一至一九一二年到了新疆和敦煌。橘瑞超到達新疆時還不到二十歲。他們獲得的文物原本收藏在京都的西本願寺，但不久後，由於大谷破產，所以其中一部分文物被賣到韓國，一部分留在日本，而他本人則把大部分文物藏匿在當時中國的旅順一帶，後來轉讓給旅順的相關機構，到目前仍收藏在旅順博物館。值得慶倖的是，大谷探險隊取得的大多數文物留在了中國本土，只是遠離西北地方。[8] 這一百多件文物起初被傳是來自新疆的文物，經研究鑒定後，才被確定為敦煌文物。不過，至今還有約一百件敦煌紡織品收藏在日本的國立東京博物館。[9]

圖 2　大英博物館收藏的敦煌帷幔

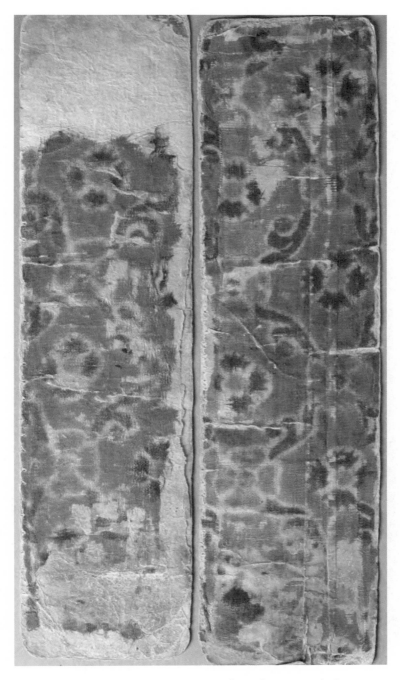

圖 3　法國國家圖書館收藏的佛經封面夾纈

圖4　敦煌研究院發掘出
　　　土的繡幡

一九一三至一九一四年，俄國的鄂登堡考察隊來到中國，也曾到敦煌等地，通過各種途徑獲得一些紡織品。這些紡織品目前被收藏在聖彼德堡的艾爾米塔什博物館，收入了《敦煌絲綢藝術全集·俄藏卷》。[10]

敦煌研究院也有不少通過後期考古工作發現的文物（見圖4），主要是一九六五年前後維修莫高窟南區時發現的。年代最久遠的，要數北魏時期的文物。[11]根據當時的製造習慣，佛事用品上會明確標示生產年份。從一件有「開元」墨書的幡中，可以推測122號窟和123號窟裡保存的都是盛唐時期的文物。[12]現時敦煌莫高窟對外開放的區域主要是南區和中區，北區則比較荒涼，損壞程度也較嚴重。二十世紀八〇年代，敦煌研究院展開了一次針對北區的考古發掘，出土的主要是西夏和元代的文物。[13]

對於敦煌莫高窟藏經洞文物所屬的年代，考古學家進行了大量研究。由於藏經洞的文書中，最晚有題記的年代是北宋初年，所以大家相信藏經洞文物的年代應該到北宋初年為止。從實物來看，敦煌保存的文書絕大部分屬晚唐到五代時期；從圖案風格分析，也有不少中唐時期、初唐時期甚至更早期的文物。學術界比較贊同把藏經洞中文物的

年代定為中唐到晚唐時期。[14]

敦煌的壁畫是紡織品以外又一別具價值的研究材料。早期的敦煌壁畫繪於東晉南北朝時期，從中可發現當時人們想像中的人物形象及服裝款式，還能看到很多紡織品所用的紋樣。隋代以後，人物壁畫愈來愈多，圖案風格也愈趨寫實，由此可以瞭解當時絲綢圖案的風格。敦煌研究所第一任所長常書鴻的女兒常沙娜女士在這方面進行了大量研究，她在中央工藝美術學院（今清華大學美術學院）工作，曾經和同事黃能馥、李錦璐一起到敦煌寫生和臨摹，主要研究敦煌壁畫和彩塑中的服飾圖案，並著有《中國敦煌歷代服飾圖案》一書。[15]

三、敦煌絲織品

敦煌絲綢文物中，以幡的數量為最多。幡的最上面是幡頭（又稱「幡首」），三角形部位是幡面，旁邊是幡頭斜邊，兩側的飄帶稱為「幡手」，中間的主體稱為「幡身」，下面是「幡足」。為了防止幡足隨風飄擺而

圖 5　法國吉美博物館藏敦煌彩繪幡身

纏在一起，幡足下面還有木板作懸擺，固定同一個幡上的幾條幡足。幡主要用於佛教場合，所以主體上所繪的都是佛像等與佛教相關的題材。法國吉美博物館收藏有大量的幡，幡身都有精美的裝飾紋樣。其中有一件是極漂亮的彩繪幡身（見圖5），可惜幡頭、幡手和幡足都已殘破。幡身共有三朵花，上面和下面的花不太顯眼，中間是一朵石榴花。跟上下左右都對稱的寶花相比，這樣的花卉更有真實感。[16]

還有一些小型紋樣被畫在幡足和幡頭斜邊上，如斜邊上有蝴蝶形象和被折疊過的痕跡，幡足上有小小的花朵，還有當時很常見的銜花鳥，與王建的詩描繪的非常吻合。值得一提的還有童子圖案，這種題材在唐代初期不常見，到唐代中晚期才因佛教盛行而開始流行，到了宋代便隨處可見。大量的花卉類刺繡殘片目前都藏於法國，圖案經復原後，可見一簇葉子托著幾朵花，再往上可能還有葉子（見圖6）[17]，這類圖案在敦煌壁畫中經常出現。這種紋樣和張何對蜀錦的描述一樣，「布葉宜疏，安花巧密」，即稀疏的葉子在旁邊，密集的花朵在中間，是唐代盛行的圖案。這可能是當時寫實風格的簇花紋樣模式，有一些還加入了寫實風格的鳥類圖案。這種圖案設計可能與秦韜玉在《織錦婦》中描寫的圖案一致：「合蟬巧間雙盤帶」，繫起來的盤帶，有點像今天的中國結；「聯雁斜銜小折枝」，就是雁銜小折枝花。

在藏經洞發現的刺繡品中，還出現了不對稱的花鳥圖案。其中白地繡纏枝鸞鳳有把彩線繡在紅羅地上的，花樣排列比較疏，也有花樣排列比較密的。其採用的針法也有釘金繡，花朵和葉子裡面都有金線，葉子外面有金線鉤邊，還特意在花叢中用金線繡了鸞（見圖7）。[18]張何的《蜀江春日文君濯錦賦》中就有「稍辨回鸞，全分舞鳳」，意謂鸞和鳳有時很難分辨，而在敦煌出土的刺繡品中，就有跟這句詩完全對應的紋樣。從另一件綠地刺繡殘片裡，可看到更豐富的內容，除了主體部位有花，旁邊還有蝴蝶、白鳥以及鹿和各種溫和的動物，不像唐代早期出現的大鹿、野豬和獅子般兇猛。張何的詩還寫道「戲蝶時繞，嬌鶯欲弄」，意謂有歌聲曼妙的黃鶯，有美麗的蝴

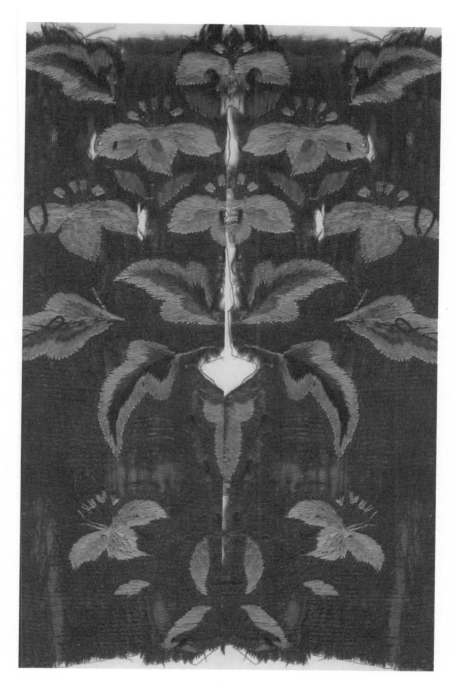

圖 6　法藏敦煌刺繡圖案復原

圖 7　英藏敦煌卷草鷺鳥刺繡

蝶圍繞花叢。這正是這類刺繡新樣的真實寫照。刺繡和織錦的顏色都比較豔麗，相比之下，綺的顏色則略顯單調。綺和綾都是單色織物，圖案縱向循環，在緯向上則是不同的圖案，有鳥，有花，還有石榴。

　　很多敦煌絲織品都相當殘破，我們無法從這些殘片看出圖案的全貌，但仍可看出花卉和鳥類的題材。在唐代晚期，這些絲織品還有變化更豐富的花鳥圖案，但是採用了跟團花不同的「喜相逢」對稱模式。「喜相逢」裡有獅子紋樣，也有對雁紋樣（見圖8）。[19]兩隻鳥就像中國的太極圖案，頭尾相接，稱為「一順連續」。

圖8　法藏敦煌手繪雙雁圖案

　　在中國，葡萄紋樣較早出現，自西域傳入後，從初唐、中唐一直到晚唐時期都很流行。敦煌壁畫中有葡萄紋，施肩吾（780—861）《古曲》詩說的「夜裁鴛鴦綺，朝織葡萄綾」，正是這種紋樣。

　　常沙娜老師臨摹的服飾壁畫上有小花圖案，上衣是朵花，裙子有

折枝小花，還有排列得特別整齊的花鳥。[20]這讓人不禁聯想到白居易在《繚綾》中寫的「織爲雲外秋雁行，染作江南春水色」。綾是暗花織物，花和地的顏色接近，只能用光澤來顯花。除了較小的聯雁圖案之外，唐代中晚期盛行較大面積的鳥銜花紋樣，花鳥已經成爲圖案中的主角。在張議潮和曹義金兩大家族執政時期，敦煌壁畫的供養人服裝紋樣都經過精心安排，雙肩和胸部都有鳥和花環裝飾，袖口上有很多銜枝鳥裝飾，其中較特別的是鳥兒飛動時銜著長長的折枝的形象，這就是秦韜玉《織錦婦》中提到的「聯雁斜銜小折枝」。當時流行鳥銜花枝，是因爲《新唐書》說百官服飾的規矩是「三品以上服綾，以鶻銜瑞草，雁銜綬帶」，由於是官服所用，所以很受大眾歡迎。在晚唐時期，這種紋樣成爲官服的象徵，很多詩歌裡都提到以雁、鶻、鸞、鶴和鵬爲圖案的衣服。

四、法門寺地宮

法門寺始建於東漢末年桓靈年間，距今約一千七百年，有「關中塔廟始祖」之稱。一九八一年八月二十四日晚上，法門寺塔在風雨下突然倒塌。一九八七年四月六日，一支由西安、寶雞、扶風專家組成的考古隊打開了地宮。該次法門寺考古工作中，有三位重要人物：第一位是隊長石興邦，他是陝西省考古所所長；另一位是研究金銀器的專家韓偉；第三位是法門寺博物館前館長韓金科，他曾以當地地方官員的身份，參與考古工作。

地宮一共有前中後三個小室，最重要的文物都在最裡面。在法門寺的考古過程中，負責研究絲織品的，是王㐨和王亞蓉兩位老師。當時的科研條件非常有限，很多絲織品都難以完好地保存，他們唯有打開少量的絲織品，並把大部分絲織品存放在冰箱裡，一放就是十五年。待陝西省考古研究所請了德國專家過來一起處理，才慢慢地打開了其中一部分。到目前爲止，對法門寺出土絲綢的研究進展比較緩慢，能公開的文物不多。從這些爲數不多的絲綢文物可見，很多圖案

屬於「新樣」類型。唐朝國力強大，各地都向李唐皇室進獻絲綢，起初為了保持公正廉潔，對地方絲綢貢品都要嚴格控制數量，到後期才放寬限制。由於最上等的絲綢都獻給了皇室，而皇室又挑選了上品獻給佛主，所以在法門寺裡發現的文物都是精品中的極品。

法門寺地宮內的絲織品保存狀況欠理想，有很多被包起來的絲織品現在仍未打開。王予先生說，最後一包被發掘的絲織品從側面看有七百多層，當然，一件衣服可能已經占了很多層，因為有表層、裡層，加上當時的刺繡背後都要有墊襯，往往有三層之多。多件衣服疊起來，層數就更多了。[21] 所以大家推測，這七百多層不一定代表有七百多件織品。有一件印金絲織品包著鐵函，絲織品幾乎已經完全破爛，不過上面的金沒有損壞，現在還能看到非常寫實的穗狀花卉和一排排蝴蝶，這些紋樣也可歸入大唐新樣的範圍。

較早出土而且保存得最好的，是一套五件的小僧衣。這是捧真身供養菩薩手中所捧的模型，有袈裟、裙子、上衣和坐墊等。據發掘人員憶述，剛打開地宮時，有很多金線，一碰就會斷。一些當時做的絲綢帳子，繡進了金線，絲綢腐爛之後，金線並沒有爛掉，就這樣掛在上面，但又拿不下來，因為已經沒有絲綢襯底了。這類刺繡是單純的蹙金繡，其圖案與佛教有些關係，但也是以花卉為主。

要瞭解地宮裡埋藏了多少寶物，可以從地宮旁邊的物賬碑開始。物賬碑上一一列舉出供奉的絲綢數量，有各種袍子、下蓋、披帛和罩、褥子，也有帽子、襆頭、鞋子、襪子、手帕、枕頭等各種物件。雖然藏量豐富，但很難將名稱和實物一一配對。法門寺出土的絲織品中，最引人關注的是武則天的繡裙。考古學家曾經說，只要它還在地宮裡，他們就肯定能發現武則天的裙子，因為武則天生活的年代，與法門寺最後封閉的年代已相差約兩百年。但是，由於地宮裡的東西還沒有全部整理一遍，所以一時無法找到，後來博物館人員拿了一張絲織品的照片暫時定為武則天的裙子，以滿足大家的好奇心。不過，這照片上所示的肯定不是一條裙子。織物中間是一個很大的蓮花圖案，還有蓮蓬和蓮子，旁邊也是蓮蓬、蓮子和團花，所以它必定是團花紋

樣（見圖9）。^{（22）}法門寺出土的其他織物也有同類型的繡品，都是四方形的羅質包袱，估計這件繡品也作包裹之用。

圖9　法門寺地宮出土的蓮花紋蹙金繡

　　另一塊羅質包袱的四邊上都繡著孔雀，中間是蝴蝶，中心是喜相逢式的對孔雀；中間用彩色的絲線繡，加上金線勾邊，這種繡法稱為「壓金彩繡」。從法門寺的絲綢殘片可見，當時非常流行寫實風格的花卉和花鳥紋樣。

　　近年，陝西省的考古學家開始與德國學者合作，又打開了一些絲綢文物。最早打開的是一條裙子，其腰部的織金錦繡著一對喜相逢式的鳳凰，裙腳則是手繪的泥銀，現在已氧化成黑色。另外還有一塊有著一隻雁的織錦殘片（見圖10），其形象與同期金銀器上那些站在花團上的雁非常相似。^{（23）}雖然這些織品已變成一塊塊殘片，但它們確切反映了花和雁結合在一起時的生動形象。

圖 10　法門寺地宮出土的雁紋錦殘片

注釋

〔1〕盧華語，主編.全唐詩經濟資料輯釋與研究.重慶：重慶出版社，2007.

〔2〕張何.蜀江春日文君濯錦賦.全唐文・卷457.

〔3〕新疆維吾爾自治區博物館.絲綢之路——漢唐織物.北京：文物出版社，1973.

〔4〕Sir Aural Stein.*Serindia.Vol.2.*Oxford at the Clarendon Press, 1921.

〔5〕《敦煌絲綢藝術全集》專案開始於二〇〇六年，由東華大學資助，被列入國家「十一五」和「十二五」重點出版專案，並獲得國家出版基金資助。初擬將散藏於英國、法國、俄羅斯、印度、日本、中國等國家和地區的敦煌紡織品進行全面整理和研究，分卷出版。其中《敦煌絲綢藝術全集・英藏卷》分爲中文版和英文版兩種，東華大學出版社二〇〇七年出版。

〔6〕伯希和，等.伯希和西域探險記.耿升，譯.昆明：雲南人民出版社，2001.

〔7〕趙豐，主編.敦煌絲綢藝術全集・法藏卷.上海：東華大學出版社，2010.

〔8〕橘瑞超.橘瑞超西行記.柳洪亮，譯.烏魯木齊：新疆人民出版社，1998.

〔9〕筆者於二〇一一年初訪問日本國立東京博物館時詢問所得。

〔10〕俄羅斯國立艾爾米塔什博物館.俄藏敦煌藝術品.上海：上海古籍出版社，1997.

〔11〕敦煌文物研究所.新發現的北魏刺繡.文物，1972（2）：54~60.

〔12〕敦煌文物研究所考古組.莫高窟發現的唐代絲織物及其他.文物，1972（12）：55.

〔13〕彭金章，王建軍，敦煌研究院.敦煌莫高窟北區石窟・第一、二、三卷.北京：文物出版社，2000，2004.

〔14〕榮新江.敦煌學十八講.北京：北京大學出版社，2001.

〔15〕常沙娜.中國敦煌歷代服飾圖案.北京：中國輕工業出版社，2001.

〔16〕同〔7〕.

〔17〕同〔7〕.

〔18〕同〔7〕.

〔19〕同〔7〕.

〔20〕同〔15〕.

〔21〕王㐨.法門寺織物揭展後的保存狀況和已揭展部分的初步研究.香港：藝紗堂／服飾工作隊，2001：120~122.

〔22〕韓金科，主編.法門寺.香港：香港出版有限公司，1999.

〔23〕楊軍昌，路志勇，張靜.法門寺唐代地宮出土糟朽絲織品的保護性揭展與研究//國家文物局博物館與社會文物司，主編.博物館紡織品文物保護技術手冊.北京：文物出版社，2009.

第九章　長河東到海：中國絲綢向日本的傳播

　　中國絲綢主要在七世紀至八世紀（即隋唐時期）傳到日本，使日本成為絲綢之路最東面的終點。日本歷史悠久，但只是一個島國。據相關史料記載，從中國三國時期開始，日本逐漸壯大，在與中國交流的過程中，吸收了很多中國文化的精粹。六世紀末至七世紀初，中國正經歷隋滅諸國，同一時期新羅勢力在朝鮮半島大增，此時日本也展開一系列的改革，在七世紀下半葉開始學習隋唐的經驗，並在八世紀上半葉，正值盛唐時期的開元、天寶年間，派大量使者前往中國學習。在這種環境下，日本漸趨穩定，整個東亞地區社會安定，經濟發達，為絲綢貿易、文化交流、佛教傳播等提供了良好契機。

一、從聖德太子到聖武天皇

　　每當談到日本接受中國絲綢和佛教的問題，總會提到兩位重要人物——聖德太子和聖武天皇。

　　聖德太子（574—622）是日本飛鳥時期的傑出政治家。日本第三十三代推古天皇於五九二年即位後，聖德太子便被立為皇太子，翌年輔助天皇攝行朝政。他有一個別名——豐聰耳，原因是他天生聰穎過人，據說即使有十個人同時在他面前講話，他都能一一分辨。雖然他沒有當過天皇，但他對日本的發展做出了重大貢獻，如曾經推行多項措施，包括在六〇三年制定《冠位十二階》及在六〇四年制定《十七條憲法》，確立以天皇為中心的中央集權制，借此抑制豪強。他強調改革開放，並於六〇七年派遣隋使小野妹子及其他留學生到中

國，吸收先進文化制度，並建立邦交。他致力於振興佛教，除了建法隆寺、四天王寺外，還著有《三經義疏》，後人尊稱他為「日本佛教始祖」。除此之外，他還採用曆法，編纂《國記》、《天皇記》等史書，政績頗多。

另一位重要人物是聖武天皇（701—756），他生活的年代比聖德太子的年代晚了約一百年，與唐玄宗的年代大致相同。他是日本第四十五代天皇，於七一四年被立為皇太子，七二四年即位，七四九年讓位給他的女兒。聖武天皇一共有三個年號，其中兩個都與天平有關，所以他執政的時期又稱「天平時代」。雖然聖武天皇體弱多病，但其執政能力很強，在位期間曾兩度派遣唐使到中國，極力採納唐代文化制度，以充實國政。他篤信佛教，建造了國分寺、東大寺等寺廟，促進佛教在日本的發展。

與聖武天皇同歲的光明皇后（701—760）由藤原家嫁入皇宮，一直在背後操持朝政。聖武天皇退位後，光明皇后更是大權在握，她將皇后宮職改名為紫微中台，並由其甥兒藤原仲麻呂擔任該宮職之長官。聖武天皇於七五六年去逝，光明皇后則於七六〇年去逝。現時還能看到她的畫像，以及相傳她在不惑之年留下的署名為「藤三娘」的書法作品。在這時期，日本曾經出現多位女天皇，也有數位皇后親臨朝政，皇室女性在政界一度風光無限。

二、遣隋使和遣唐使

聖德太子和聖武天皇執政的時期，分別是日本遣隋使和遣唐使出行的高峰期。聖德太子攝政時，先後四次（600、607、608、614）派遣隋使到中國，標誌著中日兩國正式開始交往，也是日本統治者採取積極態度、派遣大型文化使團直接吸收中國文明的開端。大唐帝國建立後，經濟文化空前繁榮發達，成為東亞最強大的帝國，對日本和亞洲各國都有巨大吸引力。六二三年，遣隋使僧惠齊、惠日等人在中國留學多年後回國，向天皇報告說，大唐國是法律制度最完備的國家，

建議派使節赴唐學習。此後，日本政府決定組織大型遣唐使團，差派優秀人才爲使臣，並帶同留學生、留學僧到中國。

日本遣唐使的出行共分三個時期，每個時期的路線也不同。初期（630—669）共出行七次，使團規模較小，船隻一百至兩百艘，成員一百至兩百人，航線是朝鮮半島沿岸的北路；中期（702—752）成行四次，使團規模非常大，每次五百多人，坐大船沿南方諸島進入中國；到了後期（759—874），由於安史之亂後唐朝由盛轉衰，日本學習中國文化的興趣減弱，所以減少派出人員，航線主要是直接橫渡東海的大洋路。日本歷史上很多繪畫，都表現了當時遣唐使坐船出使中國的場面。二〇一〇年上海舉行世博會，六月十二日是日本館日，當日一艘仿製遣唐使坐的船開進上海黃浦江，對面就是中國船舶館。這艘船在中國江蘇製造，然後出海到日本巡迴，最後回到黃浦江。日方希望借這次行動重現當時遣唐使的風采，只是現在的船用馬達作動力，已經不是當年的風帆人槳。

遣唐使當初來到中國時，唐朝認爲自己是泱泱大國，必須拿出大國風範，因此熱情款待使者。據史料記載，當時有關州府收到使團將要到達的報告後，便馬上迎客進驛館，安排好食宿，同時飛報朝廷。與現今的政府代表團出國訪問一樣，每團五百位使者，包括了官員、商人、學藝者、僧人等，到達中國後分頭行動。使團的官員到達中國並經報批後，由唐朝政府安排到長安，有朝廷內使出來迎接，請他們喝酒吃肉，並接他們到四方館，規格好比現在的迎賓樓。使團多數會準備禮物送給中方，朝廷官員也會接見和宴請他們。遣唐使團的成員一般留在中國一年，很多專程到中國的留學生，還可以多留好幾年，學習更多知識。回國時，遣唐使由內使監送至沿海，滿載而歸。

遣唐使對日本的貢獻，首先是引進唐朝典章律令，推動日本社會制度的革新。其次是汲取盛唐文化，提高日本文化藝術水準。遣唐使每次帶回大量漢籍佛經，朝野上下爭相撰寫唐詩漢文，白居易等唐代著名詩人的詩集，都在日本廣泛流傳。留唐學生、僧人還借用漢字偏旁或草體，創造出日本的假名文字，更把唐朝書法、繪畫、雕塑、音

樂、舞蹈等藝術，經過消化改造，融爲日本民族文化，圍棋等技藝，相撲、馬球等體育活動也是從唐朝傳入的。

三、法隆寺和東大寺

與聖德太子和聖武天皇相關的，還有法隆寺（見圖1）和東大寺。法隆寺又稱「斑鳩寺」，位於日本奈良生駒郡斑鳩町，是聖德太子於飛鳥時期建造的佛教木結構寺廟，據傳始建於六○七年，但已無從考證。法隆寺占地面積約十八萬七千平方米，寺內保存了自飛鳥時期以來的各種建築及珍貴文物，被評爲國寶和重要文化遺產的文物約一百九十類，合計兩千三百多件。法隆寺分東西兩院，東院建有夢殿，西院則保存了金堂和五重塔，而西院伽藍更是世界上最古老的木構建築群。法隆寺建築群在一九九三年被列爲世界文化遺產。

圖 1　位於奈良的法隆寺

東大寺建於聖武天皇時期。七二八年，聖武天皇與光明皇后的皇

子菩提早逝，爲此，天皇在若草山麓設山房，常住僧侶，稱爲「金鐘寺」。天平十二年（740）發生藤原廣嗣之亂，社會陷入極度混亂的狀態。爲求國泰民安，聖武天皇下詔讓各國興建國分寺和國分尼寺。東大寺是全國六十八所國分寺的總寺院，因爲建在首都平城京以東，所以被稱爲「東大寺」。鑑眞和尙也曾經在東大寺設壇講經，很多到過奈良的人，都對東大寺留下美好而深刻的印象。東大寺於一九九八年作爲古奈良歷史遺跡的組成部分，被列爲世界文化遺產，其中的大佛殿（見圖2）爲世界上現存最早的大型木構建築，裡面放置著高於十五米的盧舍那佛，氣勢宏偉。

圖 2　位於奈良的東大寺中的大佛殿

　　東大寺有一個著名的倉庫，從七五〇年開始建造，到七五六年開始啓用，這個倉庫現在被稱爲「正倉院」（見圖3），它是當時最重要的倉庫，所以被稱爲「正倉」。聖武天皇駕崩後，光明皇后把天皇日常用的遺物捐給東大寺，東大寺於是把這些物品收入正倉院。起初

正倉院只收藏天皇和聖武天皇的物件，後來也收藏如東大寺大佛落成儀式用過的各種物品及信徒捐獻物等。到了明治時期，正倉院不再隸屬於東大寺，而是由日本皇室直接管理。

圖 3　位於奈良的正倉院

　　正倉院的木結構，就如中國西南少數民族的民居一般，人住在上層，下層可以餵養家畜。這是一種杆欄式建築，上部爲「校倉造」結構，即不用柱子，而是將三角形木材搭成「井」形，並不斷疊加的建築形式。現存的正倉院全部爲木構建築，屋頂爲四阿式，內分北倉、南倉和中倉。正倉院平常不讓外人進入，每年會在國立奈良博物館舉行約三個星期的展覽，供大眾參觀。

四、正倉院寶物

　　現時對絲綢之路的研究，往往離不開正倉院的寶物。中國歷史上的改朝換代非常頻繁，不同民族爲爭奪統治權，在戰爭期間嚴重

圖4 《東大寺獻物賬》

破壞文物古蹟。從漢代開始有五胡亂華，到宋朝後，元代蒙古人的統治衝擊漢族文化的傳承，明代以後又有清政權。雖然故宮留下了一些清代的傳世實物，但基本上沒留下明代以前的傳世寶物，我們只能通過考古發掘進行研究，例如發掘著名的帝陵，不過明代前的帝陵早已被盜墓者洗劫一空，只有武則天的乾陵還沒有被盜。在研究絲綢之路時，正倉院裡保存完好的唐朝物品就是重要的實物資料，所以這些物品被稱爲「正倉院寶物」，還有大量相關的書籍。[1]

正倉院寶物以聖武天皇的遺物爲主，而聖武天皇的年代正好是唐朝最繁榮昌盛的時期。聖武天皇去逝後，光明皇后捐給東大寺的物件主要有三個來源：第一是當時的遺唐使在中國搜羅的精美物件；第二是在中國購買、從波斯等地進口的物件；第三個來源則是奈良時期日本仿製的大量器物。唐朝的物品引領國際時尚潮流，日本人非常喜歡。

光明皇后把捐贈的所有遺物都一一記錄在冊，上面鈐滿天皇的璽印，被稱爲《東大寺獻物賬》（見圖4）。獻物賬前後共有五卷，分別是：

天平勝寶八歲，七五六年六月二十一日，七七忌日，捐獻六百五十件珍寶，《國家珍寶賬》；

天平勝寶八歲，七五六年六月二十一日，捐獻六十種藥物，《種種藥賬》；

天平勝寶八歲，七五六年七月二十六日，捐獻屏風等八十二件，《屏風花氈等賬》；

天平寶字二年，七五八年六月一日，捐獻王羲之、王獻之父子書帖，《大小王眞跡賬》；

天平寶字二年，七五八年十月一日，捐獻其父藤原不比等書寫的屏風，《藤原公眞跡屏風賬》。

這其中最重要的是在天平勝寶八年、聖武天皇去逝四十九天後，光明皇后獻出的第一批共六百五十件的珍寶，有《國家珍寶賬》爲證。同一天，光明皇后還捐獻了一批藥物，載於《種種藥賬》。一個月後，皇后又捐出第二批珍寶，以屏風、地毯、鞋子爲主，立《屏風花氈等賬》。現存的部分物品還能跟當時的帳目一一配對，但畢竟已歷經千年，有些已經無法考證。

在《國家珍寶賬》裡，首先載錄的是袈裟，共有九件。袈裟最早來自印度佛教，早期的苦行僧生活艱苦，衣衫襤褸，穿的衣

圖 5　正倉院藏山水夾纈屏風

服叫「糞掃衣」，大多是由從死人身上剝下、還未完全腐爛的衣料製成，破舊不堪。隨著佛教的發展，皇室貴族愈來愈重視佛教，開始採用上好的材質和技術織製袈裟，但為了保持傳統的視覺效果，所以特意採用仿舊工藝製成樹皮色的袈裟，造工考究。[2]

琵琶是胡樂的一種，產自西域，不少琵琶在製作時都採用螺鈿工藝，有的琴面上還有繪畫裝飾。《國家珍寶賬》中提到「螺鈿紫檀琵琶」，傳世品中就有琵琶以騎駝人彈琵琶的圖像作裝飾。琵琶的裝套通常都是絲織品，其中一件收藏在正倉院的大型唐代寶花織錦，就是用於製作琵琶袋的。[3]

屏風是另一種與絲綢關係密切的珍寶。屏風的種類很多，現在還保存著的「山水夾纈屏風十二疊」，還能和帳目上的名稱配對（見圖5）。[4] 除了夾纈屏風外，還有蠟纈屏風，今天稱為「蠟染工藝」。鳥毛立女屏風上的仕女畫的風格，與唐朝的仕女圖完全一樣，「曲眉豐頰，衣裳勁簡，彩色柔麗」。鳥毛貼羽屏風，是用篆書寫成的。

第二批捐獻物共八十二件物品，均載於《屏風花氈等賬》上，其中包括屏風兩具，每具各有十二扇，即十二屏，第一具屏風是歐陽詢的真跡，第二具是王羲之的臨摹，可惜都已失傳。

目前能在《屏風花氈等賬》中找到的其中一批捐獻物，是「花氈六十毯」。氈子是一種毛料的無紡布，產自西域，當時在中國內地不常被使用，現在中國人練習書法時或許會用作墊子。另外一批是「繡線鞋八兩」，即八雙刺繡鞋子，以及「紫絲結鞋一兩、緋絲夾納鞋一兩、銀薰爐一合、銀平脫梳箱一合」。在我們研究的氈子中，保存得最完好的是大花氈，像唐代的寶花一樣，富麗堂皇（見圖6）。[5] 也有一些比較素雅的花氈，例如中間有童子，旁邊是折枝花的圖案，風格和在敦煌看到的折枝花相同。還有飛鳥的喜相逢圖案，在中國內地發現的喜相逢圖案，年代都比正倉院的這件藏品晚，說明喜相逢真正出現的時間可能更早，但早期只是於上流社會流行。

從《種種藥賬》中可以看到當時所捐獻的藥物，大部分都是香

圖 6　正倉院藏的寶花紋花氈

料。在中國和印度絲綢之路的貿易中，中國向印度輸出絲綢，印度則通過海上絲綢之路向中國輸出大量香料。香料被廣泛用於佛教場合，如近年南京大報恩寺宋代地宮裡發掘的金銀容器，所盛載的都是香料。

在向東大寺獻物的同時，光明皇后還把一些珍寶捐給聖德太子所建的法隆寺，《法隆寺獻物賬》的帳目比較簡明，物件不多。除了裝刀的盒子，還有「香二十節」，盒子都是用絲綢做成的，包括高麗錦、蠟纈、夾纈等當時的重要絲織品，其中高麗錦是指產自朝鮮半島的織錦，或是模仿朝鮮風格所生產的織錦。

五、整理和研究

法隆寺的絲織品文物整體保存良好，現在也有專人進行整理研究。據日本提供的資料，正倉院有十七萬件染織品，法隆寺估計也有三千件染織品。紡織品的考古情況比較特別，因為紡織品不易保存，可能當初下葬的時候是一整套的服裝，但千百年後發掘出來已變得破損不堪，變為成千上萬的殘片，考古人員要為每一件殘片編號，所以工程量浩大。

在法隆寺發現的幡面積非常大，單是用於掛在屋頂上的部分就有二至三米長。現在看到的幡大多已成為帶狀，因為後來緯線斷了，只剩下經線。現時法隆寺大部分染織品都收藏在東京國立博物館，因為當初法隆寺內的染織品文物保存狀況不樂觀，天皇下令將其轉移至東京，於是東京博物館又專門增建法隆寺館，由澤田女士專門負責修復和整理法隆寺的紡織品。該館常年陳列傳世珍寶，展品每隔三個月更新一次。[6]

正倉院中的紡織品的考古研究由不同的專家負責，例如松本包夫專門研究總體文化[7]，布目順郎做纖維分析，太田英藏做織物分析，研究染料方面的佐藤昌憲則專門做技術研究。一些民間手工藝家喜歡複製工藝品，所以他們受正倉院邀請為皇室工作。近年最大的學

術活動是二〇一〇年末正倉院和東京國立博物館聯合組織的「上代染織國際研討會」。「二戰」時日本政府決定把一些重要文物從奈良運到東京，戰亂中把一批法隆寺的文物錯誤地運到了東京國立博物館，時隔多年才發現。這就使我們能在這次活動中探討並研究日本所收藏的這個年代的紡織品。關於文物的年代，儘管正倉院文物的年代基本上都在聖武天皇生前的時期，即八世紀上半葉左右，但實際年代存有偏差。至於文物的產地，同樣有不少爭論，例如看起來分明是唐朝的織錦，卻寫著是高麗錦，所以要通過研究查證朝鮮半島何時開始採用高超的織錦技術，並查明高麗錦究竟是產自高麗，還是經高麗傳入日本。現時的研究也涉及染料的分析測試、藝術史的研究和絲綢之路的文化交流等。

六、風從西方來

從正倉院和法隆寺的織品收藏，可以瞭解日本絲綢與中國絲綢和

圖 7　正倉院藏龜背紋綾

絲綢之路的關係。收藏在日本正倉院的織物中，有一件黃地龜背紋綾（見圖7）被定爲唐代織物。[8] 在中國的古文獻裡，六邊形的龜背框架往往被稱爲「龜甲綾」或「龜背綾」，龜甲有龜和花的紋樣，這些特點與在青海都蘭和新疆吐魯番出土的織物很相似。都蘭的文物一般被認爲屬盛唐到中唐時期，正倉院的文物則大約屬盛唐時期，但吐魯番的龜背紋綺出自一個北朝時期的墓葬裡，龜背的紋樣有兩個龜形，旁邊是小花。相似的圖案，不同的年代，讓人猜想無限。

正倉院還收藏了一件有趣的獸面紋錦，圖案除了有獸面，還有一個很接近北魏時期的飛天，像是一個人正拖著長長的袖子奔跑。[9] 獸面紋織物在新疆一帶大量出土，樓蘭出土了一件獸面豹紋織錦，營盤其後也出土了一件帶有佉盧文的獸面紋錦。樓蘭和營盤的織錦一般被定爲三世紀至四世紀的產品，但直到六世紀，獸面紋仍然繼續流行。從技術和圖案推算，正倉院這件織錦的年代在五世紀至六世紀，即北魏時期。

另一件收藏在正倉院的織物被稱爲「佛殿紋錦」（見圖8）。[10] 它有著龜背六邊形框架，織物中間是當時較少見的建築紋樣，建築中間坐著一個佛或菩薩，旁邊站了四個人，柱子內外各有一個人，柱子內側的人手持一件器物。二〇一一年在中國絲綢博物館舉辦的《錦上胡風》展中，也有一件龜背獅象蓮座紋錦（見圖9），與正倉院這件織物紋樣的框架類似，都是六邊形，中間是蓮花座和寶珠，象徵佛的座位，兩側的大象腳踩蓮花，步步生蓮，也是表現佛教的主題。正倉院這件佛殿紋錦在兩側出現了一種較奇怪的紋樣，很有可能就是獅子紋樣。筆者想，這兩件織物應該有一定關聯。

團窠聯珠對龍紋綾在唐代早期十分流行。唐代的龍的形象大致都是龍頭昂起，身子盤在柱子兩側，身前有爪子，身後有尾巴。正倉院收藏了十多件這類風格的織物，而同樣的織物不僅在新疆吐魯番、青海都蘭出現，在俄羅斯西伯利亞地區的突厥人墓中也有出土，甚至在更西的烏茲別克斯坦一個粟特人的遺址裡，也發現了這種紋樣的織品和壁畫，足見它在當時的流行程度。[11]

圖 8　正倉院藏佛殿紋錦

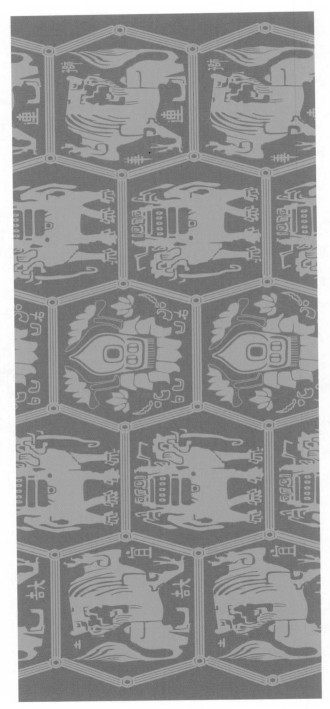

圖 9　龜背獅象連座紋錦圖案復原

圖 10　法隆寺藏四天王狩獅錦（局部）

收藏於法隆寺的四天王狩獅錦（見圖10）應該是作掛飾用，但沒有出現在法隆寺的任何獻物賬上，所以不清楚它何時被收藏在法隆寺。這件織物有一個很大的團窠，其中有四個人在騎馬狩獵，可以明確判斷它來自中國，並屬於何稱仿製波斯錦的一類。[12]在中國吐魯番出土的文物中，就有不少屬於這類紋樣的織錦，與四天王狩獅錦採用的織造技術一樣，但在日本很少被使用，所以日本學者認為它是在盛唐期間由中國傳入。

現時新疆還有一種紮經染色的綢叫「艾德萊絲綢」。染色匠先把經線分成一組一組，然後把每組經線一段段地紮經染色，每段顏色不同，日本人稱之為「絣」，東南亞人則稱之為ikat，廣為流行。在正倉院內，這種織物叫「廣東裂」，意思是從廣東來的織物殘片。[13]敦煌的壁畫也有類似的圖案，現時中國新疆維吾爾自治區和烏茲別克斯坦還生產這種紋樣的絲綢。這種紋樣通常以紅色為主，真正的名稱很可能叫作「朝霞」，意思是它像朝霞一樣絢麗。中國的史籍中提到，當時朝鮮半島生產朝霞，曾經進貢給唐朝皇帝。也許它在更西邊的地方也有生產，甚至可能遠到印度一帶。

七、五彩的夾纈

正倉院還收藏了一種特殊織物——夾纈，數量很大。《國家珍寶賬》中多次提到夾纈和夾纈屏風，例如「古人鳥夾纈屏風四疊」、「鳥草夾纈屏風十疊」、「鷹鶴夾纈屏風一疊」等。花樹對鹿紋夾纈（見圖11）是一件屏風作品，團窠鹿紋夾纈則是一件普通織物，團窠中的鹿紋是盤坐的鹿，鹿頭上均有花盤，當時中亞鹿的造型多半帶有花盤，所以專家推斷這種圖案跟中亞有關。

夾纈是中國人發明的一種印染工藝，是用兩塊版對稱地把織物夾在中間，再進行染色。唐《因話錄》載：

玄宗時柳婕妤有才學，上甚重之。婕妤妹適趙氏，性巧慧，因使

圖 11　正倉院藏的花樹對鹿紋夾纈

工鏤板爲雜花象之，而爲夾纈。因婕好生日，獻王皇后一匹，上見而賞之，因敕宮中依樣製之。當時甚秘，後漸出，遍於天下。

　　意思是在唐玄宗時期，宮中有位叫柳婕好的女官，才華橫溢，備受器重。她的妹妹冰雪聰明，嫁到趙家，她叫工匠打版做成各式花朵，稱爲「夾纈」，在婕好生日時獻給皇后。皇帝看見後非常喜歡，不但重賞她，還命令宮中依樣製作。起初是秘密製作，後來傳遍天下。玄宗在位時正值盛唐階段，也正值日本的天平年代，而現在最早出土的夾纈文物，則出現在吐魯番的阿斯塔那。

　　現時浙江南部仍保存單色的夾纈染色，名爲「浙南夾纈」或稱「藍夾纈」。做法是將織物夾在兩塊版子凸出的地方，顏色因而染不上去，而凹進去的地方就可以染色。如果要染多種顏色，就要先讓不同的染料流過某些小孔染上被夾的織物。在敦煌藏經洞發現的大量夾纈，現在分藏在世界各地，有單色的，也有五彩的，圖案都很漂亮，例如一件有對雁紋樣的夾纈，對雁站在花盤上。俄羅斯收藏了一件對鹿夾纈，大英博物館也有類似的圖案，其中一件是團窠格力芬夾纈，外面有一圈卷繩的紋樣形成團窠，團窠內有動物蹲在地上，可以看到它有奇怪的頭，有鷹的尾巴，有耳朵、翅膀以及一個有裝飾性的尾巴。這就是西方神話中的格力芬，獅身鷹嘴，專門守護黃金寶藏，早期在歐亞草原流行。〔14〕

　　夾纈在絲綢之路上的許多國家都流行，在日本也不例外。筆者和其他研究人員曾在國家指南針計畫《中國古代夾纈工具及其技術研究》中仿製夾纈作品，其中最大的織物是一件遼代的作品，由鄭巨欣完成。可惜唐代作品在中國都保存得不如日本正倉院好。發明夾纈的年代有明確記載是在唐玄宗時期，當年柳婕好的妹妹所嫁的趙家有可能就在浙江，她的工藝到底是從民間學習的，還是自己發明的呢？我們查閱了敦煌文獻、吐魯番文書等資料，包括所有從出土文物中獲得的資訊，沒有發現一件夾纈作品是在盛唐以前製成的，說明關於發明者的記載應該屬實。在日本，最早的夾纈作品也是在盛唐時期製成

的，當時聖武天皇只派了兩次遣唐使，在短短兩次出使中如何獲得這麼多夾纈？是他們已經學會夾纈工藝，還是從中國直接引進呢？如果他們已經學會夾纈技術，對於重視保留傳統的日本而言，爲什麼現在還可以看到蠟染、絞經一類的古老工藝，唯獨看不到夾纈？反觀不擅於保留傳統的中國，到遼代和元代仍可見到夾纈作品，直到明清，在浙南地區還保留藍白夾纈工藝，在西藏地區還保留五彩夾纈。我們猜測日本人那時大概未學會夾纈技術，但若推測他們進口大量各式各樣的中國夾纈作品，似乎也不太合理。日本到底有沒有仿製中國的夾纈作品，以及中國夾纈傳入日本後發生了什麼變化，仍是研究者們今後要探討的問題。

注釋

〔1〕米田雄介，杉本一樹，編著.正倉院美術館.東京：講談社，2000.

〔2〕第五十八回正倉院展.奈良：奈良國立博物館，2006.

〔3〕第六十一回正倉院展.奈良：奈良國立博物館，2009.

〔4〕第六十二回正倉院展.奈良：奈良國立博物館，2010.

〔5〕第五十九回正倉院展.奈良：奈良國立博物館，2007.

〔6〕東京國立博物館.法隆寺寶物館.東京：東京國立博物館.1999.

〔7〕松本包夫.正倉院裂と飛鳥天平の染織.京都：紫紅社，1984.

〔8〕同〔7〕.

〔9〕同〔7〕.

〔10〕同〔7〕.

〔11〕E. I. Lubo-Lesnitchenko.*Western motifs in the Chinese textiles of the Early Middle Ages*, in National Palace Museum Bulletin 28.Nos. 3~4. 1993：1~28.

〔12〕東京國立博物館.國寶法隆寺展：法隆寺昭和資財賬調查完成紀念.東京：日本放送協會，1994.

〔13〕同〔7〕.

〔14〕趙豐，主編.敦煌絲綢藝術全集・英藏卷.上海：東華大學出版社，2007：192~195.

第十章　北國風光：契丹、西夏、回鶻之間的絲綢交流

唐朝滅亡後就是五代十國。由五代十國至北宋時期，中國北方的形勢比較複雜。北宋時期，中國北面是遼國，中間夾著西夏，西北有回鶻，西南有大理和吐蕃。十世紀左右，中國少數民族在北方建立的幾個政權，都與絲綢交往有關，其中以中原與契丹、西夏和回鶻的絲綢交往最多。

一、北國群雄

契丹就是遼國，遼太祖耶律阿保機在九一六年定「契丹」為國名，他的第二子遼太宗耶律德光於九三八年把國名改為「大遼」。契丹人在其領土上一共建立了五個重要城市，分別是東京、上京、南京、西京和中京。

遼國的發展大概分三個階段。第一階段從太祖到穆宗（907—969）為止，這時期遼國逐漸壯大，其中最重要的人物是太祖和太宗，他們征服中原，打敗鄰國，建立了契丹帝國。其實契丹人早在唐代就已經存在，並跟唐朝帝國一直保持聯繫。唐朝衰亡後，契丹人開始征服天下，太宗耶律德光幾乎攻下了所有北方的疆土，而且幾次佔領中原。第二階段是從九七〇年至一〇五五年，在遼聖宗和興宗的領導下，遼國的政治、軍事、經濟和文化發展均處於巔峰。於一〇〇四年簽訂的澶淵之盟，更確定了宋遼南北方的疆域界限，帶來近一個世紀的和平。最後階段是道宗和天祚帝的時期（1055—1125）。隨著遼國的腐敗，女真部落開始反抗，宋朝借機聯合女真合擊遼國。耶律阿

保機的八世孫耶律大石逃到西部建立西遼，但西遼在十三世紀初被蒙古人吞併。雖然遼國在這場戰爭後滅亡，但宋國的疆土邊界也繼續被迫南移。

回鶻基本上佔據中國甘肅和新疆一帶以及中亞大部分地區。它原本是鐵勒的一部分，在唐初稱爲「回紇」，在盛唐時建立汗國（744—840），還經常協助唐作戰，討伐吐蕃等鄰國。到唐貞元四年（788），回紇改稱「回鶻」，有「迴旋輕捷如鶻」之意。但到八四〇年，回鶻被黠戛斯分裂成多個小汗國。回鶻的多個政權中，以高昌回鶻、河西回鶻（主要是甘州回鶻）和喀喇汗王朝（即黑汗王朝）爲主。

高昌回鶻又稱「西州回鶻」，自稱是回鶻的嫡系。其首府位於現今吐魯番附近的別失八里，稱爲「北庭」，屬新疆北部的區域。當時唐代在高昌回鶻設立西州，管理西域地區，信奉佛教和摩尼教。十二世紀左右，高昌回鶻被西遼所滅，其中一支軍隊跟隨耶律大石一直西征到中亞地區，並成爲西遼的屬國，西遼滅亡後則成爲蒙古的屬國。

喀喇汗王朝又稱「黑汗王朝」，「喀喇」在契丹語中的意思爲「黑」。十世紀中期，回鶻人聯合當地人推翻以布哈拉爲首府的薩馬尼王朝，並建立喀喇汗王朝。喀喇汗王朝的整個疆域都在西邊，第一首府位於八拉沙袞（今吉爾吉斯斯坦境內），第二首府則位於新疆喀什。始祖沙兔克布格拉汗（942—955）首先信奉伊斯蘭教，其子喀喇汗繼位後，在十一世紀初征服了和田的于闐國，全境伊斯蘭化。十二世紀三〇年代，喀喇汗王朝已屬於西遼，後來臣屬於蒙古。

河西回鶻又稱「甘州回鶻」，主要分佈在甘肅的河西走廊。這是回鶻人最大的聚居地，當時回鶻人主要在甘州（張掖），還有沙州（敦煌）、涼州（武威）、肅州（酒泉）、秦州（天水）等地居住（到明代稱爲「黃頭回鶻」）。五代之後，吐蕃人離開敦煌，雖然這一帶先後由張議潮家族和曹義金家族掌權，但河西走廊整體仍屬回鶻人的勢力範圍，漢人也要對他們俯首稱臣。河西回鶻最終在一〇二八至一〇三六年被西夏趙德明父子攻取，先成爲西夏的屬國，後來臣屬於蒙古。

黨項本來是羌人的一個支派，唐宋年間活躍，在今天的寧夏和內蒙古西部，後來向甘肅擴張，佔領了整個河西走廊。但直至一〇三八年才正式建國，史稱「西夏」。當時西夏政權十分強大，回鶻被趕出河西地區，流亡的黃頭回鶻成爲裕固族的祖先（裕固族人現居甘肅）。

二、一國兩制

　　據《遼史》記載，契丹人早年也是「網罟禽獸，食肉衣皮」，直到遼太宗時期才定衣服之制，並採用「一國兩制」。《契丹國志》記載：「國母（皇后或皇太后）與蕃官皆胡服，國主（皇帝）與漢官即漢服。」從遼代墓室的壁畫中也可看出這一點，例如在遼慶陵甬道壁畫中，左右兩側有南北兩班官員侍立，穿著不同的服裝。只有契丹人的國服才眞正反映了契丹的特點。

　　契丹和北宋之間雖有戰爭，但同時也加強了兩個民族的交流——有漢人被俘虜爲工匠，也有漢人進入契丹的上流社會。而契丹人在本民族和漢人的服飾問題上，也採用了不同的規則：凡皇后、皇太后以及本族的民衆都穿著胡服，皇帝和漢官則穿漢服，所以遼代墓室的壁畫分別展示了身穿漢服和胡服的人群。從現存的遼代陶俑可以看到，當時的女裝與漢人的大致相同，但男裝仍是胡服左衽。契丹人的髮型是獨具民族特色的髡髮，中間剃光，旁留小辮，衣服爲圓領左衽，袍子後面開叉，以便騎馬。[1] 關於漢服爲右衽、少數民族服裝爲左衽的說法，早在漢代前已經存在。現時山西和北京一帶是當時漢人的聚居地，那裡保留的大量壁畫也明顯展示了漢服，說明當地的漢人雖然被契丹人統治，但仍堅持穿漢服。而契丹人可能在與大唐交往的過程中，養成了接受漢人先進禮制的習慣，所以他們也喜歡漢服。我們舉三個例子。

1. 刺繡團窠龍袍

　　保存至今的遼代服裝不多，其中羅地刺繡團窠龍袍應該是中國最

早的龍袍，修復後可以看到龍袍上下各有一個兩條龍的團窠（見圖
1），袖子也見單隻團龍。這種黃色團龍袍只有皇帝才能穿著，雖然
紫色龍袍的級數也很高，但是文武百官也可穿著。染料分析結果顯
示，當時的紫色是用紫草染成，顏色愈深表示工序愈多，因此也愈珍
貴。文獻也有記載，宋遼時代那些紫得發黑的面料叫「黝紫」，特別
珍貴。繡龍的針法是用金線繡的釘繡，金線緊密併排，當時稱爲「蹙
金繡」或「盤金繡」，也有用銀線繡的，不過現時看到的銀線經氧化
後已發黑。

圖 1　遼代刺繡龍袍上的團龍

2. 刺繡團窠鳳袍

遼代服裝中還有鳳袍。鳳袍用的是團鳳和對鳳圖案（見圖2），與龍袍的團窠比較接近，但袖子上是一隻鳳的小團窠。龍鳳圖案的概念和團窠的形式都來自中原，從唐代至五代時期的繪畫中可以看到，當時的人喜歡用上下兩個團窠的紋樣來裝飾服裝。鳳袍主要爲當時的貴族女性所穿著，但不一定是皇后才能穿。

圖 2　遼代刺繡鳳袍上的團鳳

3. 雁銜綬帶錦袍

遼代百官的服裝也很有意思，其中一種叫雁銜綬帶錦袍（見圖3）。內蒙古阿魯科爾沁旗的耶律羽之墓發現過這種紋樣，在興安盟的代欽塔拉墓中也有，兩個墓都出土了使用相同織錦的衣服。雁銜綬

帶的題材在唐代就有記載，例如《唐會要》提到，唐德宗時（780—805）「頃來賜衣，文彩不常，非制也。朕今思之，節度使文以鶻銜綬帶，取其武毅，以靖封內。觀察使以雁銜儀委，取其行列有序，冀人人有威儀也」。也就是說，唐德宗要賜衣給節度使和觀察使等高官，他們的級別比現在的省長級官員還要高。節度使是武官，賜衣的圖案是鶻銜綬帶；觀察使是文官，賜衣的圖案是雁銜儀委。儀委是一種瑞草，將以鳥銜帶或銜草的造型賜予官員，其實是向官員提出要求。鶻是一種獵鷹，性格兇猛，相反雁是有組織和秩序的，皇帝借賜衣要求武官要英勇，文官要懂規矩、講秩序。跟其他雁銜綬帶錦袍比較，代欽塔拉墓出土的雁銜綬帶錦袍是斜領左衽，耶律羽之墓出土的則是圓領左衽。雁銜綬帶錦的面料特別難織，一件衣服的錦料需要二十對雁，所以織一件袍子需要兩個織工花費約一年的時間。

圖 3　遼代雁銜綬帶錦圖案（杜曉帆繪）

耶律羽之墓和代欽塔拉墓都屬遼初時期，估計其中的雁銜綬帶錦應該在唐朝生產，因為當時遼國還未具備這種生產能力，也很可

能是耶律德光在九三六年南侵滅後唐時搶奪到北方，並在會同四年（941）爲高官賜錦時，賜給耶律羽之和代欽塔拉墓的墓主。[2] 其實契丹人很瞭解唐朝禮制，知道哪些官員要用哪些圖案。《新唐書》記載，唐文宗時實行「袍襖之制」，「三品以上服綾，以鶻銜瑞草，雁銜綬帶及雙孔雀」。龍鳳、雁銜綬帶和雙孔雀等圖案，都是契丹人從中原學到的，即使他們依然沿用北方服裝的款式，但還是選用來自南方的圖案。

三、遼代絲綢考古發現

遼代的考古一般分爲三個時期。第一階段是在十世紀下半葉，即唐代晚期到遼代初期，第二階段是在十一世紀中葉，即遼代最興盛的時期，第三階段則是遼代末年。考古出土的遼代絲織品文物則可分爲兩種風格。

一九九四年九月，考古學家在內蒙古阿魯科爾沁旗寶山的南坡發現兩個相鄰的墓，但這兩個墓已幾乎被盜空，幸好1號墓還存有大量顏色鮮豔的壁畫，2號墓還存有十多種絲綢殘片。從1號墓的壁畫題記可見，墓主人是「大少君」（即長王子），年代是九二三年，是目前有明確時間記載的最早的遼墓。筆者曾對2號墓出土的所有絲綢進行過分析研究，並完成了鑒定報告，其中出土絲綢包括平紋、紗羅、提花平紋、斜紋地顯花和緯錦。不過，墓裡最著名的不是服裝，而是精美的遼代壁畫，其中有很多與當時風格迥異的形象，例如帶有唐人風格的仕女。其中一幅被考證爲《寄錦圖》，描寫了蘇若蘭（生於357）的故事。畫上有個人挑了一副擔子準備出門，擔子上有包裹和盒子，送他的還有幾位仕女（見圖4）。[3]

蘇若蘭又稱蘇惠，丈夫叫竇滔，他在前方打仗當了將軍，後來移情別戀。蘇若蘭知道後非常傷心，把幽怨之情寫成一首回文詩，並織在錦裡，送給丈夫。竇滔看到織錦，把這首詩念完後非常感動，馬上回心轉意了。這幅壁畫反映的正是送錦的場面，是一個遼代以前的反

圖4　內蒙古寶山遼墓壁畫中的仕女

映漢族文化的故事。畫上竹子、芭蕉之類的植物是中國北方沒有的，即使是今天內蒙古赤峰一帶，還是沒有竹子。所以，壁畫描繪的並不是當地的內容，而是人們嚮往的場景。另一幅壁畫被認為是《楊貴妃調鸚圖》，表現了楊貴妃邊寫字邊逗鸚鵡的情景。

耶律羽之墓是筆者多年研究過程中最重要的遼墓。一九九二年得知墓葬被盜時，筆者正好在附近的巴林右旗考察，一接到考古隊通知，便馬上趕到現場。該墓明確標示耶律羽之是墓主，而耶律羽之在正史中也有明確記載。他生於八九○年，是耶律阿保機的堂兄弟。阿保機有兩個兒子也是重要的歷史人物，長子耶律倍研習漢學，造詣頗深，崇尚漢文化，曾經建議父親建造孔廟，但不如弟弟驍勇善戰。他們的母親述律皇后偏愛次子耶律德光，於是最終立次子為皇帝。在遼滅渤海國後，附屬國東丹國由耶律倍統治管轄，耶律羽之擔任東丹國的右次相，地位很高。耶律德光即位後，耶律倍逃到後唐，後來死於後唐。耶律羽之死於九四一年，葬於九四二年。在他下葬十八天後，他的夫人也因悲傷和勞累去逝。一九九二年六月，耶律羽之夫婦的墓被盜後損毀嚴重，幸好還有一些珍貴的金銀器物被追回，並有大量絲織品殘片被遺棄在墓中。齊曉光率領的考古隊對墓室重新進行整理，並帶回了每一片絲綢殘片。墓中共有六百多片絲綢殘片，包括近一百個種類，有平紋、單色提花、平紋地顯花的綺，斜紋地顯花的綾，複雜絞羅，繐，斜紋緯錦和緞紋緯錦等加金織物，墓中有很多印繪和刺繡織物。由於它們有準確的斷代、豐富的技術種類和精美的紋樣設計，這些織物對研究遼代紡織品有非常重要的意義。[4]

在遼代中晚期幾個比較重要的塔中也有絲織品被發現。其中山西應縣木塔於一○五六年建成，在一九七○年的修復過程中，祁英濤帶領的維修隊伍發現了一些畫繪的佛經，以及三幅用夾纈方法染成的南無釋迦牟尼夾纈絹。這是迄今發現的唯一一件明確用三套色夾纈並加畫繪而成的遼代夾纈絲織品。[5]另一個重要的塔是巴林右旗的慶州白塔，位於守護皇陵特建的小城慶州，於一○四九年建成，此時正值遼代最鼎盛的時期。一九八八年，慶州白塔正值維修之際，考古人

員在塔頂天宮發現一批共兩百七十六件織物。這批絲織品顏色鮮豔，但尺寸都很小，主要用作包裝。包裝用的紡織品一般都是方形，邊長二十八至三十釐米，用來包裹小型木塔，每個木塔上都纏有一塊小小的佛幡。剩下的那些織物用來裝飾佛經或其他封面，這些織物包括平紋、斜紋地顯花綾，錦，複雜紗羅，夾纈和刺繡。[6]

遼代絲綢的最新考古發現是吐爾基山遼墓，中央電視臺曾播出節目《鳳冠迷霧》，說的就是這座墓裡的棺材上的鳳冠。墓葬的年代為唐末遼初，面積不大，沒有被盜過的痕跡，而墓中出土的紡織品大多屬唐代晚期至遼代初期的風格。墓主是一位三十多歲的女性，但身份不明。有的考古學家認為，她可能是遼太祖耶律阿保機和述律皇后（回鶻人）唯一的「長公主」質古，這位公主約三十五歲病逝。另有人認為她是遼太祖的妹妹余盧睹姑公主，是一位「奧姑」，即女薩滿，於九〇七年參與叛亂而死。[7] 還有人則認為墓主為遼太祖孫女、耶律倍的女兒、遼世宗耶律兀裕（漢名耶律阮）的妹妹阿不里，因隨其夫蕭瀚謀反而下獄。種種推測都和耶律阿保機有關，現在還沒有明確結論。但通過這個墓葬，我們可以對契丹的絲綢有更深入的瞭解。

四、遼代絲綢風格

契丹人取得絲綢的第一個來源是中原。耶律阿保機早年攻打了很多唐朝邊城，擄掠了大量漢人。九〇五年冬天，河東節度使李克用派使者與契丹結盟，耶律阿保機「以騎兵七萬會克用於雲州（今山西大同），宴酣，易袍馬，約為兄弟」[8]。這是最早有關契丹人得到中原絲綢服裝的正式記載。後來，耶律德光於會同元年（938）從後晉手中得到燕雲十六州。會同九年（946），耶律德光佔領後晉首都汴州（今河南開封）並大肆掠奪，後把物品運回遼上京，在內蒙古出土的早期遼墓的絲綢中，也應該包括從上述地方掠奪的高級絲綢。此外，中原王朝還向遼國貢納絲綢。石敬瑭每年提供三十萬匹絲綢給遼

國，作為遼國退回雲、冀兩州的回報。一○○四年澶淵之盟後，宋朝每年向遼送上十萬兩銀和二十萬匹絲綢，後來更增加至三十萬匹絲綢，都是絹帛之類。

另一個來源是漢人工匠為契丹人所生產的絲綢。漢人工匠大多是俘虜，在以前的戰爭中，工匠是受到保護的，他們被俘虜後還要為敵國工作。這些俘虜包括宦者、翰林、伎術、教坊、角觝、秀才、僧尼、道士等，都是漢人，尤其以并州（今山西太原）、汾州（今山西汾陽）、幽州（今北京）、薊州（今河北薊縣）人居多。世宗時「以定州俘戶置弘政縣」[9]，定州生產的白瓷非常精緻，絲織品製造也很有名，尤其是北宋時的緙絲，考古界權威宿白先生也曾建議筆者研究定州絲織品與遼代絲織品的關係。所以我們估計俘虜中有大部分是熟悉絲織品生產的工匠。除漢人外，還有渤海人和回鶻人等都被俘虜，例如祖州（東林西南），「東為州廨及諸官廨舍、綾錦院，班院祗候蕃、漢、渤海三百人，供給內府取索」[10]。定州工匠被安置在弘政縣，那裡也有很多生產錦和綾的作坊。儘管工匠主要都是漢人，但凡在契丹境內為契丹人而生產的工藝品，總帶有契丹民族的特色。北宋和契丹有一百多年的和平時期，邊境貿易一直十分興旺，政府之間也有一些絲綢禮品的往來。

1. 中原風格

正因為遼代絲綢有兩大來源，當時的絲綢也有兩大風格。一是中原風格，二是北方風格。從現存遼代織物圖案可見，它們都受中原風格的影響，特別是花鳥樣式。唐代前期的圖案以陵陽公樣等樣式為主，後期發展成以花鳥圖案為主的大唐新樣，但仍然脫離不了團窠的形式，愈到晚期圖案才愈分散。到了北宋及遼代，這類圖案如花樹對鳥紋開始非常流行。花樹對鳥紋在唐朝早期已經存在，起初是在聯珠圈裡，花樹下面兩側是對獅對鳥之類，中間的花樹通常被稱為生命樹，似乎含有較多神話的成分。而遼代的花樹對鳥紋，外面不再有團窠環或其他框架，中間的樹形非常寫實，粗壯之餘還帶有花葉，花樹

兩側的鳥通常都是雁，少量出現鴿子。還有一些靈活多變的小型花鳥圖案，例如柿蒂窠中的對鳥和蓮花、花盤上的交頸對鳥等，兩鳥首尾相銜的喜相逢始於唐代晚期，到遼代仍然流行。還有一些花鳥栩栩如生，優美如畫，例如刺繡圖案中的山石、小鳥和小花（見圖5）。代欽塔拉墓中出土的手繪團扇，可能是中國考古所發掘的年代最早的扇子，裡面也是一對站在園林石上的鳥，背景為花樹。[11] 這與北宋時期文人喜歡園林美景有關，當年宋徽宗大量建造園林，不遠千里將太湖石運來做假山。這些作品不一定出自大藝術家，但是手法嫻熟，運筆流暢，也應出自經驗豐富的能工巧匠之手。

圖 5　遼代刺繡花鳥圖案（杜曉帆繪）

圖 6　遼代花樹對獅對鳥妝花綾袍圖案（趙豐繪）

最大的花樹對鳥紋出自耶律羽之墓的一件袍子（見圖6）。這件衣服經復原後，可見中間是一棵不對稱的樹，樹上長滿海石榴花，同時還停著長尾鳥，與同爲遼代畫家蕭融的畫比較，推測這可能是鵤鴣鳥。樹幹兩側是一對獅子繡球。在絲綢圖案上，獅子的形象雖然較早出現，但獅子和繡球一同出現的形象是後來才有的。這件袍子長一米多，只有一棵花樹，這類圖案在遼代極爲少見。到了清代，這種圖案被稱爲「一枝花」。縫製袍子的時候，這棵樹被分爲左右兩邊，分別呈現不同的圖案，一邊簡單一邊複雜。復原後可見圖案的排列大致是前片分大小襟，外面有一大一小圖案相結合，裡面方向與外面相反，後片是完整的，由兩邊的圖案拼合在一起，掛在牆上就像一幅一米多高的大型花鳥畫。這種圖案一定需要大型的束綜提花機才能織成。〔12〕

　　還有一種圖案風格帶有明顯的漢文化特點，但以前人們一直以爲它在元代以後出現，因爲青花瓷上有很多這類圖案，人們稱它爲「錦地開光」（見圖7），意思是像織錦的地一樣有細密的花紋，然後在上面開窗讓光線透進來。明清時的窗戶上有較多這類紋樣密密麻麻的圖案，例如「萬字不斷頭」等。筆者和研究人員曾經以爲這種紋樣始於元代，因爲元代的青花瓷經常出現柿蒂窠以及柿蒂窠中間的紋樣搭配。從絲綢史的角度看，這種紋樣可能在遼代甚至在唐代晚期已很流行，通過緻密錦地上開闊的視窗，可以看到百花爭豔、百鳥齊鳴的景象。

2. 北方風格

　　第二類是北方風格的山間林下。在漢人織工和工匠的協助下，遼代疆域內已能生產各種絲綢，因此出現了用漢人技術生產的契丹風格。尤其在遼代中期，各種絲綢也被作爲遼國特產送給宋朝，包括刻絲、花羅、透背、細錦、樓機綾、紅羅匿金（壓金）線繡等。這些絲織品的高檔程度令宋朝官員和皇帝都很吃驚。史載，宋真宗「以禮物宣示近臣，又出祖宗朝所獻禮物示宰相，其制頗樸拙，今多工巧，蓋

圖 7　遼代錦地開光圖案（杜曉帆繪）

圖 8　遼慶州白塔出土的騎馬人物刺繡

幽州（今北京一帶）織工耳」^{〔13〕}。這是北京的織工遷移到契丹境內
的結果。

　　松鶴是典型的北方題材，在慶州白塔裡也發現過塔松、雪松的圖
案。有些山和樹看起來似乎帶有南方風格，但事實上也是北方的設
計。在山裡奔跑的鹿，一般是北方狩獵民族特別喜愛的題材。鹿的造
型比較真實，有時和雲山組合在一起。還有些很特別的北方風格圖
案，大都以狩獵爲主題，遼慶州白塔出土的一幅紅羅地聯珠鷹獵紋
繡中，也見狩獵者是典型的契丹人裝束，契丹人穿著厚厚的皮袍，
戴著皮帽子，騎著馬，手上有兩隻小獵鷹，馬上也有很多披掛（見
圖8）。^{〔14〕}這兩隻獵鷹就是契丹人非常喜歡的海東青，通常是白色
的，體型不大，但很兇猛，主要產地在黑龍江境內，在圖案上多以捕

捉奔鹿的形象出現，例如耶律羽之墓出土的飛鷹逐鹿紋刺繡（見圖9）。女眞人的部落在黑龍江，契丹人曾要求女眞人定期爲他們進奉海東青，爲此還特意開闢送鷹的專用通道。契丹人也親自到黑龍江挑選獵鷹，借機吃喝玩樂，壓榨女眞人。一段時間後，女眞人不堪契丹人的欺辱，有一次就地殺死了前來挑選獵鷹的契丹使者，然後集體造反，終於推翻了契丹人的統治。

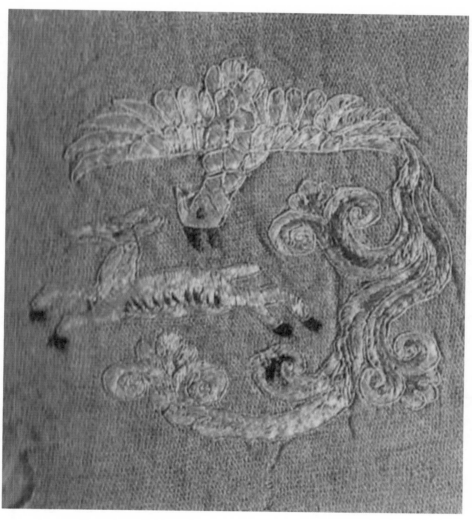

圖9　遼代的飛鷹逐鹿紋刺繡

3. 南北混合風格

　　最能反映南北風格混合的文物是夢蝶軒捐贈給中國絲綢博物館的一件繡囊（見圖10）。[15] 囊的兩面恰好分別反映了兩種不同的藝術風格，繡囊的口緣是織錦，主體是刺繡，刺繡很硬，繡跡很密，很可能是在皮上刺繡的。一面是花樹對鳥，中間有一棵樹，樹上有像牡丹一樣大的花，下面的鳥很像仙鶴，還有兩隻比仙鶴大的蝴蝶，明顯是南方的花樹鳥蝶風格。另一面的氣氛就完全不同，空中飛的都是體型很大的雁或天鵝，中間在跑著的小兔子楚楚可憐，根本無力抵抗身後那長著有力翅膀的獵鷹的追逐，隨時都有可能被叼走。這就是秋山狩獵圖案的典型範例。

　　契丹人後來非常喜歡佛教和仙道，當時也有很多反映這類題材的壁畫、織物和刺繡，例如與道教有關的仙鶴、手持香花的仕女等。應縣木塔裡出土的夾纈作品是一件佛教作品，上面有「南無釋迦牟尼佛」的字樣，是迄今發現的唯一一件用三套色夾纈並加畫繪而成的遼代夾纈絲織品。內蒙古阿魯科爾沁旗耶律羽之墓出土的「龍鳳萬歲龜鹿」泥金（見圖11），上有「龍鳳萬歲龜鹿」等字句。古人認為「麟體信厚，鳳知治亂，龜兆吉祥，龍能變化」，龍鳳龜麟因此成為中國傳統文化最具象徵意義的吉祥物，無論帝王還是宗教都將四靈神化。此外還有大量傘蓋、蓮花、綬帶、

圖 10　中國絲綢博物館藏錦緣繡囊

盤長結等與法器相關的圖案，據說它
們也跟仙道神靈有關。

五、賀蘭山闕

　　蒙古大軍攻滅西夏期間，西夏遭
受了毀滅性的破壞。因此西夏遺留下
來的文物也很少。西夏王陵雖然存
在，但內有的文物不多。迄今為止最
重要的西夏文物來自黑水城的考古發
現，但其文物主要收藏在俄羅斯艾爾
米塔什博物館。此外，雖然近年寧夏
部分佛塔被毀，但也出土了精美的絲
綢和佛教文物。

　　黑水城原本是西夏的一個城市，
在蒙古人入侵時被毀，後來蒙古人繼
續在那裡居住了一段時間。俄羅斯考
古學家科茲洛夫進入這個遺址，拿走
了不少文物，現時文物收藏在艾爾米
塔什博物館。黑水城最主要的發現是
唐卡，很多唐卡做工精緻，尤其是整
件都採用緙絲工藝製作的唐卡。緙絲
綠度母唐卡（見圖12）被認為是典型
的西夏時期作品，作者也許是來到西
夏的回鶻人。近年寧夏的佛塔遭嚴重
破壞，因為人們知道這裡有價值連城
的文物，所以大肆盜掘，像拜寺口雙
塔般的遺跡也難逃一劫。塔裡出土的
文物很有趣，有很多平時不太常見的

圖 11　龍鳳萬歲龜鹿泥金（杜曉帆繪）

圖 12　黑水城發現的緙絲綠度母唐卡

圖案，例如印花嬰戲蓮，也有唐卡和刺繡。總體而言，西夏出土的文物不多。

遼和西夏的關係也因宋的存在變得更加緊密，共有三位遼國公主嫁給西夏王室。由於西夏本地基本不產絲綢，因此，發現於西夏墓葬、佛塔及遺址的紡織品基本上都是進口的，且大部分來自宋境，部分來自遼，小部分來自回鶻，所以西夏發現的紡織品與遼代絲綢有大量相似之處，例如在西夏陵區108號墓發現的遼式緯錦、黑水城的緙絲等。在西夏佛塔發現的印花絹，也跟耶律羽之墓出土的綾織物有相同的排列和題材。在黑水城發現、現藏於艾爾米塔什博物館的藍地雲雁雜寶紋夾纈，也與慶州白塔出土的雲雁紋夾纈絹十分相似。其只有極小部分可能為西夏本地所產。

六、西化的回鶻

契丹和回鶻的關係極為密切，遼太祖耶律阿保機的述律皇后就是回鶻人，遼上京（今內蒙古巴林左旗林東）有專門供回鶻商人（或許也包括織工）居住的回鶻營，回鶻傳入的緙絲技術，也反映了兩地在紡織生產方面的交流。此外，收藏在旅順博物館的菱格斜紋緯錦，也顯示了兩地之間的某些相似之處，例如遼代織物上就有類似唐代所說的「胡旋舞」圖案，即西域人穿著靴子和長袍跳舞，這是非常回鶻化的圖案。從敦煌壁畫裡可見，回鶻已明顯受到中原文化的影響。高昌回鶻戴的帽子別具民族特色，但是服裝和絲綢上的圖案，還是與其他地方比較接近。他們衣服上的對鷹圖案可在遼代絲綢上找到，也可在敦煌藏經洞的幡上發現。這說明唐和遼時與回鶻的往來尚算頻繁。

喀喇汗王朝文物的情況則不一樣。這個王朝的領地在中亞一帶，吞併了于闐後，其勢力範圍甚至擴大至青海。二十世紀五〇年代在新疆南部近青海一帶，發現過一座將軍的墓葬，墓葬所在地屬於青海的區域，這也是一個無人區。墓裡的文物都保存完好，並引起考古學界的注意，例如一件對靈鷲紋錦袍就被長期保存在故宮博物院內。這件

袍子上的圖案是對鷹（或稱靈鷲），外圈是球路紋樣和小小的聯珠紋。
[16]另一件錦袍目前收藏在新疆博物館，上面有對羊和孔雀的圖案，經
復原後，發現雖然圖案造型在各個單元中都一樣，但顏色一直變化（見
圖13）[17]，例如一個單元中有兩隻對羊，上面有一隻雙頭孔雀，兩
腳踩在花枝上，其羊體和羊角的色彩一直在變化。類似的圖案在西方
十一世紀及十二世紀的藝術品中也可找到。同一座墓裡還有一件更為
西化的圖案，其中羊的造型和當時伊斯蘭風格的銅鏡上的幾乎一樣，
在團窠環裡還有一種像伊斯蘭早期字形庫菲體的變體。其他兩個回鶻
王朝主要信奉佛教和摩尼教，但喀喇汗王朝只信奉伊斯蘭教。

　　喀喇汗王朝進入新疆後，促進了整個新疆的伊斯蘭化。于闐國滅
亡後，回鶻人經過漫長發展，成為現在的維吾爾族人的主要來源。喀
喇汗王朝出土的部分文物也帶有東方特點，仍然有大鳥和小動物的元
素，屬秋山系列。某些織品用了和伊斯蘭教銅器相同的紋樣作為布邊
的裝飾。現在新疆喀什發現的喀喇汗王朝緙絲，差不多對應於北宋年
間，看起來也很像元代的緙絲，說明回鶻人的緙絲技藝同樣高超。

七、最後的于闐

　　于闐是一個幾乎被人遺忘的國家。有一天，在和田山普拉古墓區
（為戰國至三國時期的墓葬）邊上，突然洪水暴發，很多棺材從山上
的布桀克墓地被沖下來。棺材很中國化，有四方神靈圖案的裝飾，即
「前朱雀後玄武，左青龍右白虎」，棺中一塊織物用了捲曲的花卉
紋，還用漢字寫著「李枉兒」，背面用于闐文書寫，讓人聯想到被大
唐賜李姓的于闐國君「大寶于闐國王李聖天」。[18]李是于闐王族的
姓，曾與敦煌聯姻，敦煌壁畫上也有「大寶于闐國王李聖天」的形
象。墓主也許是王族成員，也可能是同宗。墓主鞋子上的織錦圖案似
乎比較古老，但是織製工藝比較新穎，還有的鞋子上有著精美的刺
繡。于闐距今年份久遠，也許它原先的風貌與李唐極為相似，但在伊
斯蘭化後就發生了巨大的變化。

圖 13　回鶻時期的對羊孔雀紋錦圖案復原（王樂繪）

注釋

〔1〕 趙豐.遼代絲綢.香港：香港沐文堂出版，2004.

〔2〕 趙豐.雁銜綬帶錦袍研究.文物，2002（4）：73~80.

〔3〕 吳玉貴.內蒙古赤峰寶山遼墓壁畫《寄錦圖》考.文物，2001（3）：92~96.

〔4〕 內蒙古文物考古研究所，赤峰市博物館，阿魯科爾沁旗文物管理所.遼耶律羽之墓發掘簡報.文物，1996（1）：4~31；趙豐.遼耶律羽之墓出土絲織品鑒定報告//中國絲綢博物館鑒定報告第XI號，1996.

〔5〕 國家文物局文物保護科學技術研究所.山西應縣佛宮寺木塔內發現遼代珍貴文物.文物，1982（6）.

〔6〕 德新，張漢君，韓仁信.內蒙古巴林右旗慶州白塔發現遼代佛教文物.文物，1994（12）：4~33；趙豐.遼慶州白塔所出絲綢的織染繡技藝.文物，2000（4）：70~81.

〔7〕 王大方.吐爾基山遼墓主人身份辨析.內蒙古社會科學，2008（29）.

〔8〕 脫脫等.遼史·太祖本紀.

〔9〕 脫脫等.遼史·地理志.

〔10〕 脫脫等.遼史·地理志.

〔11〕 同〔1〕.

〔12〕 趙豐.契丹人的絲綢服飾//松漠風華：契丹藝術與文化.香港：香港中文大學文化館，2004：38~49.

〔13〕 葉隆禮.契丹國志·南北朝饋獻禮物.

〔14〕 德新，張漢君，韓仁信.內蒙古巴林右旗慶州白塔發現遼代佛教文物.文物，1994（12）：4~33.

〔15〕 Zhao Feng and Yu Tingting. *Liao Silk Textiles: the Elegant Lifestyle of the Kitan Royals*.in Orientations, 2011：43~49.

〔16〕 魏松卿.考阿拉爾木乃伊墓出土的織繡品.故宮博物院院刊，1961（2）.

〔17〕 趙豐，王樂，王明芳.論青海阿拉爾出土的兩件錦袍.文物，2008（8）：66~73.

〔18〕趙豐，王樂，萬芳，李薈.和田布朶克彩棺墓出土的織物與服飾//趙豐.伊弟利斯·阿不都熱蘇勒，主編.大漠聯珠——環塔克拉瑪干絲綢之路服飾文化考察報告.上海：東華大學出版社，2007：90~99.

第十一章　蒙古與高麗：中國與朝鮮半島的絲綢交流

　　蒙古帝國與高麗王國，在歷史上有很長一段時期是併存的。本章內容的背景比這個時期略早，其範疇則主要涉及女眞人、蒙古人與高麗人之間的絲綢交流。

一、金元與高麗

　　高麗的地理空間大約相當於今天朝鮮半島上的朝鮮和韓國。高麗與中國在地域上緊密相連，兩國往來密切。在陝西西安發現的一幅唐代壁畫，呈現了鴻臚寺（相當於現在的外交部禮賓司之類的機構）接待外賓的場景。畫中有一位身穿寬衣大袍的人，他的服裝與中國人接近，但他戴的帽子與中國人不同，據說他就是當時的新羅人，相當於現在的韓國人。這幅圖畫記錄了當時中國與東北亞國家和地區的交流情況，而這種交流持續了很長時間。在唐代，朝鮮半島還被稱爲新羅，後來新羅被高麗取代，地區局勢從此發生變化。

　　我們先來看看在女眞、蒙古和高麗時期，中國以至整個東北亞地區的概況。在中國版圖上，一一二五年，女眞人滅遼，佔領中國北方，與南宋對峙。一二○六年，蒙古建立汗國，並於一二三四年滅金。一二七一年忽必烈建立元朝，一二七九年滅南宋，一三六八年元亡。由此可見，十二世紀至十四世紀，當時的中國比較動盪，但同期朝鮮半島的局勢則相對穩定。九一八年，新羅將軍王建建立了自己的小國家，稱之爲高麗。他於九三五年滅新羅，九三六年滅後百濟，基本上統一了朝鮮半島。一三九二年，高麗被李氏朝鮮取代。由於高麗

王係王姓，所以一般稱爲王氏高麗。

　　高麗自古與中國相鄰，作爲一個小國，與大國爲鄰難免會比較艱難。北方遊牧民族的契丹人、女眞人和蒙古人的政權多少都會恃強凌弱。九九三年，高麗被遼國擊敗，被迫向遼稱臣，一一二七年被迫臣服金國。一二三一年起，蒙古軍隊連年對高麗用兵。一二五九年，高宗派遣太子，即後來的元宗，向蒙古請和。一二七五年，元宗還都開京，高麗完全依附蒙古。一二六〇年，元世祖忽必烈即位後，在其給高麗的詔書中宣佈「完爾舊疆，安爾田疇，保爾家室」，間接承認了高麗擁有獨立身份和完整疆土。但是，高麗對元要盡「納質、助軍、輸糧、設驛、供戶數籍」等義務，所以高麗實際是處於藩邦地位。換言之，高麗名義上是一個獨立國家，但實際要對這些政權俯首稱臣，每年需要給他們進貢，情況尤以蒙元時期最爲顯著。當時高麗也曾經和蒙古國聯姻，迎娶蒙古的公主，同時高麗也向蒙古國進貢大量本國女子，希望通過親密關係維持國家穩定。一三五六年元末各地起義，高麗趁機恢復獨立。這就是當時蒙古與高麗的關係。

　　在服飾和生活習慣方面，蒙元要高麗依舊按照「衣冠從本國之俗」，無需更改制度。但從王倎開始，每位高麗世子都要到蒙古國做質子（即作爲抵押的人質），再加上貴族聯姻，蒙古與高麗的交往事實上非常密切，蒙古人的習俗對高麗人也產生了很大影響。例如高麗元宗王倎從小就在蒙古做質子，當時高麗內部混亂，另立的太子被廢，於是蒙古人把王倎送回高麗即位。在王倎統治時期，雙方關係比較融洽。

二、《老乞大》和《朴通事》

　　當時，往來於朝鮮半島和蒙古之間的交通十分便利，大大促進了商業發展，大量商人因需要翻譯人員，又促進了翻譯行業的繁榮，很多精通多國語言的中間人都專門從事翻譯工作。現在還有高麗時期流傳下來的兩本翻譯作品，一本叫《老乞大》，另一本叫《朴通事》，

都是會話課本，書中有日常情景會話，特別為前往王京（元大都）經商的高麗商人學習漢語而設。這兩本書從高麗時期開始編纂，沿用到朝鮮時期，多次改版，每次逐漸加入新內容。現時《老乞大》共有六個版本，《朴通事》則有三個版本，從書中可以看到古人在進行絲綢貿易時的趣聞。[1]筆者和研究人員比較關注蒙古的織金織物，以下作些介紹。

《老乞大》裡有很多對話，其中第10條《綾絹綿子價錢》的對話如下：

「你那綾絹綿子，就地頭多少價錢買來？到王京多少價錢賣？」
「我買的價錢，小絹一匹三錢，染做小紅裡絹。綾子每匹二兩家，染做鴉青和小紅。絹子每匹染錢二錢。綾子每匹染錢，鴉青的三錢，小紅的二錢。又綿子每一斤價錢六錢銀子。到王京，絹子一匹賣細麻布兩匹，折銀一兩二錢。綾子一匹，鴉青的賣布六匹，折銀子三兩六錢，小紅的賣布五匹，折銀子三兩。綿子每四兩賣布一匹，折銀子六錢。通滾算著，除了牙稅繳計外，也尋了加五利錢。」

這一節最後說：「到王京，絹子一匹賣細麻布兩匹，折銀一兩二錢。」這樣看來，其利潤是蠻可觀的。

還有第七十二條的《買段子》，其中提到：

「賣段子的大哥。你那天青胸背、柳青膝襴、鴨綠界地雲、鸚哥綠寶相花、黑綠天花嵌八寶、草綠蜂趕梅、柏枝綠四季花、蔥白骨朵雲、桃紅雲肩、大紅織金、銀紅西蕃蓮、肉紅纏枝牡丹、閃黃筆管花、鵝黃四雲、柳黃穿花鳳、麝香褐膝襴、艾褐玉磚階、蜜褐光素、鷹背褐海馬、茶褐暗花，這們的紵絲和紗羅都有麼？」
「客人你要南京的那？杭州的那？蘇州的那？」
「大哥，南京的顏色好又光細，只是不耐穿。杭州的經緯相等。蘇州的十分澆薄，又有粉飾，不牢壯。」

以上一連串問題都與顏色和圖案有關。紵絲即今天的緞，紗羅則是一種輕薄織物，主要產自南方。賣緞子的大哥問客人要南京、杭州還是蘇州的紵絲，南京、杭州和蘇州就是中國明清時期「江南三織造」的三個產地，而蘇杭到今天仍然是中國主要的絲綢產地。這說明兩位顧客其實是很在行的，他們說：「大哥，南京的顏色好又光細，只是不耐穿。杭州的經緯相等。蘇州的十分澆薄，又有粉飾，不牢壯。」這樣說來，還是杭州的品質較好。從這段對話可見，杭州、蘇州和南京等地生產的絲織品北上運往北京，又從北京賣到高麗，東北角上的絲綢之路，就是這樣形成的。

　　第七十三條《賣綾子》還提到綾子、絹子和絲：

「你有好綾子麼？」

「你要什麼綾子？」

「我要官綾子，那嘉興綾子不好。」

「客官你要絹子麼？我有好山東大官絹、謙涼絹、易州絹、倭絹、蘇州絹、水光絹、白絲絹。」

「我只要大官絹、白絲絹、蘇州絹、水光絹。其餘的都不要。你有好絲麼？我多要些。」

「要什麼絲？」

「我要白湖州絲、花拘絲。那定州絲不要。」

　　這裡提到綾、絹和絲有很多產地，包括山東、易州、日本和蘇州等地。客人挑了四種絹，然後就買絲，雖然絲是原料，但也可以買賣。絲可以做線，也可用來織綢。元代就有「五戶絲」制度，即要求每五戶人家一定要上繳若干數量的絲。統治者收取後，用來織造自己喜歡的面料。至於客人要的白湖州絲，從宋代開始就一直很有名，有一種近代湖絲叫「輯里絲」，更經常在國內外博覽會獲大獎。定州位處北方，雖然製作緙絲的技術很發達，但是絲的品質不如南方。

《朴通事》裡面第六條《買段子》也講到絲綢買賣，提到絲綢的長度，也很有趣。

「拜揖，哥哥，那裡去來？」
「角頭買段子去來。」
「你將來我看。這的幾托？」
「滿七托。你猜的麼？」
「我猜。這的大紅繡五爪蟒龍，經緯合線結織，上用段子，不是諸王段子，也不是常行的，不著十二兩銀子，買不得他的。」
「咳，眞個好標緻，便猜著了。」
「你説什麼話，好物不賤，賤物不好。」

從《老乞大》和《朴通事》的故事可見，蒙元時期高麗與中國的絲綢往來非常頻繁。相比文獻資料，保存絲綢實物的確很不容易，何況在朝鮮半島區域，四面環海，空氣潮濕。現在能看到的絲綢實物，多數是朝鮮時期的文物，高麗時期的實物則有少量仍然存放在佛寺。這些珍貴材料也是研究的重要依據。

三、高麗佛腹藏

高麗時期佛教盛行，建國者王建更是虔誠的佛教徒，把佛教定爲國教，並自稱「佛教護法仁王」，借此祈求國泰民安。禮佛因此成爲高麗王室的一大傳統，其中以雕印《高麗大藏經》最具歷史意義。韓國海印寺保存了高麗時期製作《大藏經》的八萬多塊雕版，現已列入世界文化遺產。高麗時期的佛教發展，大致分爲兩個時期，前期爲九一八至一一○五年，以中國佛教傳入爲主，華嚴、法相、禪宗法脈持續，國師大覺義天由宋回國後，又成立天臺宗（漢傳佛教十宗之一）；中後期爲一一○六至一三九二年，是指睿宗即位後形成的民族佛教，主要指智訥所創的曹溪宗，獲廣泛接受，超過禪門九山。

佛腹藏則指建寺塔時，在佛像的腹中藏入一些珍貴文物。收藏物以喉鈴筒爲主，還有其他重要物品，如五寶瓶、眞心種子、五輪種子和四方咒，其中五寶瓶裝有五穀、五藥、五香、五彩幡、五絲和五香草等。紡織品是佛腹藏的主要材質，其中紡織品種類包括平織物、綾織物、羅織物、織金織物和印染織物，服裝則包括各寺院佛腹藏出土的腰線貼裡、搭胡、窄袖衣及直領、綃汗衫等。[2]其他收藏物包括法華經、陀羅尼經、銀製或銅製圓筒形的舍利函以及如水稻、大米、大豆等農產品。佛腹藏除有信仰的含義之外，更是判斷佛像建造時期的重要文化證據。

　　佛腹藏在同一時期的中國也曾經出現，雖然保存至今的實物很少，但史料也多次提及。宋代陳師道在《後山談叢》中提及：「徐之南山崇勝院主崇璟，故王姓也。熙寧中修殿大像，腹中得畫像，男女相向，衣冠皆唐人也，而題曰『施主王崇璟』，豈其前身也耶？」由此可見，佛腹藏在唐代已經存在。明代郎瑛在《七修類稿・佛腹藏經》又提及一些小型佛像：「杭永昌門外有梵宇曰正定，其佛像大不盈丈，小僅尺許，繪塑之製，皆極精巧。一日，與友鑒賞間，偶見小佛背木微露縫痕，隨用簪髮，則木已啓，而滿腹皆紙，取而視之，乃寫楞嚴咒，並書舍佛姓氏年號，始知爲宋物也，紙甚堅白，字極莊肅，殊爲可愛。」這裡指宋代的佛腹藏，主要是經文。宋周密《齊東野語・卷十五・腹笥》載：「咸淳辛未年（1271）三月，雪川南景德寺，火忽起自佛腹，其中藏經數百卷，多五代及國初時人手寫，皆垂碧紙，金銀書。間有舍利、珠玉、金銀錢之類，多爲宗子所得。嘗見一僕得金銀書《心經》一囊，凡十卷，長僅二寸，卷首各繪佛像，亦頗極精妙。」雖然中國佛教也有佛腹藏的傳統，但保存至今的實物不多，最重要的實物是遼代應縣木塔的文物。佛像坐在每一層塔的中間，但在「文革」時期遭到破壞，遂發現裡面藏有經書和絲織品，其中最著名的是印有釋迦牟尼像的三件夾纈。

　　佛腹藏的背面有一塊可移動的小板，打開後便可看到裡面藏有什麼東西（見圖1）。至今已發現十多座高麗時期的寺廟有佛腹藏，主

要是藏在佛像裡，也有藏在菩薩像裡。裡面主要包括發願文（介紹許願供奉佛像的目的或記錄有多少人供養佛像）、佛教典籍、寫經、陀羅尼、喉鈴筒、五寶瓶和各種服飾織物。五寶瓶象徵世界萬物，使佛像有靈氣。

圖 1　佛腹藏示意

據目前所知，最早的高麗佛腹藏是藏在一尊一三〇二年的阿彌陀佛像內，未知出自哪座寺廟，但收藏的物品很齊全。其中有放在喉鈴筒內的五色絲線，象徵五臟六腑，而五種顏色則象徵五行。此外還有收藏服裝的，風格與蒙元時期的中國服裝大致相同，有長袖的辮線襖和短袖的搭胡。有些衣服還貼著寫上供奉者姓名的條子（見圖2）。
〔3〕

佛腹藏還保存了大量紡織品殘片。這種情況與早期的墓葬相同，一塊殘片就代表一匹布，因為在古代，布是一種貨幣，布匹可以用來納稅，所以織物最主要象徵了貨幣和財富。也有人認為，也許是每位

圖2　阿彌陀佛像佛腹藏中發現的衣服

供奉者都從自己的衣服上剪下一塊布的緣故，所以布的殘片愈多，就象徵供養者愈多。的確，這些碎片的花紋都不盡相同，說明它們來歷不一。出自這一個佛腹藏的織物殘片，多數是元代典型的織物，其中有龍紋、曲水地花紋、錦地開光、歲寒三友、鳳凰、牡丹、仙鶴等圖案，有時還蓋上有六字眞言的織金絹（見圖3）。[4]

四、東方織金系統

據說，西方人本來比較喜愛金，中國人則較喜歡玉。但絲綢之路開通後，有愈來愈多中國織物都用了金。早在三世紀至四世紀，已經

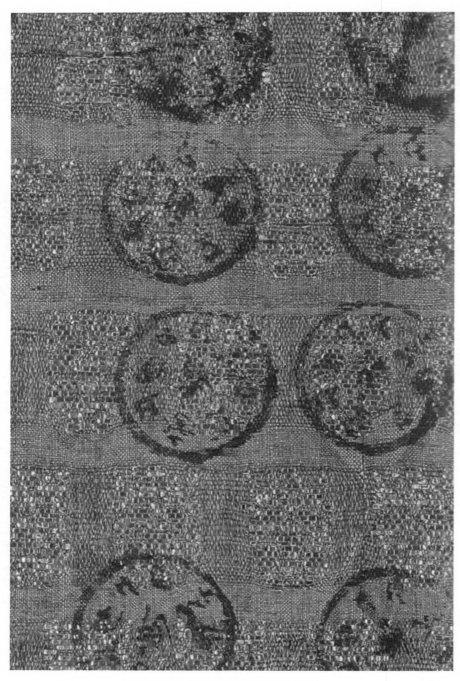

圖 3　蓋有六字真言的織金絹

有貼金織物在新疆營盤出現。織金技術在唐代發明後，用金情況就更普遍；到遼金時期，北方少數民族更是大量使用金。織金織物分爲東西方兩個系統，這裡主要講東方系統。

東方織金系統的風格是在已經有組織的織物上再織入金屬絲線，形成織金綾、織金絹或織金緞等，圖案以花和鳥最爲常見。圖案的外形通常都做成一塊塊小花朵圖案。在元代，這些小花朵叫「搭子」，意思就是「一塊」，而搭子圖案都屬於東方的織金系統，這在當時的小說中也有提及。

東西方系統的不同，在於紋樣圖案的差別。黑龍江阿城金墓出土的織金衣服，採用了搭子的雲鶴紋樣。當時這種設計被稱爲「清地」[5]，與滿地和密地圖案相對應。錦地開光是典型的滿地，但清地乾乾淨淨，基本上沒有地紋圖案。阿城金墓也有滿地圖案的印金織品，與清地差別很大。原收藏在西藏寺院裡的著名蒙元時期春水紋織金絹（見圖4）[6]，類似的紋樣曾在當時的玉雕上出現，現在還能找到出土或傳世的春水玉，也能看到一隻大雁一頭鑽進蘆葦叢，和一隻海東青正在捕雁的場景。這件春水紋的織金絹通經斷緯，技術上與後來的妝花相同。

春水外還有秋山題材，表現了鹿在山林或花叢裡靜臥或奔跑的情景，這也是一種清地的搭子圖案（見圖5）。奔兔也屬秋山題材，有時兔子往前跑，有時則邊跑邊回頭看，耳朵長的被認爲是野兔，耳朵短的則是家兔。這些圖案明顯體現了搭子圖案的概念，因爲地面都是空曠的。清地的搭子織金在蒙元時期很流行，在伊斯蘭教地區也如是。這種織金都可被納入典型的東方織物體系。

五、《出獵圖》中的服裝

元初有一位非常重要的畫家叫劉貫道，他是河北中山人（今定縣），曾任御衣局使，專門爲皇帝管衣服，能畫非常寫實的工筆人物畫。他在至元十六年（1279）寫裕宗爲御容，翌年二月畫《元世祖出獵圖》（下稱《出獵圖》，見圖6）。《出獵圖》長一八二・九釐

圖 4　紐約大都會藝術博物館藏春水紋織金絹

圖 5　紐約大都會藝術博物館藏秋山紋織金絹

米，寬一〇四・一釐米，現藏於臺北故宮博物院，是元代的繪畫精品。[7]他所畫的元世祖忽必烈是成吉思汗的孫子。忽必烈的主要功績是滅南宋和建元朝，主要統治區域在中國境內，領土的西南邊界更與緬甸交接。很多漢人都在元朝朝廷裡做官。這些漢官在內蒙古東部出生，繼承的都是東方傳統，穿的也是東方服裝。

圖6　《出獵圖》中的人物

　　《出獵圖》中一共畫了十個人，其中忽必烈穿大紅色衣服，外面穿裘皮大衣，盡顯其貴族身份，他身旁是皇后察必，其他人物的身份已無從考證。忽必烈的服裝包括一頂銀鼠暖帽、一套銀鼠質孫服、一件紅織金纏身龍襴袖辮線袍、綠印金答子貼裡和緙絲纏枝蓮靴套連靴，其

圖 7　《出獵圖》中穿紅織金纏身龍襴袖辮線袍的忽必烈

中紅織金纏身龍襴袖辮線袍繡上大型的織金龍紋，在膝蓋部位還有一
條龍襴，外加一條金線緣飾（見圖7）。皇后察必的服裝是暖帽、白織
金雲肩襴袖海青衣加綠貼裡，其中海青衣的地爲白色，胸前有一個織

金龍紋雲肩圖案，上面有很多花樣，袖子的上半部有圖案，下半部則沒有，袍子的下擺有一條線。這種衣服又稱「雲肩襴袖」，其名稱首見於元至元十年（1273，相當於南宋咸淳九年）。[8] 這種款式在元代並不常見，但到了明代，皇帝的衣服都用了這些元素。紅衣黑臉的揚鞭者頭頂襆頭和鈸笠，身穿紅織金花鹿胸背海青衣（見圖8），腳穿紅雲頭靴套和靴，其衣服也是織金的，雙肩也有圖案。整體而言，所有圖案都是織金顯花的，並經常在某個部位出現，不是雲肩，就是在肩頭、袖子或下擺，而且整體也體現了東方系列清地搭子圖案的概念。

圖8　《出獵圖》中著海青衣者

《出獵圖》涉及的服裝種類有不少。辮線襖或腰線袍，即在腰部有帶狀裝飾的袍子。《元史・輿服志》載：「辮線襖，制如窄袖衫，腰作辮線細褶。」《黑韃事略》載：「用紅紫帛撚成線，橫在腰，謂之腰線。」海青衣，即在前袖開一道口，露出裡面的衣服。這種設計其實可方便穿衣者伸出手來，特別是準備射箭的時候，因為遊牧民族平時都在馬背上，脫衣服不方便。衣服後片肩部還用了紐扣固定住袖子，使袖子和衣身不會脫離，這是很科學的設計。海青衣在整個草原絲綢之路上都有，其他遊牧民族也有穿海青衣的，但在沒有遊牧民族生活的其他地區就不多見。因為被廣泛運用，所以當時的史料也有關於海青衣的記載。宋代鄭所南《心史》載：「衣以出袖海青衣為至禮。其衣於前臂肩間開縫，卻於縫間出內兩手衣裳袖，然後虛出海青兩袖，反支懸紐背縫間，儼然四臂。」搭護又寫作「答忽」、「搭忽」或「搭胡」，即為「皮襖」、「襖子」之意。一般人穿的是羊皮或羊羔皮製成的答忽，也有人穿貂鼠和銀鼠等材質較好的答忽。《元史》提到質孫服時說「銀鼠比肩俗稱襻子答忽」，但韓國的研究顯示，搭胡是一種無袖或半袖長衣[9]，在高麗到朝鮮時期均十分流行，至今也如是。

六、胸背西傳

　　胸背是織在衣服胸前背後的一塊方形圖案。元朝《通制條格・卷九・服飾》中有一條大德元年（1297）三月十二日的聖旨：「胸背龍兒的段子織呵，不礙事，教織者。似咱每穿的段子織纏身大龍的，完澤根底說了，隨處遍行文書禁約，休教織者。」當時的行政機構上書皇帝，告訴他街市上賣的緞子，就是東方系統的織金緞，有很多與皇帝御用的大龍很相似，只是比皇帝的少一個爪子。後來丞相尚書奉旨回應，要求讓百姓織造胸前背後的龍緞，皇帝、大官的有纏身大龍圖案則除外，並要求把文書發到百姓能看到的地方。《朴通事・段子》也有一條相關記載，說明了在大都買胸背的情況：

「那賣織金胸背段子的，將來我看。這回是眞陝西地面裡來的？」

「舍人敢不織好物麼？道地的好胸背。」

「你瞞不得我，我又不是生達達、回回。生達達、回回如今也會了，你怎麼瞞的我高麗人？」

《朴通事·結相識》也記載了兩兄弟換衣服紀念的事：

「咱們結相識，知心腹多年了，好哥哥弟兄們裡頭，一遍也不曾說知心腹的話，咱有一件東西，對換如何？」

「咱對換什麼東西？」

「我的串香褐通袖膝欄五彩繡帖裡，你的大紅織金胸背帖裡對換著。」

「我的帖裡怎麼趕上你的繡帖裡？」

「打什麼緊那？咱男兒漢做弟兄，那裡計較？咱從今已後，爭什麼一母所生親弟兄，有苦時同受，有樂時同樂，爲之妙也。」

《朴通事·操馬》記載兩個將來操馬比賽舍人的對話：

夜來兩個舍人操馬，一個舍人打扮的，腳穿著皀麂皮嵌金線藍條子、卷尖粉底、五彩繡麒麟柳綠紵絲抹口的靴子。白絨氈襪上，拴著一副鴉青段子滿刺嬌護膝。衫兒、褲兒、裹肚等裡衣且休說，刺通袖膝欄羅帖裡上，珊瑚鉤子繫腰，五六件兒刀子，象牙頂兒，玲瓏龍頭解錐兒，象牙細花兒挑牙，鞘兒都全。明綠抹絨胸背的比甲，鴉青繡四花織金羅搭護，江西十分上等眞結綜帽兒上，綴著上等玲瓏羊脂玉頂兒，又是個鷺老勞翎兒。騎著一個墨丁也似五明馬。鞍子是一個烏犀角邊兒慢玳瑁，油心紅盡水波面兒的鞍橋子。雁翅板上釘著金絲減鐵事件，紅斜皮心兒，藍斜皮細邊兒，金絲夾縫的鞍座兒。黃皮軟座

兒。藍斜皮細邊刺靈芝草羊肝漆占，銀絲珥獅子頭的花鐙，電皮心兒藍斜皮邊兒的皮汗替，大紅斜皮雙條彎頭，帶纓筒，秋皮束兒、秋根都是斜皮的。攀胸下滴溜著一個珠兒網蓋兒罕答哈。

朝鮮時期的崔世珍（1515—1517）在這裡加注：「胸背，凡於紗羅段製之上以彩絨織成胸背之紋，裁成衣服者也。」

胸背就像後來中國官服的補子。在韓國，補子到今天依然叫作「胸背」。山東元代李裕庵墓曾出土一件短袖衣服，是典型的元代搭胡，衣服中間有一塊繡上梅花和五隻喜鵲的方形圖案。這類織物以前被認為

圖 9　藍地鷹兔紋胸背

是綾，但筆者認爲應該是織金，只是上面的金也許已被洗掉。[10]另一件藍地鷹兔紋織金胸背袍（見圖9），它也是織金的秋山圖案，只是金已經被完全洗掉，裡面只剩下白色的芯。在藍色的地上，仍然可以清楚地看見一隻海東青在撲獵逃跑的兔子，旁邊還有一隻鳥。[11]

　　二○○五年中國絲綢博物館「黃金絲綢青花瓷」展覽，展出過一件雲龍織金胸背日月雙肩大袖袍。這件袍是女性穿的，袖口很緊，袖籠很大。除了在地上有很多小織金搭子外，在胸前和肩膀也有裝飾。兩個肩部有著分別代表太陽的三足鳥和月亮的玉兔搗藥，下面三角形

圖 10　大袖袍上的龍紋胸背

圖案則是兩條龍，分別托著太陽和月亮，胸前和背後的方形區都有五爪龍（見圖10）。[12]在元代，大部分龍都是三爪龍，只有皇帝才能用五爪龍，說明這件衣服屬於貴族女性；頭戴罟罟冠，身穿大袖袍，本身就是蒙古貴族女性的標誌。至於這件大袖袍出現五爪龍紋的原因，專家也無法考證。

其實，《出獵圖》中也有三個人穿著不同胸背的衣服，其中一個人的胸背是條龍，另一個人的胸背是秋山圖案，有一個蹲著的鹿在回頭看，其雙肩上也有山石和鹿的圖案。最後一個人穿的是胸臆肩袖，《金史》也提及這種圖案的做法，即在胸前和肩膀上裝飾春水秋山：「其衣色多白，三品以皂，窄袖，盤領，縫腋，下爲襞積，而不缺袴。其胸臆肩袖，或飾以金繡，其從春水之服則多鶻捕鵝，雜花卉之飾，其從秋山之服則以熊鹿山林爲文，其長中骭，取便於騎也。」[13]胸臆肩袖指的是胸背和肩部的織繡裝飾，從女眞人開始一直傳到忽必烈時期，是東方系統的織金，使用範圍相當廣泛。

後來，波斯的細密畫也大量使用此類東方胸背。波斯細密畫的年代都在元代之後，而女眞人則約在十二世紀開始使用胸背。因此可以推測，胸背的裝飾方法是在蒙古人快速佔領歐亞大陸期間向西傳播的。現藏於紐約大都會藝術博物館的Bizhan Slaughters the Wild Boars of Irman，其年代約爲一三〇〇年。其中狩獵者身穿一件渾身織金的短袖袍（搭護），並正在回首刺殺一頭野豬（見圖11）。這件短袖袍的胸前是一個方形的胸背，中間有兔紋，雙肩也有三角形區域的肩飾。[14]這大概是我們所知最早出現胸背圖像的西亞繪畫。另一本一三一四年版拉施特丁（Rashid al-Din）《史集》的細密畫中，也至少有三位身穿織金胸背搭護的軍人正進行戰鬥。[15]到十五世紀，此類繪畫作品更多，例如帖木兒時期的波斯細密畫，畫中有很多人都使用胸背，袍子下面也出現織金襴。就服裝的裝飾方法而言，中國通常用雲肩和膝襴，西域一般用胸背和膝襴。觀察這些圖畫，便可以分辨他們所穿的服裝，到底屬東方還是西方系統。

最有名的是現藏克里夫蘭博物館的《列王紀》（The Book of

圖 11　紐約大都會藝術博物館藏波斯繪畫中的狩獵圖

Kings）的卷首插圖，是一四四四年設拉子（Shiraz）的作品。其為一四一〇年的作品。畫中是一個宴會場面，不僅有西亞及西方各國賓客，還有三位來自中國明朝的使者；他們都身穿織金的胸背服裝[16]，說明胸背服飾在當時東西方都很流行。《明實錄》的相關史料中有正統八年（1443），明朝皇帝賞賜可汗的物品包括織金胸背麒麟、白澤、獅子、虎豹青紅緣共四匹，還賞賜可汗妃二人白澤、虎、豹的朵雲細花等緞十六匹，前面四件胸背袍料的等級應與可汗相同，又賜丞相把把只織金麒麟、虎、豹、海馬的八寶骨朵雲綟絲四匹。[17]

　　洪武二十四年（1391）起，中國的官服制度已正式出現補服制度。這種形式起初並不稱為補子，因為補子是指後來補進去的一塊，

且之前都是一次就已織好。元代開始都是按妝花緞的織法，首先規劃好圖案將要在哪裡出現，再用通經斷緯的方法織入。到明代中期，這種織法改叫花樣，有時也保留胸背的叫法，這時的裝飾圖案大都和官職的大小有關。因爲細密畫的作者不是中國人，所以畫上的幾個中國官員衣服的圖案可能不是特別準確。

由此可見，胸背這種裝飾方法從女眞人開始沿用到蒙元時期，並傳播到西方，可謂對紡織服裝產生巨大影響。即使元的統治結束後，影響依然存在。在高麗，胸背也頻頻在《老乞大》、《朴通事》等文獻裡出現，折射出當時與胸背有關的貿易往來。後來在朝鮮時代，其官服制度也仿效中國的補服制度。胸背的設計風格和織造技術，都屬於東方系統。通過以上內容，可瞭解到在金元、蒙元和整個高麗時期，胸背的裝飾方法如何東傳到高麗和西傳到波斯。

注釋

〔1〕關於《老乞大》和《朴通事》兩書的研究論文和專著近年有不少種。最全者為汪維輝編《朝鮮時代漢語教科書叢刊》（共四卷），中華書局2005年出版。筆者較多使用朴在淵校點《〈老乞大〉〈朴通事〉原文諺解比較資料》，鮮文大學校中韓翻譯文獻研究所二○○三年出版。

〔2〕Sim Yeon-Ok.The *Textiles of Buddhist Statue Enshrinements in the 14th Century Korea, in Textiles in Art: from the Bronze Age to the Renaissance.* Early Textiles Study Group— 12th biannual conference, 5th~6th December.

〔3〕Lee Sun-Yong and Sim Yeon-Ok.*The Costumes and Textiles found in Buddhist Statue of Goryeo Dynasty, in Silk Road and Mongol-Yuan Art.* Hong Kong: ISAT/Costume Squad Led, 2005：279~296.

〔4〕Sim Yeon-Ok.2000 Years of Korean Textile Design.I.S.A.T. Seoul, 2006：82~95.

〔5〕趙評春，等.金代服飾——金齊國王墓出土服飾研究.北京：文物出版社，1998.

〔6〕James C. Y. Watt and Anne E,*Wardwell.When silk was gold: Central Asia and Chinese textiles.*New York: Metropolitan Museum of Art, in co-operation with the Cleveland Museum of Art, 1997.

〔7〕大汗的世紀：蒙元時代的多元文化與藝術.臺北：「故宮博物院」，2001.

〔8〕元典章·工部.

〔9〕Ahn In-sil: *Reconstruction of Men's Robe in the Goryeo Period Based on the 13th Century's Yoseon-Cheollik and Dappo, in Silk Road and Mongol-Yuan Art*, Hong Kong: ISAT/Costume Squad Led, 2005：318~327.

〔10〕山東鄒縣文物保管所.鄒縣元代李裕庵墓清理簡報.文物，1978（4）：14~19.

〔11〕趙豐、金琳主編.黃金絲綢青花瓷：馬可波羅時代的時尚藝術.香港：

藝紗堂/服飾工作隊，2005：50~51.

〔12〕趙豐.蒙元龍袍的類型及地位.文物，2006（7）：85~96.

〔13〕脫脫等.金史‧輿服.

〔14〕Marie Swietochowski and Stefano Carboni: *Bizhan slaughters the wild boars of Irman, in Illustrated Poetry and Epic Images: Persian Paiting of the 1330s and 1340s*, The Metropolitan Museum of Art, 1994：77.

〔15〕Roderick MacFarqubar: *The Forbidden City, in Newsweek*, New York, 1972.

〔16〕Basil Gray: *Prisoners before Khusrau, in Persian Painting*, Booking International, 1995：77.

〔17〕明英宗實錄（卷100）.

第十二章 金色納石失：蒙元時期中國與 波斯織工的交流

　　蒙古人據說是鮮卑人的後代，唐時主要在蒙古高原一帶生活，在十世紀至十二世紀臣服於遼、契丹和女眞人。到十二世紀，隨著女眞人勢力減弱，蒙古人勢力日漸壯大，並開始反抗女眞人的統治。一二〇六年，鐵木眞集合了眾多蒙古部落，推選自己爲新的統治者，稱爲大汗。然後他指揮蒙古大軍東征西戰，直至打通了絲綢之路的歐亞大道，使絲綢之路在沙漠、草原和海洋等地並肩而進。這是絲綢之路歷史上最爲壯觀的時代。

一、五大汗國和馬可‧波羅

　　鐵木眞又稱成吉思汗，其統治範圍最初以蒙古國和中國內蒙古爲主。在蒙古人統治範圍附近，還有勢力強大的女眞人、黨項人、回鶻人以及西遼等政權。鐵木眞成爲大汗後，多次向周邊區域發動戰爭。自一二〇五年起，成吉思汗三次攻打西夏。一二一一年，蒙古鐵騎進攻金朝，並佔領中都。一二一八年，蒙古爲消除敵人屈出律，出兵滅掉被屈出律篡位的西遼政權。一二二六年，病危中的成吉思汗再次征西夏，西夏在翌年被滅。

　　經過成吉思汗的征戰，原本四分五裂的版圖也出現了改變。當時波斯帝國有個著名國家叫花剌子模，它兼併了幾個鄰國，國力相當強大。花剌子模曾經提議與蒙古國結盟，共同治理亞歐大陸，並以花剌子模爲西方盟主，蒙古國則爲東方盟主。兩國友好相處，互相保護。然而，一二一九年，蒙古國的使者和商團抵達花剌子模後遭到洗劫，

背信棄義的統治者並沒有加以制止，事件引發蒙古國與花剌子模的戰爭。一二二二年，花剌子模被滅，統治者摩訶末蘇丹逃到裡海的孤島後病逝。

　　一二二七年，成吉思汗病逝。當時蒙古帝國包括蒙古高原，中國西北、東北和華北的一部分以及中亞和西亞的大部分地區。此後，成吉思汗的四個兒子繼承父志，率領軍隊繼續西征，征服了很多歐亞大陸國家，建立了四個歷史地位重要的汗國。成吉思汗之後，歐亞大陸已連成一片，蒙古本部和中國北部的窩闊台汗國，後來與忽必烈的大汗國合併，新疆中亞一帶於是成為察合台汗國，俄羅斯成為金帳汗國，阿拉伯地區則成為伊爾汗國。

　　窩闊台汗國（1225—1309）位於西遼故土一帶（今新疆、中亞一帶）。一二二九年，成吉思汗三子窩闊台（元太宗）繼承大汗之位，將封地賜給其長子貴由。一二四六年，貴由汗繼位，兩年後病故。大汗之位由窩闊台系轉至拖雷系。一二五一年，新任大汗蒙哥對窩闊台系諸王進行鎮壓，除處死、謫遷一部分王公外，又將窩闊台汗國國土分授諸王子孫，以弱其勢。一三一〇年，窩闊台汗國為察合台汗國所敗。

　　察合台汗國（1227—1369）是成吉思汗次子察合台（元聖宗）的封地，初領有西遼舊地，包括天山南北及阿姆河、錫爾河之間的土地，以阿力麻為都城（今新疆霍城縣）。一三一〇年，察合台汗國又合併了窩闊台汗國的大部分封土。十四世紀中期，汗國分為東、西兩部分。東察合台汗國領有窩闊台汗國舊地，以西遼的疏附為都，其後進一步分裂，十六世紀先後被明朝吞併。西察合台汗國領有河中之地，以撒馬爾罕為都城。帖木兒是西察合台汗國人，出生在烏茲別克斯坦的撒馬爾罕附近，他於一三七〇年統一全國，建立帖木兒帝國。

　　成吉思汗生前將鹹海和裡海以北廣袤的欽察草原，賜給長子朮赤為封地。一二三五年，朮赤、拔都（朮赤之子）西征俄羅斯和東歐，一二四三年西征結束，拔都以伏爾加河下游的薩萊為都，東起葉尼塞河，西至多瑙河下游，南迄高加索，北接俄羅斯，建立了欽察汗國

（1219—1502），因大汗帳色金黃，歐洲人又稱其爲「金帳汗國」。金帳汗國的中心在今天俄羅斯的喀山，到十五世紀，金帳汗國分裂爲喀山汗國、克里米亞汗國、阿斯特拉罕汗國、西伯利亞汗國和大帳汗國等國。

伊兒汗國（1256—1388）是拖雷之子旭烈兀遠征西亞所建的汗國。一二六四年，忽必烈大汗正式冊封旭烈兀爲伊兒汗，其汗國東起阿姆爾河，西至地中海，北抵高加索，南達印度洋，其領地包括巴格達和敘利亞一帶。事實上，伊兒汗國和忽必烈的汗國關係比較好。

忽必烈大汗（1215—1294）是成吉思汗之孫、拖雷之子。一二六〇年三月，即汗位於開平，建元中統。忽必烈滅金，遠征四川甚至緬甸，於一二七一年建立大元，自稱爲元世祖，又於一二七九年滅南宋。忽必烈汗國名義上是最大的，後來他繼承了蒙古大汗的王位。他主要的統治區域在東方，即今天的中國。

著名威尼斯商人馬可·波羅（Marco Polo）到中國的故事，也在同期發生。馬可·波羅於一二五四年出生在威尼斯，父親和叔父都是商人，早年曾到中國旅行。根據馬可·波羅的個人說法，一二七一年他十七歲時，父親和叔父拿著教皇的覆信和禮品，帶著他與十幾位旅伴一起向東方出發。他們從威尼斯進入地中海，然後橫渡黑海，經過兩河流域，來到中東古城巴格達，並從霍爾木茲向東，越過伊朗沙漠，跨過帕米爾高原，最後來到中國新疆。穿過塔克拉瑪干沙漠和河西走廊後，終於到達上都，並獲忽必烈大汗接見。

一二七五年，馬可·波羅的父親和叔父向忽必烈大汗呈上教皇的信件和禮物，及後忽必烈大汗攜他們同返大都。馬可·波羅借此機會走遍中國，先後到過新疆、甘肅、內蒙古、山西、陝西、四川、雲南、山東、江蘇、浙江、福建以及北京等地，還出使過越南、緬甸和蘇門答臘，更曾在揚州當過一段時間的官（見圖1），現在中國很多地方都有他的雕像。馬可·波羅也到過浙江杭州，他對杭州印象深刻，在《馬可·波羅遊記》裡，他用了不少篇幅讚美杭州。杭州的西子湖畔也有一尊他的雕像（見圖2）。

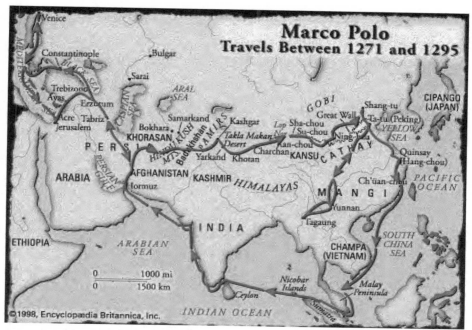

圖 1　馬可‧波羅遊歷路線圖

圖 2　杭州西湖邊的馬可‧波羅像

到一二九二年，馬可・波羅在中國生活十七年後，想回到義大利。他們一家受忽必烈委託，護送一位蒙古公主到波斯成婚，遂於一二九五年藉機回鄉。馬可・波羅回到威尼斯後，很多人已經不認識他，拒絕他進門，經他耐心解釋，並展示大量金銀財寶，才獲准進入。一二九八年，馬可・波羅參加了威尼斯與熱那亞的戰爭，他還出資建造了一艘船，結果威尼斯戰敗，馬可・波羅也被俘。他在獄中遇上作家露絲梯謙（Rusticiano），由馬可・波羅口述、露絲梯謙筆錄的《馬可・波羅遊記》，就是在此背景下寫成的。

　　《馬可・波羅遊記》是第一部由歐洲人詳盡描繪中國歷史、文化和藝術的遊記。十六世紀義大利收藏家和地理學家賴麥錫（Ramusio，1485－1557）說，一二九九年《馬可・波羅遊記》（下稱《遊記》）僅出版數月就在義大利隨處可見。馬可・波羅在一三二四 年逝世前，《遊記》已有多種歐洲語言譯本出版，現在《遊記》更被譯為一百一十九種版本，在世界各地廣傳。研究馬可・波羅的學者莫里斯・科利思（Maurice Collis）認為，《遊記》「不是一部單純的遊記，而是啟蒙式作品，對於閉塞的歐洲人來說，無異於振聾發聵，為歐洲人展示了全新的知識領域和視野，這本書的意義在於它促進了歐洲人文科學的廣泛復興」。

　　《遊記》出版後，也有不少人質疑此書的真實性。他們認為馬可・波羅是騙子，在馬可・波羅晚年，還有人強逼他承認自己說謊。馬可・波羅堅稱，他所說的距離所知的真相還不及一半。當時有人譏諷他為「馬可百萬」，認為他雖然富有，但言不可信。

　　大部分的歷史學家在分析了馬可・波羅出行的路線之後認為，當年他經陸路到東方，又從中國北方到南方，還到過比較邊遠的地區，最後經海上絲綢之路返回義大利。馬可・波羅幾乎走遍了東方，《遊記》裡的部分記錄是他親身經歷的，也有些是他聽說的。從他的旅行經歷、當時的文獻記載和出土文物可見，當時東方和波斯、西亞的交流特別頻繁，我們以納石失為例詳細說明。

二、納石失局

「納石失」一詞指的是「金錦」，但與其相關的歷史記載並不多，其中《元史》提到中國境內織造納石失的重要機構有五個。工部下面共有三個局生產納石失，其中兩個別失八里局都負責織造納石失，另外毛段二局內部也設織造納石失局，儲政院轄下也有兩個局，分別為弘州納石失局和蕁麻林納石失局。[1]

別失八里局全名為「別失八里諸色人匠局」，至元十三年（1276）起設在大都，工匠來自別失八里，產品為「御用領袖納失失等段匹」。另一個別失八里局，僅被《元史・百官志》記錄有「官一員」，難悉其詳。不過，從《百官志》的排序分析，它應該也是織造納石失的織染作坊，局址在中書省南部，工匠也應該來自別失八里。今天，別失八里位於新疆吉木薩爾，又名「破城子」。

納石失是納石失毛段二局的其中一局，《元史・百官志》記有「院長一員」，此職位在窩闊台時代設立，局址在弘州（今河北陽原），早期應該由鎮海家族管理。鎮海（1169—1251）原名沙吾提，畏兀兒人，是成吉思汗功臣之一。正史說他是景教徒，也有人說他是穆斯林教徒。成吉思汗被王汗擊潰，逃亡到呼倫貝爾草原、班朱尼河上游時，鎮海與之同飲河水、吃馬肉，並以全部家產充作軍資，是其中一位誓師將軍，曾隨軍出征乃蠻、金朝、屈出律和欽察，立下大功。成吉思汗平定花剌子模後，曾在阿爾泰山東南屯墾，稱為「鎮海城」，元太宗曾任命他為必闍赤（即右丞相）。《元史・鎮海傳》曰，太宗時，「收天下童男童女及工匠，置局弘州，既而得西域織金紋工三百餘戶及汴京織毛褐工三百戶，皆分隸弘州，命鎮海世掌焉」。蒙哥即位後，鎮海因與窩闊台關係密切而被處死。

儲政院轄下的弘州納石失局（今河北陽原）和蕁麻林納石失局（今河北張家口西之洗馬林），均於至元十五年（1278）設立。弘州局規模較大，由忽三烏丁大師管領。蕁麻林局規模較小，由漢人楊提領管領。至元十六年到三十一年時，蕁麻林局曾併入弘州局，合併時

「命忽三烏丁通領之」，分開後「仍以忽三烏丁總爲提調」，可見納石失的設計人員、工匠和管理者都來自西域。

《馬可‧波羅遊記》中的巴格達城和天德州章節，都提到納石失的生產[2]，其中第二十四章《報達大城及其陷落》提及：

> 報達（Bagdad）是一大城，世界一切回教徒之哈里發居焉，同羅馬之爲基督教教皇之駐所者無異。……報達城紡織絲綢金錦，種類甚多，是爲納石失（Nasich）、紫錦同不少別種奇麗織物。

另外，第七十三章《天德州及長老約翰之後裔》也提到：

> 由此州東向騎行七日，則抵契丹（Khitan）之地。此七日中，見有城堡不少，居民崇拜摩訶末，然亦有偶像教徒及轟思脫里派之基督教徒。以商工爲業，製造金錦，其名曰納石失（Nasich）、毛里新（Molisins）、納克（Naques）。並織其他種種綢絹，蓋如我國之有種種絲織毛織等物，此葷亦有金錦同種種綢絹也。

巴格達和天德州相距甚遠，歐洲人都知道巴格達是伊斯蘭教的中心，但一直不清楚契丹的位置。直到傳教士對中國有較深入的瞭解後，歐洲人才明白馬可‧波羅說的契丹就是中國。他提到天德州在中國境內，經考證後，發現位置與正史記載的弘州相近。

馬可‧波羅說巴格達和天德州都有織造納石失，這意味兩地工匠可能有一定的關聯。很多史料都有記載關於工匠的記錄。蒙古人征戰途中，每佔領一塊領地，都會把工匠抓到東方，來從事自己本行的技藝工作。波斯史學家志費尼在《世界征服者史》也有記載，察合台、窩闊台攻下訛答剌（今哈薩克南部阿雷思河和錫爾河交匯處）時，「那些刀下餘生的庶民和工匠，蒙古人把他們擄掠而去，或者在軍中服役，或者從事他們的手藝」。在撒馬爾罕（今烏茲別克斯坦的第二大城市），「蒙古人清點刀下餘生者，三萬有手藝的人被挑選出來，

成吉思汗把他們分給他的諸子和族人」。在花剌子模的國都玉龍傑赤（今烏茲別克斯坦花剌子模），蒙古軍「把為數超過十萬的工匠藝人跟其餘的人分開來，孩童和婦孺被夷為奴婢，驅掠而去」。窩闊台征哥疾寧（今阿富汗加茲尼），「工匠一類的人留在一邊，其餘的人被處死」。拖雷攻下馬魯城（今土庫曼斯坦馬里）後，「傳令除了從百姓中挑的四百名工匠，及掠走為奴的部分童男童女外，其餘所有居民，包括婦女、兒童，統統殺掉」，及後進佔你沙不兒（今伊朗東北境之尼沙普爾），「把活人殺光，僅剩下四百人，這些人因為技藝而被挑選出來，並被送到突厥斯坦（即新疆），其中一些人的後裔至今仍能在那裡找到」。

當時很多史料都稱這些工匠為「回回」，他們多數為伊斯蘭教的中亞人和西亞人，主要是花剌子模人，對蒙古的發展，特別是百工技藝方面貢獻良多。一二一七年花剌子模國力最強盛時，北以錫爾河為界，東以帕米爾和瓦濟里斯坦山區為界，囊括了河中、大半個阿富汗和幾乎整個波斯。後來花剌子模被蒙古所滅，大量工匠被俘虜，他們的工藝和技術也因此傳到蒙古統治的帝國。中國文獻也如是說，例如徐霆《黑韃事略》曰：「後來滅回回，始有物產，始有工匠，始有器械。蓋回回百工技藝極精，攻城之具尤精。」所以，波斯織工和東方織工就是在這個背景下形成關係。史料提到的大量回回工匠，其實就是波斯工匠，而管理中國納石失局的回回，大部分都有波斯背景。

三、納石失與織金

「納石失」是波斯語詞的音譯，源於阿拉伯語，又有納失失、納什失、納赤思、納闍赤、納奇錫、納赤惕、納瑟瑟等多種音譯，到清代又音譯為「納克實」。有些外國旅行家見過納石失後，把它翻譯為自己的語言，例如Nasich、Nasij、Nasic、Nachiz、Naciz、Nasis等，都是指納石失。

當時納石失被蒙古人用於生活各個方面，不過要數最常用納石失

的人，還是帝后宗親。除了自用，天子還經常將納石失頒賜給百官和外蕃。納石失的用途與一般絲綢大致相同，都可用來裁造衣帽、帷幔和茵褥等。由於它圖案華麗，色彩燦爛，裝飾性強，又經常被用來製造衣緣，所以別失八里局的主要職責，就是生產衣緣納石失。納石失也是外衣的主要面料，其中以質孫宴使用納石失最多。質孫宴是蒙元時期獨有的大型宮廷宴會，與宴者動輒逾千，上至君王百官，下至樂工儀衛，都要穿精粗不等、尊卑有別的同色服裝。據《元史》記載，質孫衣分爲數等，天子冬夏凡二十六種，百官二十三種，其中頭幾等的質孫衣都用納石失製成。著名工藝美術史家尚剛先生認爲，蒙古君主非常鍾愛納石失，不僅生前願它不離左右，死後還要以它遮覆棺木、裝飾車馬。而鍾愛納石失的原因可謂源遠流長，當年成吉思汗坐在阿勒泰山上，曾經發誓要把妻妾媳女「從頭到腳用織金衣服打扮起來」。果然，一旦擁有了絲織業，蒙古人的袍服面料隨即換爲織金錦，並且不限於后妃、公主。所以，帝王親貴和蒙古族對納石失的鍾愛，令納石失風靡天下。[3]

筆者在上一章提到的金緞子，跟納石失是有區別的。《元史》曰：「納石失，金錦也。」虞集《道園學古錄》曰：「納赤思者，縷皮傅金爲織紋者也。」不過，並非所有織金錦都是納石失。納石失與普通織金不同，元代文獻已經區別了金緞子和納石失。從《事林廣記》可見，每逢年節，各類衙門都要向皇帝進奉，例如中書省的新春貢獻，就分別包括「納闍赤九匹」和「金緞子四十五匹」。[4] 在同一清單裡，也提到了納石失和金緞子，說明納石失、金緞子和普通織金不盡相同。馬可·波羅也認爲納石失與一般織金不同，他在《遊記》除了提到被稱爲Nasich 的織金物外，還提到一般的金錦（cloth of gold and silk）。這些金錦大部分都以中原和宋朝爲故地，茲節錄如下：

汗八里城（北京）：用此絲製作不少金錦綢絹。

涿州大城（河北境內）：織造金錦絲絹及最美之羅。

哈強府：織造種種金錦不少。

哈寒府城：饒有絲，以織金錦絲羅，其額甚巨。

南京城：有絲甚饒，以織極美金錦及種種綢絹。

鎮江府城：產絲多，以織數種金錦絲絹。

蘇州城：產絲甚饒，以織金錦及其他織物。

襄陽府：生絲的產量很高，用金線織成的最精美的綢緞也產於此城。

　　要區別織金錦和納石失，可以從考察出土實物入手。按照其組織結構，蒙元時期的加金織物分兩大類：中國傳統的地絡類織物和新出現的特結類織物；前者是金緞子，屬東方系統，後者是納石失，屬西方系統。前者是在平紋或斜紋地上，用地經進行固結的加金織物，所用的金線常為片金，包括金搭子、渾金搭子、雲肩襴袖、胸臆肩袖和胸背式的織金；後者用兩組經絲，一組與地緯交織，另一組是用以固結起花的金線，而金線可以是片金或撚金。至於納石失和金緞子的詳細區別，可見下表。

納石失和金緞子的詳細區別

種類	納石失	金緞子
組織	特結型重組織	地絡類重組織
圖案	西域風情，滿地	中原風格，清地
金線	縷皮傅金	紙背片金
門幅	幅寬較大，八十至九十釐米	幅寬較小，六十至七十釐米
織技	通梭織造	經常通經斷緯
價格	較貴	便宜

　　在盛唐，金緞子的織法並不多見，晚唐初遼時才開始較常用，到

金代則被廣泛使用。例如從劉貫道的《元世祖出獵圖》可見，忽必烈等人的服裝都用了東方系統的織金面料，但皇后的服裝（特別是領和袖）就用了金緞子和納石失分別屬兩種系統的織物。臺北故宮博物院所藏的寧宗皇后畫像，也見其領和袖較寬的部分都用上清地面料，以貴重的紫色作地，並用了搭子金花，是爲金緞子。較窄的部分則以金爲地，並用紫色和紅色勾邊，是爲納石失。其實，金緞子有時也叫「金搭子」，具體命名要視圖案而定。再舉一例，明宗皇后畫像中，領子上的靈芝紋樣滴珠窠造型也用上清地織金，較窄的部分用了納石失（見圖3）。按此脈絡，就能理解生產這類服裝時，領子和袖口原來是配套的。

圖 3　明宗皇后像領緣上的靈芝雲金緞和靈鷲紋納石失

四、納石失的考古發現

元代有絲織品出土的遺跡並不算多，分佈在十多個地方，它們又分幾個時段出土。

首先是北京的雙塔寺，其出土文物的年代屬蒙元時期的早期。

〔5〕寺內收藏的出土織物只有金緞子,其他出土織物都屬東方系統,和遼金時期的織物相似,說明當時蒙古人和波斯的往來未算頻繁。雖然雙塔寺現時已不存在,但出土文物都收藏在首都博物館。

其次是年代稍晚的北方元代遺跡,其出土文物大部分均有納石失。內蒙古的盜墓情況嚴重,據稱屬十三世紀的部分重要文物(例如鑲黃旗明水墓地和四子王旗墓地)均被破壞,幸好早期出土文物(例如大量納石失織物)都保存得較好。〔6〕內蒙古附近的河北祐源貴妃台,原來傳說是蕭貴妃墓,近年修復貴妃台時發掘了一個十三世紀的墓葬,應該是一座女性墓,其中出土了納石失的大袖袍。

河北隆化的鴿子洞位處山頂,本來是人跡罕至的洞穴,因為鴿子喜歡到處飛而有「鴿子洞」之稱。有一次,幾個玩耍的小孩無意中在洞裡發現一塊很大的被面,遂拿回家用。這幾個小孩把他們認為不好的東西,從懸崖上的洞口扔到山下的河裡,那時正值一九九九年的冬天,山下的河水剛好結了冰。他們把被面拿回村裡,村書記認得這是件文物,遂致電縣文物局。當時正值春節假期,假期後,文物工作者就按線索在河裡尋回其他文物,翻查文書後,發現這些都屬十三世紀晚期的元代織物。由於這些織物都不是在墓裡出土,所以都保存得特別好。其中的織繡品色彩都非常鮮豔,但織品中使用納石失裝飾的量非常小,說明當時納石失非常昂貴(見圖4)。〔7〕

內蒙古以西的甘肅漳縣,有一個汪氏家族墓地。據說汪氏家族是十一世紀早期的汪古部落,曾經協助蒙古人作戰,是蒙古的一支重要軍隊,後來獲大汗分封,其中一支封在甘肅。二十世紀八〇年代,考古學家開始發掘這個墓地,其中出土文物的年代早至元代,晚至明代。這些出土文物包括納石失製品,考古學家鑒定後證實它是一件罟罟冠上披風,有曲水地上的花瓣形團窠,和典型的錦地開光圖案。儘管有些金已經剝落,但仍然金光閃閃,非常華麗。〔8〕

敦煌莫高窟被認為是晚唐五代時期的遺跡。宋初以後便少有遺跡出現,因為西夏人攻入敦煌後,莫高窟藏經洞的洞口就被封了。由於西夏人長時間佔領敦煌,且蒙古人後來也曾在敦煌生活,所以敦煌的

圖4　隆化鴿子洞中出土的元代百衲片（居中者為納石失）

壁畫也有西夏和元代的作品。特別在莫高窟以北，因為被西夏和蒙古人視為生活居所，所以遭到了嚴重破壞。不過，這幾年敦煌研究院進行了徹底發掘和清理，發現了大量十三世紀至十四世紀的元代絲織品，但保存得不好。這些絲織品有織，有繡，有印染，也有納石失風格的織物（見圖5），圖案分別有顯牡丹花樣和滴珠窠紋樣。[9]

　　在離敦煌不遠、新疆吐魯番附近的鹽湖古墓，發現了一位戰死將軍的遺體。墓裡保留了不同朝代的文物，其中一件衣服也有納石失的領邊，估計屬十三世紀。這件衣服還有極罕見的人物形象，引起眾多國際學者的關注（見圖6）。[10]

　　俄羅斯境內也發現很多蒙元時期的織物。俄羅斯以前屬金帳汗

國，在內蒙古和蒙古一帶發現的納石失，數量和種類遠比俄羅斯發現的少。在頓河和伏爾加河流域的山谷，就曾經發現大量織金錦，更有不少是納石失。俄羅斯學者也對此加以研究，其中莫斯科歷史博物館的紡織品修復師和研究人員做了很多工作，他們修復了在阿斯特拉罕（Astrakhan）兩座女性墓穴發現的織物，也修復了在俄羅斯境內薩拉托夫（Saratov）等地出土的大量織金織物。[11] 可見沿著絲綢之路走，凡有保存絲織品條件的地方，都有納石失的出土或存在。相反，元代南方墓葬出土的織物，則完全沒有納石失，這與相關史實吻合。

五、納石失的圖案

研究納石失圖案是非常困難的，因為當時的文化背景複雜，文獻記載不多，語言工具又未統一，圖案反映了太多宗教信仰、民間傳說、民族習俗、地理環境和藝術喜好等因素。不過近年國際學者也一直努力為研究創造各種條件，其中藝術史和工藝史的

圖 5　敦煌北區出土的元代納石失殘片

圖6　新疆鹽湖古墓的元代納石失殘片

研究，已取得較大進展。

　　納石失圖案很多時候都與雕或鷹有關。筆者在前文已介紹過青海阿拉爾出土的雙頭鳥紋樣織物，不過這只是一隻雙頭孔雀。其實早在漢晉時期，中國刺繡就有雙頭鳥造型出現，這跟西方文化有關。從紐約大都會藝術博物館收藏的雙頭鷹紋納石失可見，那隻鷹抓著一個回

圖 7　紐約大都會藝術博物館藏雙頭鷹紋納石失

望的龍頭（見圖7），有學者認爲這是典型的中亞風格雙頭鳥形象。
[12] 這種圖案在十二世紀前後的歐洲非常流行，後來很多在澳門生產
的外銷瓷也經常使用雙頭鷹圖案，行家看到澳門產的雙頭鷹，就知道
這是特別爲外貿而生產的。對鷹和對雕紋樣也出現得比較多，其中位
於德國克雷菲爾德（Krefeld）的德國紡織博物館，收藏了一件非常
著名的納石失織物，外面有典型的中國龍，中間有兩隻鷹。鳥翅上面
有圓圈，圓圈的符號類似伊斯蘭早期文字形庫菲體，可見早期伊斯蘭
文化與波斯文化融合的情況。[13]

其他蒙元織物的動物紋樣，很多都與獅子有關。十九世紀末，大量從西藏寺廟流傳到世界各地的織物都是納石失，其中有明顯的獅子題材。收藏在美國克利夫蘭藝術博物館的獅子格列芬納石失錦，保存得比較好，織物以團窠爲主，團窠有一對有翅膀的獅子，其尾巴還有一個龍頭，被認爲是中亞風格圖案的一大特徵。團窠之外還有一對動

圖8　內蒙古明水墓出土的辮線袍上的對獅紋納石失

圖 9　紐約大都會藝術博物館藏四兔紋納石失

物，除了頭部長著鷹喙，其他地方的造型都與獅子一致，所以可判斷這是格列芬的造型。[14] 內蒙古明水墓出土的一件袍子，也有一塊對獅的織錦，不過此織錦上的獅子是斯芬克斯（Sphinx）造型（見圖8）。[15] 織物的外輪廓是方形，裡面是圓形，盤著小花瓣。獅身人面的造型看上去可能很奇怪，但後來發現波斯青銅鏡原來也有相同的處理方法。內蒙古有一件大型的織金錦袍是私人收藏，曾經在北京大學展出，其巨大的團窠很是壯觀，裡面明顯是格列芬的造型，外圈用花裝飾，花與花之間是類似阿拉伯的庫菲體，同樣的花紋組合也在中亞銅鏡上出現過。

　　獅子、格列芬和鷹鷲圖案都類似西方風格，相反，東方風格通常以春水和秋山為代表。春水和秋山正是遼金裝飾圖案中最具代表性的圖案，通常同時有兔和鹿出現。在蒙元早期出現的金緞子和金搭子，也有很多始於女真時期的滴珠窠紋樣和兔鹿題材。這些題材也影響了在東方織造的納石失織物。收藏在紐約大都會藝術博物館的一件織金納石失織物，其中一個團窠裡就有四隻兔子在旋轉奔跑，每兩隻兔子共用兩隻耳朵，所以四隻兔子只用了四隻耳朵，設計簡潔巧妙（見圖9）。[16]

　　西方系統的納石失跟東方系統的龍袍一樣，都有運用肩襴佈局。筆者曾經把一件完整納石失錦袍的袍子打開，並復原所有裁開的面料，發現原織物約闊九十釐米，更發現原來肩膀上的肩襴裝飾圖案織在哪個位置，都有一番學問。收藏在英國的滴珠鹿紋納石失錦袍，腰部有辮線區，辮線之下還有褶皺。但它的肩部圖案與其他部位不同，肩部外區有小型裝飾，中間則有較大型的裝飾物，看起來是一種與伊斯蘭文字有關的幾何紋樣。在中國境內發現的年代最早的納石失錦袍，其肩襴部位也有著與其他部位不同的圖案。收藏在大都會的一件團窠對獸紋納石失面料，其作為基本圖案的對獸團窠一到了肩部位置，就被換成肩襴圖案。這說明肩襴只出現在織物的某一部位，與地紋無關。即使在俄羅斯金帳汗國遺址出土的一件納石失團窠紋樣織物，其肩襴的設計都與地紋無關，紋樣與當時金帳汗國的金銀器、中

亞留下來的陶器和瓷器的紋飾類似（見圖10）。國內最早有肩襴的服裝是黑龍江阿城金墓出土的一件織金袍，織金屬東方系統，其膝蓋和肩膀都有襴飾，與當時伊斯蘭風格的建築和工藝品的裝飾非常相似，估計遼金時期的織物紋樣也受到伊斯蘭文化的影響。

圖 10　俄羅斯出土的納石失盤長紋肩襴

　　在蒙元時期，龍鳳題材已流傳到中亞地區。在俄羅斯金帳汗國遺址出土的織物，也有類似實例，當中圖案包括龍、鶴、花，還有與龍配套的火珠。為瞭解這種面料製成衣服後穿在人身上的效果，研究人員進行了立體模擬復原工作。在立體模擬圖中，當地人身穿的是龍紋織錦，外面就穿了鳳穿牡丹織錦。鳳穿牡丹織錦有牡丹或蓮花，還有長尾鳳鳥，一排往左邊飛，另一排往右邊飛（見圖11）。中國絲綢博物館也收藏了一件織物，上面有牡丹或海石榴紋，還有長尾鳳紋，與

圖 11　俄羅斯出土的鳳穿牡丹紋納石失

俄羅斯出土的鳳穿牡丹非常相似。當時金帳汗國的建築也廣泛採用中國的龍紋和鳳紋，其他工藝品和器皿都經常出現龍鳳紋，其形象也與中國傳統龍鳳形象非常接近。花卉紋樣也是類似東方系統的，金帳汗國的納石失袍子也有與宋代織物一樣的花草紋樣，還有鳥、兔子和花草搭配，整個圖案意境平和，種種藝術形式充分體現了當時東西文化交往的頻繁。

錦地開光圖案始於遼代，非常適合納石失的藝術形式，因此被廣泛應用。為了充分展現金線的華美和避免浮長過長，導致面料過緊，設計納石失時一定要特別注意交織點的佈局，且要用很細密的地紋。錦地開光是借鑒東方的圖案，從耶律羽之墓的文物可見，自遼代起，東方國家便大量織造錦地開光，也有傳後來契丹人建立西遼政權時，不經意把錦地開光帶到西方。目前最完整的元代納石失，是一組用帳篷或類似建築製成的屏風，物料都是錦地開光，而開光後的團窠可見到龍鳳紋樣。

開光後的團窠多是圓形或帶瓣的圓形，不過有一種上尖下圓的滴珠紋也十分流行，後來聞名世界的波斯「佩茲利紋」（俗稱「火腿紋」），就是由滴珠窠紋演變而成的。設計時如果運用火腿紋，更可讓人感受到異地風情。錦地開光圖案還可能包括運用盤長雜寶的紋樣，有時它與龍紋併排，這與宋元時期綾羅綢緞上的紋樣很接近，應該算是東方系統的紋樣。盤長是元代八吉祥之一，經常在元代織物中出現。

六、撒答剌欺

筆者在第六章提到，唐代有一種著名緯錦可稱為贊丹尼奇，中亞史也經常提及與贊丹尼奇相關的故事。晚唐到五代的敦煌文書有提及「沙沙那錦」一詞，這可能是贊丹那的對譯，因為它的織物規格同屬中亞系統。到遼金時期，中國史料開始提及「贊丹寧」，這也應該是贊丹尼奇的對譯；到元代，中國史料特別提到一種叫撒答剌欺的織

物，這被公認爲贊丹尼奇，《元史》提到元代也有專門生產撒答刺欺的機構：「撒答刺欺提舉司，秩正五品。提舉一員，副提舉一員，提控案牘一員。至元二十四年，以箚馬刺丁率人匠成造撒答刺欺」[17]。明朝洪武年間，還有撒馬爾罕人進貢撒答刺欺兩匹的記錄。[18]筆者在布哈拉附近考察時也瞭解到，十九世紀前，當地仍然向俄羅斯出口贊丹尼奇，直至蘇聯十月革命後，國家取締私有經濟，整個織造作坊關閉，贊丹尼奇才停產。由此可以推論，元代撒答拉欺和唐代贊丹尼奇應該是一脈相承的。

　　筆者發現，元代有一類純彩色絲線的織物，充滿了唐代贊丹尼奇的影子。這些織物在青海阿拉爾出土，屬十一世紀至十二世紀，分析過部分織物後發現，這些織錦用的還是斜紋緯錦技術，與唐代贊丹尼奇完全一樣。這種緯錦傳到中國後，織造技術逐漸發生變化，到晚唐時已發展成遼式緯錦，但在中亞和中國西部地區，仍然沿用傳統的緯錦技術，只是圖案有些不同。這種技術到蒙元時期仍然沿用，只是紋樣不同。大部分撒答拉欺圖案都富有中亞特色，類似當時中亞的瓷器及其他工藝品，花卉邊緣也是阿拉伯的庫菲體。中國絲綢博物館收藏了一件類似織物，也是用斜紋緯錦技術，團窠環也是庫菲體，中間的主題紋樣是對格列芬（見圖12）。[19]在元集寧路窖藏發現的著名錦被中也可看到格列芬圖案，那件錦被的團窠中間有兩隻動物，起初以爲是柔軟溫順的小綿羊，分析其嘴巴的特點後，便斷定這是格列芬，也許是經過設計的演變，使它失去了原本兇猛的特點，與其黃金守護神的形象相距甚遠。但這件錦被用的織造技術是特結錦，與納石失的組織結構大致相同。筆者推測，由於普通大眾不懂分析織物組織，所以這些納石失織機生產的、僅用彩絲織成的特結錦，也可以看作是一種撒答刺欺。

　　雖然中國以前沒有納石失這種紡織品，也沒有生產納石失的技術，但納石失技術通過波斯或回回織工傳入中國後，一度被大量使用，特別是蒙元時期生產質孫服的時候。這種技術後來在中國仍然沿用，主要用於生產明清時期的宋式織錦。但到明清之際，官方最常用

圖 12　團窠對格列芬錦

的技術還是基於東方系統的妝花技術。綜合以上所述，東西方文化的
密切聯繫和實質交流，並非虛有。所以，儘管蒙元時期戰亂紛爭不
斷，但驍勇善戰的蒙古人除了打下了地域遼闊的江山，促進多種文化
融合之外，也促進了佛教、伊斯蘭教和基督教的交流。納石失和撒答
剌欺只是絲綢之路文化的一個部分，但由於當時幾乎所有人都有穿這
種服裝，所以其影響力是不可低估的。

注釋

〔1〕尚剛.元代工藝美術史.瀋陽：遼寧教育出版社，1999：116~122.

〔2〕馬可·波羅.馬可·波羅遊紀.馮承鈞，譯.上海：商務印書館，1936.

〔3〕尚剛.元代工藝美術史.瀋陽：遼寧教育出版社，1999.

〔4〕事林廣記·元日進獻賀禮.

〔5〕北京市文化局文物調查研究組.北京雙塔慶壽寺出土的絲棉織品及繡花.文物，1958（9）.

〔6〕蓋山林.陰山汪古.呼和浩特：內蒙古人民出版社，1991.

〔7〕趙豐主編.紡織品考古新發現.香港：藝紗堂/服飾工作隊，2002 ：153.

〔8〕林健.漳縣元汪氏家族墓出土冠服新探//絲綢之路與元代藝術國際學術討論會論文集.香港：藝紗堂/服飾工作隊，2005 ：183~189.

〔9〕彭金章，王建軍.敦煌莫高窟北區石窟（第一、二、三卷）.北京：文物出版社，2000，2004.

〔10〕王炳華.鹽湖古墓.文物，1973 （10）.

〔11〕Zvezdana Dode.*Medieval Costume of the Peoples of the North Caucasus*. East Literature Press.Moscow.in Russia, 2001.

〔12〕James C. Y. Watt and Anne E.,Wardwell.*When silk was gold: Central Asia and Chinese textiles*.New York: Metropolitan Museum of Art.in co-operation with the Cleveland Museum of Art, 1997：127~140.

〔13〕趙豐.織繡珍品：圖說中國絲綢藝術史.香港：藝紗堂/服飾工作隊，1999 ：274.

〔14〕James C. Y. Watt and Anne E., *Wardwell.When silk was gold: Central Asia and Chinese textiles*. New York: Metropolitan Museum of Art.in co-operation with the Cleveland Museum of Art, 1997：142~143.

〔15〕夏荷秀，趙豐.內蒙古烏蘭察布盟達茂旗明水鄉出土的絲織品.內蒙古文物考古，1992（1~2）.

〔16〕James C. Y. Watt and Anne E., *Wardwell.When silk was gold: Central Asia and Chinese textiles*. New York: Metropolitan Museum of Art.in co-operation with the Cleveland Museum of Art，1997：158~159.

〔17〕脫脫等.元史・百官志.

〔18〕洪武實錄（洪武二十五年三月）.

〔19〕中國絲綢博物館.絲國之路——五千年中國絲綢精品展.ROSIZO.聖
彼德堡，2007：109.

第十三章　大洋花：明清之際的東西方絲綢交流

　　東西方在絲綢之路上的不同交流階段各有特點，有時重和親，有時重商貿。蒙元時期開始，傳教士在絲綢文化交流的過程中扮演著重要角色，他們懷攜教皇的信件，肩負傳播教義的使命，不遠萬里來到中國，到明清時期規模更是空前盛大。

一、傳教士和西洋布

　　義大利傳教士柏朗嘉賓（Giovanni da Pian del Carpine，1182—1252）是蒙元時期的傳教士代表。他生於義大利佩魯賈，是聖方濟各（聖法蘭西斯）的摯友，小兄弟會（方濟各會）的創始人之一。一二二一年，他被聖方濟各派遣到日爾曼、西班牙等地，一二四六年被教宗英諾森四世（Pope Innocent IV）派往蒙古帝國首都哈拉和林（Karakorum），晉見蒙古大汗貴由（窩闊台之子），但是未能說服貴由皈依天主教，翌年回國，其後寫成《蒙古行記》一書，成為十三世紀至十四世紀東西方交往熱潮的先行者。另一位法國傳教士魯布魯乞（Guillaume de Rubrouck，約1220—1293），又譯魯不魯乞、盧布魯克，是法國方濟各會教士。一二五二年，法國國王路易九世派遣他出使蒙古帝國，抵達首都哈拉和林後，獲大汗蒙哥接見，後來寫成《魯布魯乞東遊記》。

　　1338年12月，身為教皇專使之一的義大利人馬黎諾里（Giovanni de Marignolli）前往大都，一三四一年九月抵達察合台汗國都城阿力麻里（Armalec），停留三個月後，由哈密前往大都。一三四二年八

月，馬黎諾里向元順帝呈教皇書，在大都留住四年，曾與猶太教徒辯論，一三四六年經杭州、寧波、泉州泛海回國。一三五三年，他抵達亞維農，呈元順帝致教皇克萊孟六世（1342－1352在位）的國書，翌年寫成《馬黎諾里遊記》。

蒙元時期西方十字軍東征，所以很多西方人來過東方後，都在書裡把東方描寫成奇幻國度。到明代，西方人日益渴望瞭解東方，有些學者因各種原因未能親臨中國，但也整合了大量資料和史料，出版不同書籍。例如西班牙作家門多薩（Juan González de Mendoza，1540－1617）的《中華大帝國史》，初版西班牙文於一五八五年出版，其後十年內又出版了義大利文、法文、英文與荷蘭文翻譯本，到十六世紀末，《中華大帝國史》已再版四十六次，成為向歐洲介紹中國政治、制度、工藝、文化和文字的重要著作，更為日後眾多遠赴東方的傳教士提供了可靠的參考。

當時最著名的傳教士團體是耶穌會。耶穌會拉丁原名為Socie tas Jesus, S. J. ，是天主教主要修會之一，一五三五年八月十五日由西班牙羅耀拉的依納爵（Ignace de Loyola）創立，最主要任務是教育及傳教，包括興辦大學，但經歷二百多年後被迫解散。耶穌會的組織架構嚴密，總會長為終身制，駐守羅馬，全球設七十七個教省，每個教省設省會長一職。各省會士外出傳教，意謂在當地建立歸省政府管轄之傳教區。各地會士需絕對效忠總會長，故總會長又有「黑衣教皇」之稱。正式會士除發三願（絕財、絕色、絕意）外，還發第四願，即絕對效忠教皇。部分信仰堅定的傳教士，立志遠赴東方傳播教義。一五四九年八月十五日，耶穌會創始人之一方濟各・沙勿略抵達日本鹿兒島，成為首位到訪日本的天主教傳教士，一五五二年於廣東外海逝世，未能到訪中國大陸。一五八三年利瑪竇來到廣東，十八年後進入北京，並因通曉數學、天文和中國古籍，得到統治層認可。自一六四四年，順治和康熙皇帝繼續重用西方傳教士，湯若望、南懷仁相繼出任欽天監正，全國信徒達二十七萬。後來雍正皇帝在全國查禁天主教，但繼續留用一批耶穌會士，例如郎世寧和蔣友仁。一七七三

年七月，教廷宣佈解散耶穌會。明末清初共一百九十年間，共有四百七十二位耶穌會士在中國服務。

利瑪竇（Matteo Ricci，1552－1610）號西泰，為義大利傳教士。他於明神宗萬曆十一年（1583）來到中國澳門，頗受士大夫敬重，士大夫尊稱他為「泰西儒士」。他是在中國傳播天主教的先行者，也是首位鑽研中國典籍的西方學者（見圖1）。除了傳播天主教教義，他還廣交中國官員和社會名流，傳播西方的天文、數學和地理等科學知識。他的著述不僅對中西交流貢獻良多，也有助於日本和朝鮮半島等國家認識西方文明。

一五八四年，利瑪竇獲准與羅明堅神父入居廣東肇慶。五年後，由於廣東新任總督將利瑪竇的住所據為己有，利瑪竇要移居韶州。一五九五年，利瑪竇獲准在南昌居住。翌年，利瑪竇被任命為耶穌會中國教區負責人。利瑪竇其實一直想去北京，但受制於明朝政府的相關規定，他在一五九八年短住北京一個多月後，便折返南京。歷盡周折，到一六〇〇年才終於獲准到北京。他穿中國學者的服裝，積極接受中國文化，並廣泛傳播數學、生物等科學知識，與中國學者關係良好，也受到達官貴人的賞識和重用。

一五九五年至一五九八年利瑪竇在南昌居住期間，與江西巡撫和分封在當地的皇族後裔關係良好。利瑪竇向他們展示了三稜鏡、西國記數法和鐘，並講解西方書籍的內容，還向當地學人講解數學問題與日晷計時問題。一五九六年九月，利瑪竇成功預測了一次日蝕，使他迅速聞名，期間他廣交儒士權貴，更獲名士章潢邀請到著名的白鹿洞書院講學交流。

利瑪竇在江西居住的南城，曾是明代益藩王的封地。立九六四年南城縣有一座明墓被發掘，其中發現了一份衣服清單，提到的紡織品有白西洋布衫一件和西洋布單中衣一件。寫作清單的時間為萬曆二十一年（1593）六月，所以此墓應屬萬曆年間的益藩羅川王族。[1] 這說明在利瑪竇還未抵中國時，部分西洋紡織品已經傳入中國。一九七九年，江西省文物工作隊在南城發掘了萬曆三十一年（1603）

圖 1　義大利傳教士利瑪竇

明蕃王益宣王和其兩位妃子的合葬墓，其中只有益宣王的棺大致完整。益宣王棺內出土的服飾有重要意義，據報導其中一塊長十三米、寬〇・七五米的棉布上書有「西洋布」三字，是目前所知明代唯一的進口棉布。[2] 棉布在元代以後盛行，唯相同年代的進口西洋布，現

在已經失傳。

利瑪竇一六〇一年抵北京後晉見皇帝，並送上一本關於進貢禮品記錄的奏摺，上面寫著「大西洋各色腰帶四條，大西洋布與葛布共五匹」，說明西洋布是他獻給皇帝的禮品之一。[3]利瑪竇剛到中國準備傳教時，向教友搜羅禮品，以精美小物品或其他珍藏討好官僚士大夫，他的大量書信也寫有與西洋布相關的記載。由此可以推測，西洋布是他在南昌打通人際關係時的指定禮品。他送給皇帝的西洋布和明代益藩王府墓出土的西洋布，同屬萬曆年間，而明墓距離利瑪竇曾居住的地方不遠，所以這些出土文物也可能包括他當年帶到中國的西洋布。不過這只是猜測，因為當時澳門已經有很多葡萄牙商人，所以這些布也可能是由他們進口，再傳入江西的。據說明武宗在南昌明王府抄家時，查出大量胡椒，這些胡椒都是中國與東南亞國家進行貿易的商品，可見當時海外貿易的繁榮程度。

一六〇一年，利瑪竇等人獲明神宗准許長居北京，此舉對中國影響深遠。中國現存的第一幅世界地圖，就是由利瑪竇繪製的。萬曆三十八年（1610）五月利瑪竇於北京病逝後，也葬在北京，其墓地今稱「柵欄」。很多外國傳教士都在柵欄附近埋葬，柵欄成為中西文化交流的重要見證。

另一位義大利傳教士瑪律蒂諾・瑪律蒂尼（Martino Martini，中文名衛匡國），是歐洲早期著名漢學家、地理學家、歷史學家和神學家。他在一六四三年夏天抵達澳門，在中國歷史學和地理學研究方面，均取得卓越成就，是繼馬可・波羅和利瑪竇後，另一位對中意兩國的文化交流做出傑出貢獻的歷史人物。他長居杭州，一六六一年六月於杭州病逝。

另一位清代著名的畫家郎世寧也是義大利人（Giuseppe Castiglione，1688—1766）。他於清康熙五十三年（1714）遠赴東方，翌年抵達澳門，繼而北上京師，隨即於康熙晚期為宮廷服務，展開長達數十年的宮廷藝術家生涯，為皇帝畫了多幅表現當時重大事件的歷史畫以及眾多人物肖像、走獸和花鳥畫，還將歐洲的焦點透視技法傳入中

國，協助中國學者年希堯用敘述法畫成作品《視學》，成為當時東西方文化交流的重要使者。郎世寧在清乾隆三十一年（1776）七月十六日於北京病逝，終年七十八歲。簡言之，西方傳教士在促進商貿和文化交流方面，都扮演了重要角色。

二、天鵝絨

天鵝絨（velvet）是廣為人知的紡織品，最早在十一世紀左右於義大利出現。馬王堆漢墓也出土過絨圈錦，其特點與天鵝絨的起絨圈有點相似，但兩者不屬於同一個技術系統。

元代出現的「怯綿裡」是等級僅次於納石失的二等面料。《元史·輿服志》載，天子質孫，多服有十一等，第一等為納石失，第二等就是怯綿裡；百官質孫凡九等，第一等是大紅質孫，第二等也是大紅怯綿裡。「怯綿裡」可能是從西域傳入的叫法，目前還沒有論文、專著考證它的由來。《元史》解釋「怯綿裡」是「剪茸」，「茸」有絨毛之意。簡言之，「剪茸」是一種表面起絨的織物，一般只有栽絨毯才需要剪絨，而栽絨毯非常厚，不適合用來製衣。因此可以推測，「怯綿裡」很可能是真正的絨類織物。

《元史》並不經常提到「怯綿裡」，也許跟它是進口織物有關。元代傳世實物中也一直都未見「怯綿裡」，直至二〇一〇年，中國絲綢博物館收藏了一頂有天鵝絨緣的風帽，C-14測年結果為一二五五至一二九〇年（95.4%）。據目前所知，這是最早從西方傳入中國的天鵝絨（即「怯綿裡」），其他部分則用了納石失、四經絞羅、平紋地綺、綾地織金奔兔等材料，因此可以推測，這件天鵝絨很可能是從西方進口的。[4]

明代以後，開始有較多關於天鵝絨的記載。洪武二十五年（1392）三月，撒馬爾罕帖木兒派人來朝貢八十四匹馬、六隻駝、六匹絨、九匹青梭布、兩匹紅綠撒哈刺及鑌鐵刀劍盔甲等物。其中的六匹絨很可能就是由歐洲傳入的天鵝絨。日本作家策彥的《入明記》收

錄了自永樂元年至天順八年（1403－1464）明朝賜贈日本的禮品清單，其中兩條關於「天鵝絨」的記載，分別寫於永樂四年（1406）和永樂五年（1407），均記錄了「白天鵝絨緞絲覺衣」。這是最早關於天鵝絨的中文記載。[5]

利瑪竇在中國經常給教會、父親和朋友寫信，其中萬曆二十年（1592）十一月十二日利瑪竇從韶州致父書中寫道：「幾年前中國人也學會了織天鵝絨，技術不錯。」[6]這可能是關於天鵝絨在中國生產的最早記錄。也許，中國人就是在廣東沿海一帶學會織造天鵝絨的，因為當地有大量葡萄牙人長期定居，中國人可以向葡萄牙人學習。

明代另一個有可能生產天鵝絨的地方是陝西地區。陝西地區的羊絨自古有名，相關史料記載，陝西布政使為織造羊絨，要求重振染織作坊，添置織機，招募工匠。陝西撫院賈侍問疏稱，「該省應造萬曆二十五年（1597）龍鳳袍（筆者按：這是新樣絨袍的具體紋樣）共五千四百五十匹，額設機五百三十四張，該織匠五百三十四名，挽花匠一千六百零二名，新設機三百五十張，該織匠三百五十名，挑花、絡絲、打線匠四千二百餘名」[7]。挽花匠指在織絨過程中負責提花工作的工匠，羊毛呢料一般不用提花，所以龍鳳袍的起絨面料一定是絲絨。從史料可見，中國在明朝萬曆年間開始織造天鵝絨，織造天鵝絨的技術也在中國逐漸普及。

明代兩件重要的天鵝絨實物，分別出土於蘇州王錫爵墓和北京定陵。王錫爵是蘇州人，也是萬曆年間富甲天下的大臣。他的墓中出土了一頂天鵝絨冠，從天鵝絨的技術細節可見，應該是在中國織造的。北京定陵出土的絨袍則是雙面絨，正反面的絨毛高六‧五至七毫米，與一般絨織物不同。

國外也收藏了不少明代天鵝絨實物。其中一類是龍袍料等中國傳統面料，以多倫多皇家安大略博物館的藏量最多。內中一件大龍袍料，屬典型明朝款式，其中的天鵝絨是雕花絨，先織成通透的絨圈，再按圖案要求割出絨毛（見圖2）。[8]淺黃色處是未割絨時的

圖2　加拿大皇家安大略博物館收藏的黃色絨地刺繡龍袍料

絨圈，深黃色處則是割絨毛時露出的細毛，上面的龍紋則是刺繡而成的。另一類是基督教服裝，收藏於世界各地，雖然服裝的表面也有用刺繡，但地部都是用天鵝絨織成的。加拿大織物史學家柏恩漢和日本學者吉田雅子研究中國絨後，都認為中國生產絨的歷史，應該早於一五九二年。

天鵝絨也引申到中日關係。明末、清朝史料以至當代史都記載，中國人稱天鵝絨為漳絨或漳緞，還有人叫天鵝絨為倭緞。漳即是現在福建的漳州。儘管清朝時南京和蘇州一帶大量織造天鵝絨，但人們還是習慣叫天鵝絨為漳絨。由此可見，天鵝絨很可能來源於中國東部沿海地區，特別是福建一帶。

漳泉產絨最早見於宋應星《天工開物》一書：

倭緞，凡倭緞製起東夷，漳泉海濱效法為之，絲質來自川蜀，商人萬里販來以易胡椒歸里。其織法亦自夷國傳來，蓋質已先染，而硏線夾藏經面，織過數寸即刮成黑光。北虜互市者見而悅之，但其帛最易朽汙，冠弁之上頃刻集灰，衣領之間移目損壞。今華夷皆賤之，將來為棄物，織法可不傳云。

換言之，宋應星認為天鵝絨是從日本傳來的，中國人只是跟著日本人學做，雖然原材料來自四川，但織法是從西方國家傳來的。宋應星於崇禎七年（1634）任江西分宜縣教諭，期間寫成《天工開物》一書，當時距離明朝滅亡尚有十年。該書是為目前有關中國絨類織物最早和最詳細的中文記載。

《乾隆漳州府志‧卷39‧物產》也有相同觀點，同樣提到漳州產「天鵝絨，本出倭國」，所以歷史學家得出天鵝絨應該由海上絲綢之路傳入中國的結論。在日本，天鵝絨叫作「ビロード」，由葡萄牙人編著的葡日詞典也有收錄「ビロード」一詞條，但日本人只會在寫假名時用「ビロード」，寫漢字時他們還是會寫「天鵝絨」，說明天鵝絨很早就進入日本。天正五年（1577），著名耶穌會士派特萊：

路易士‧弗羅伊斯在其書簡中曾經記載：「異教徒中位高者，渴望得到與其身份相稱的禮物。所珍視之物，據我們所知係葡萄牙帽子、琥珀、天鵝絨裡子、沙漏、玻璃、精巧的科多巴、天鵝絨或高級錢包、上等刺繡毛巾、瓶裝小粒糖果、上等蜜餞、蜂蜜、葡萄牙呢絨斗篷；喜歡條紋絲品、罐裝砂糖、糕點及小點心、佛蘭德呢絨及地毯等。」[9] 換句話說，日本人希望得到與其身份相稱的禮物，當中包括天鵝絨。由於日本有較優越的海上地理條件，而中國在明朝時實施海禁，禁止海外貿易，所以日本的貿易發展比中國成熟，因此日本比中國早見到天鵝絨，是可以理解的。

不過，日本生產絨的歷史比中國遲五十多年。日本在正保和慶安時期（1644－1651）開始生產絨織物，時間相當於清朝初期。因為在一六三九年，日本人從中國進口了一卷帶有假織杆、絨圈未割開的絨織物，並發現了絨織物的秘密。直至約一七一三年，日本才開始生產高品質的絨，同時大量進口中國絨。簡言之，在蒙元時期，天鵝絨的用途以禮品為主；在葡萄牙人到遠東發展貿易以後，天鵝絨才真正傳入中國。傳教士則見證了中國人買賣天鵝絨商品和學習天鵝絨技術的過程，令天鵝絨在明朝末年後盛行，成為流行的絲織品。

三、宮中西洋錦

中國宮廷也藏有不少西方絲織品。《清宮內務府檔案》有大量相關記載，當時西方與中國往來密切，加上清初有很多傳教士擔任官職，直接帶來西方的絲織品，促成了東西方絲織品的交流。[10]

傳教士帶來的西方物件中就包括一些錦緞。《乾隆元年養心殿造辦處收貯清冊》則記錄了每年使用過和剩餘的面料，其中包括：

> 西洋大金緞二丈二尺四寸
> 洋錦七千七丈二尺九寸
> 錦九百四十四丈三尺七寸一分

宋錦（見方七尺）一塊（見方五尺）一塊（長四尺寬一幅）一塊

洋倭緞二十丈七尺三寸五分

絲線搭連六尺

金線辮帶十二丈九尺二寸九分

刻絲袱子十件

綾三十六匹四丈八尺（蟲蛀）

　　這裡的西洋大金緞應是大花紋的織金緞，洋錦應是沒有織金的錦緞，而洋倭緞應是天鵝絨。

　　以上西洋大金緞、洋錦和洋倭緞大多數用於裝裱或其他用途，有時消耗很多，有時全年也沒有用，但每年都清點一次。

　　要瞭解實物，以上兩份記載未必足夠。故宮博物院收藏了一類叫大洋花的西洋錦，筆者在多年前參觀南京雲錦研究所的織品展覽，展品包括他們生產的雲錦，也有從故宮借來一些他們認為是以前生產的雲錦。但筆者認為他們從故宮借來的部分織錦並不是雲錦，而是西方織物。這些錦都用了各種不同的金線，而且做法精細，但其圖案紋樣則與中國傳統紋樣分別很大。有人稱這些錦為「回回錦」，但清朝的回回錦是指從中亞一帶傳入的織錦，所以故宮收藏的大洋花織錦，特別是集中在乾隆年間的大洋花織錦，都應該是來自歐洲。

　　類似圖案也可在一些描繪宮廷生活的繪畫中找到。例如《哨鹿圖》描繪了乾隆六年（1741）皇帝到木蘭行圍的場景，畫面最前排的第三人、佩帶紅錦「撒袋」（即裝弓袋）、騎白馬的就是乾隆皇帝（見圖3）。仔細觀察其裝弓袋，可見織物是很歐洲的。這一馬鞍和其餘馬鞍的織物（見圖4A）也是典型的西方織錦，並和故宮所藏另一件黃地紅花西洋錦（見圖4B）的圖案完全相同。這幅圖是在辛酉年（即乾隆六年）乾隆第一次到木蘭行圍時命郎世寧所畫。郎世寧的畫風非常寫實，連紋樣的臨摹都做到一絲不苟。另一幅《威弧獲鹿圖》，據說是乾隆六子慶親王永路所繪。這幅畫描繪了香妃陪伴乾隆圍獵的場景，相傳有一次乾隆到木蘭行圍時，射中一隻狂奔的鹿，乾隆與香妃

圖 3　《哨鹿圖》中的乾隆帝與撒袋

圖 4A 及 4B　故宮博物院藏
黃地紅花西洋
錦

緊追不捨。就在受傷的鹿竄進密林之際，香妃拉弓搭箭擊斃鹿，眾人都驚歎喝彩。畫中乾隆正在射箭，香妃則負責遞箭。香妃身穿金黃色衣服（見圖5），從圖案紋樣可見這是西方風格的妝花織物。

圖 5　《威弧獲鹿圖》中的香妃服飾

　　於是筆者就去倫敦維多利亞和阿爾伯特博物館尋找線索。該館收藏了大量十八世紀前後的歐洲紡織品，其中的藍地織物（Flush）在織物地部有一層暗花，這本來是中國特色，但十八世紀開始於歐洲流行，上面的金銀線和紫花應該屬歐洲風格。故宮也有收藏這類織物，當中的圖案風格、顏色和金銀線都很相似，地上的暗花也一樣，所以這類織物極可能產自歐洲。此外，歐洲當時也盛行花邊圖案（lace pattern），特別是十八世紀初的法國，其織品大量使用這種花邊，《哨鹿圖》中馬鞍上的花紋（圖4A）也用了花邊圖案。另一種玫瑰圖案（rose pattern）也曾在歐洲紡織品和瓷器上經常出現，這種圖案

圖 6　故宮博物院藏玫瑰圖案的西洋錦

佈局在故宮藏錦上也極常見，都用了對稱的玫瑰圖案（見圖6）。故宮和歐洲藏品在圖案佈局、題材、花卉造型和色彩處理方面都非常相似，特別在光暗處理方面。以前的中國圖案並不講究暈色，也沒有明暗之分，但故宮收藏的這一批織物，其花葉的光線都有明顯變化，說明故宮裡這一批織物應該是來自歐洲，也很可能是由傳教士帶來的。但這一時期，俄羅斯已向法國學習絲織技術，並與西藏等地來往不少，所以不排除來自俄羅斯的可能。

四、西方中國風

十七、十八世紀，東西方的貿易愈見頻繁，因此在歐洲掀起了一股中國熱。馬可·波羅等人向西方人介紹了東方如何富饒美麗，令他們非常嚮往，於是葡萄牙人通過航海來到東方，並在早期的東西貿易中搶佔先機。不過後來局勢出現逆轉，東方貿易由英國人完全控制，澳門、廣州和整個中國南部沿海一帶成了重要通商口岸，大量中國製物品也在歐洲市場出售。歐洲人很喜歡中國瓷器和壁紙，當時的壁紙經常展現東方人的建築和生活場景，特別是生產茶葉和絲綢的場面，另外他們也很喜歡東方色彩濃厚的中國絲織品。見需求龐大，歐洲人開始大量仿製東方產品，因而掀起了一股中國風（Chinoiserie）。這些東方產品一般或多或少具有以下特點：第一，作品在色彩和紋樣方面與中國外銷的產品接近；第二，作品涵蓋了西方人眼中的東方人形象（例如地毯和壁掛）；第三，作品是經研究中國工藝品後再改良而成（例如瓷器）。法國里昂生產的絲織品，也可看到東方人的形象，戴著草帽或斗笠的土人，其頭髮和鬍子都刻畫得相當細緻（見圖7）。也許受早期遠赴東方的西方人影響，這些對於東方島國的想像，頻頻出現在印花棉布和宮廷壁畫上。[11]

從十七世紀中後期到十八世紀初期，歐洲的中國風設計主要融合了巴羅克和洛可哥風格。歐洲很多地方（如英國和德國等）都有中國風格的塔樓建築，其中以英國橋鎮一座富有東方風格的皇家離宮比較

圖 7　中國風格的西方織物

有名。到十八世紀晚期，由於歐洲社會本身的變革以及遠東大國在西方人眼中已成為落後國家，加上新古典主義興起，中國風便日漸式微。雖然如此，中國模仿西方藝術風格之際，也大大影響了西方設計風格，這是不能否定的。

五、中國大洋花

中國人仿製西洋錦，是先有了西方輸入的金線織錦再進行仿製的。清宮檔案記載，皇帝先把西方來的織錦小樣給了江南織造進行仿製，然後從江南織造收回一些仿製出來的織錦。

《雍正元年三處織造織來錦檔》載：「雍正元年七月十三日，怡親王論各色花錦樣三十七樣，照每樣顏色花紋織錦五匹（每一處織錦一百三十五匹），三處織造共織錦四百零五匹」。如：

黃地金線西番花鳥錦樣二樣
紫地金線西番花錦樣二樣
綠地金線西番花錦樣二樣
藍地金線西番花果錦樣二樣
金地西番金花套黃色花錦樣二樣
白地金線西番花果錦樣二樣

這裡的錦樣名稱中包括了一些西番花鳥錦樣，明顯是西方的織物和紋樣，色彩有金地、藍地、紫地、綠地等，圖案有花鳥錦、花果錦、花錦，都使用大量金線。我們可以再來看看在雍正給各地提供了樣品之後，各地就「綠地金線西番花錦樣」一種樣品在一年之後上交的仿製產品有：

蘇州織造於雍正二年九月二十日送來錦二匹，到十月三十日又送來錦三匹；

杭州織造於雍正二年九月初七日送來錦四匹，九月三十日送來錦一匹；

江寧織造於雍正三年八月初九日送來錦一匹，十一月初五日送來錦一匹，四年二月十七日送來錦二匹，五月十四日送來錦一匹。

這說明江南三大織造都在仿製相同的西洋織錦，也許是為了招標競爭，各地都進行了試織。檔案中一共記載了四個樣，蘇州、杭州、南京三織造各做五匹。這些西洋織錦是按照皇帝的要求來仿造的，織出來的圖案在文獻上稱為「西番花」，又有西番花鳥、西番花果等不同，但平時被人稱為「大洋花」。這些織物必定存在於清宮之中，但如無足夠的研究，現在已經很難分辨哪些織錦是歐洲原產以及哪些產品是中國仿製的了。可以肯定的是，這對中國後來織金技術的發展大有幫助，譬如雲錦中的雲寶地，應該就是受了西洋錦中的「金地西番金花杳黃色花錦」之類的織物的影響而成型的。

故宮收藏了一種纏枝大洋花妝花緞，其中兩匹在二○○六年的南京雲錦所展覽也有展出，分別是一匹深藍色緞地和一匹黃色緞地。它們的花弄紋樣幾乎相同，而且只有極少金線在內（見圖8）。另外一件深紅色纏枝大洋花妝花緞，也用了與圖8相同的花弄紋樣，現在由瑞士阿貝格基金會收藏（見圖9）。倫敦維多利亞和阿爾伯特博物館收藏了一件燕尾服，衣袖上有翻立的袖夫，服裝經立體剪裁和打版後製成（見圖10）。據說這件燕尾服是倫敦的服裝，因為圖案上端所見的丁香花，是當時重要的外貿商品。不過中國和歐洲的織造技術差別很大，歐洲生產的服裝多用平紋地妝花，中國則多用類似平紋地妝花的織緞紋地妝花。此說法是有一定根據的，因為在中國發現的織物都是緞紋地，而且這些織物在西藏發現得更多。所以筆者推斷，平紋地的大洋花織物產自歐洲，緞紋地的大洋花織物則很可能產自中國，是為中國仿製歐洲織物的實例。

南京雲錦展覽也曾展出兩件江南民間仿製西洋錦的實物，現收藏在故宮。其中一件織有對稱的枝蔓紋牽牛花（見圖11）；另一件屬

圖 8　故宮博物院藏藍地纏枝大洋花妝花緞

圖 9　瑞士阿貝格基金會藏紅地纏枝大洋花妝花緞

圖 10　英國維多利亞和阿爾伯特博物館藏織錦禮服

清朝晚期道光年間的織錦則用了西方紋樣，其品種很可能是人們俗稱的「金寶地」。所謂「金寶地」並非源自元代納石失，而是西洋大金緞。這兩件織錦的圖案佈局和花色都模仿西洋錦，到現在還能找到其模仿的範本。這種仿製最早在官營作坊出現，後來民營作坊也受皇家委託而開始仿製，可見中國生產西洋錦，其實是爲皇宮服務。

　　太平天國定南京爲都城天京後，江寧織造無法繼續織造工作，清政府遂委託民營作坊爲皇室貴族服務。現時故宮保存的民間織物，部分正是由民營作坊生產。現時國內看到的織物多數是中國仿製的西洋錦，但當年專門爲外貿而生產的「外銷綢」則已在國內失傳，大部分藏品都在國外，情況值得關注。有學者認爲它們產自中國澳門，不過

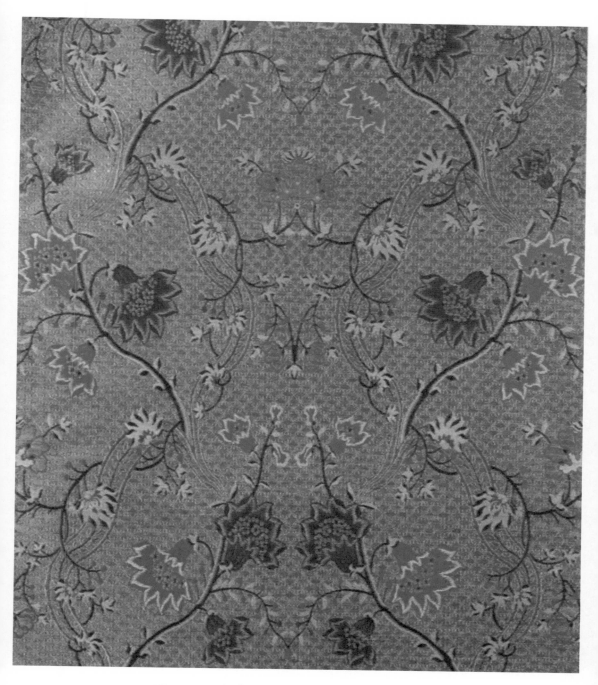

圖 11　故宮博物院藏對枝蔓草牽牛花紋緞

研究外銷綢的學者非常少，所以缺乏研究資料。現代很多外銷綢都爲教堂所用，加拿大安大略博物館收藏了一件戴著皇冠的雙頭鷹紋樣織物，就是典型的西方圖案。同類織物其實數量不少，筆者在美國紐約的博物館也曾經研究過一批類似織物。就織造技術而言，它們既不屬中國系統，也不屬歐洲系統，筆者推斷它們的生產地，介乎歐洲和中國之間。

　　另一個鑒別緞子產地的方法，是分析其織造細節。雖然有些緞子採用歐洲風格的花紋，但它的織造技術都屬中國系統。例如中國絲綢博物館收藏了一件黃色的歐洲圖案緞子（見圖12），如果從布匹背後所記錄的長度等墨書資料判斷，就可以視它爲中國生產的外銷綢，因爲這是中國特有的記錄方法。當時刺繡品也是重要的外銷品，很多刺繡品都用了東方生產的天鵝絨作地，紋樣也帶有東方特色，其中獸類紋樣更類似明代官服補子上的野獸形象，當時的外銷瓷也用相同的圖案。因此這類刺繡品被認爲是當時的外銷絲織品。現時這類刺繡品大部分都由歐洲保存，由於部分產品帶有中文落款，所以可確定它們的來歷。

　　手繪織物也是當時受歡迎的外銷品，大多反映東方人日常生活的場景，並多數作窗簾布用，當中可見典型的清代男性形象，當時歐洲稱他們爲「滿大人」。西方人特別喜歡一些比較大型的花鳥題材紋樣，因爲其裝飾性很強。目前國外的藏品市場還有外銷綢出售，但在中國國內就很難找到。現在中國國內開始重視對外銷藝術品的研究，當中包括外銷綢的研究，這是一件好事。近年廣州和北京都舉辦了明清時期外銷產品的展覽，展品都是從國外收藏者手中借來的。我們現在試著把外銷綢的圖案和資料展示給大家，希望有志於絲綢之路和中國絲綢研究的同行們積極加入到研究工作中。

圖 12　中國絲綢博物館藏黃地大洋花緞

注釋

〔1〕薛堯.江西南城明墓出土文物.考古，1965（6）.

〔2〕江西文物工作隊.江西南城明益宣王朱翊鈏夫婦合葬墓.文物，1982
（8）.

〔3〕利瑪竇.利瑪竇全集·利瑪竇書信集.羅漁，譯.臺北：光啓出版社，新
北：輔仁大學出版社，1986.

〔4〕趙豐.天鵝絨.蘇州：蘇州大學出版社，2011：95.

〔5〕策彦.入明記//新訂善鄰國寶記.東京：文求堂書店，1932.

〔6〕利瑪竇.利瑪竇全集·利瑪竇書信集.羅漁，譯.臺北：光啓出版社，新
北：輔仁大學出版社，1986：117.

〔7〕明神宗實錄（萬曆二十三年二月）.

〔8〕Harold B. Burnham. *Chinese Velvets: A Technical Study*. The University of
Toronto Press, 1959：14.

〔9〕利類斯，等.西方要紀.北京：中華書局，1985：46~47.

〔10〕中國第一歷史檔案館，香港中文大學文物館合編.清宮內務府造辦處
檔案總匯，北京：人民出版社，2005.

〔11〕袁宣萍.十七至十八世紀歐洲的中國風設計.北京：文物出版社，
2006.

國家圖書館出版品預行編目資料

錦程：中國絲綢與絲綢之路 / 趙豐著. -- 1版. -- 新北市：黃山國
際出版社有限公司, 2022.09
　　面；　　　公分. --（Classic文庫；17）
　　ISBN 978-986-397-134-4（平裝）

1. 文化史　　2. 東西方關係　　3. 絲路

630.9　　　　　　　　　　　　　　　　　　　110019027

Classic文庫　017

錦程：中國絲綢與絲綢之路

著　　作　趙豐
印　　刷　百通科技股份有限公司
　　　　　電話：02-86926066　傳眞：02-86926016
出　　版　黃山國際出版社有限公司
　　　　　220 新北市板橋區縣民大道 3 段 93 巷 30 弄 25 號 1 樓
　　　　　電話：02-32343788　傳眞：02-22234544
E - m a i l　pftwsdom@ms7.hinet.net
總 經 銷　貿騰發賣股份有限公司
　　　　　新北市 235 中和區立德街 136 號 6 樓
　　　　　電話：02-82275988　傳眞：02-82275989
　　　　　網址：www.namode.com
版　　次　2022 年 9 月 1 版
特　　價　新台幣 750 元　　（缺頁或破損的書，請寄回更換）

ISBN：978-986-397-134-4